水资源利用与管理丛书

张建斌 / 著

农业水价
精准补贴机制

PRECISION SUBSIDY MECHANISM FOR
AGRICULTURAL WATER PRICES

本书出版得到内蒙古财经大学学术专著出版基金、
国家社科基金项目（17XJY001）、内蒙古自治区直属
高校基本科研业务费项目（NCYWT23038）的资助。

经济管理出版社
ECONOMY & MANAGEMENT PUBLISHING HOUSE

图书在版编目（CIP）数据

农业水价精准补贴机制／张建斌著．—北京：经济管理出版社，2023.11

ISBN 978-7-5096-9508-1

Ⅰ.①农…　Ⅱ.①张…　Ⅲ.①农村给水—水价—财政补贴—研究—中国

Ⅳ.①F842.66

中国国家版本馆 CIP 数据核字（2023）第 244438 号

组稿编辑：王光艳

责任编辑：王光艳

责任印制：许　艳

出版发行：经济管理出版社

　　　　　（北京市海淀区北蜂窝 8 号中雅大厦 A 座 11 层　100038）

网　　　址：www. E-mp. com. cn

电　　　话：（010）51915602

印　　　刷：北京市海淀区唐家岭福利印刷厂

经　　　销：新华书店

开　　　本：710mm×1000mm /16

印　　　张：15.75

字　　　数：290 千字

版　　　次：2024 年 6 月第 1 版　　　2024 年 6 月第 1 次印刷

书　　　号：ISBN 978-7-5096-9508-1

定　　　价：68.00 元

前　言

　　农业是我国用水大户，占我国用水总量的60%以上，因此农业节水是我国节水的重点领域。长期以来，由于农业水价形成机制不健全，价格水平偏低，供水运行维护成本补偿不足，农业水价调节用水功能的杠杆作用未能得到充分发挥，不仅造成农业用水粗放，而且农田水利工程良性运行也难以得到有效保障。若只是单纯提高水价，势必会增加农户用水负担，也会影响农业正常用水需求。因此，如何促进农业节水、农户用水负担和农田灌溉设施良性运行等目标激励相容，是包括农业水价精准补贴政策在内的农业水价系列政策需要考量的因素。

　　本书以激励相容和机制设计理论为基础，阐述了农业水价补贴政策中的利益相关者及其利益诉求，分析了农业水价与农业用水需求管理，农业水价补贴、农业节水行为与农户水费负担的关系，从粮食安全约束、农业节水约束、财政能力约束、农户水费负担约束和农户支付意愿约束等角度论述了农业水价补贴机制设计的约束因素。在对我国农业灌溉水价运行现状进行评析的基础上，以全国最大的一首制灌区——内蒙古自治区河套灌区为例，对河套灌区农业灌溉水价运行现状进行调研分析，对该灌区农户灌溉水价承受力和水价支付意愿的影响因素进行实证研究。梳理国外农业水价补贴的主要方式，介绍我国传统农业水价"暗补"的具体模式，认为农业水价暗补模式容易造成政府追求水资源高效利用与农户节水意识塑造之间激励不相容、政府考虑农户用水负担与灌区水利设施正常运行维护激励不相容、用水者对农业水价补贴程序的诉求与暗补不规范运行激励不相容。分析农业水价补贴中的利益博弈关系，在对农业水价精准补贴和农业水价补贴激励相容性改进的基本内涵进行界定的基础上，多角度分析农业水价精准补贴诱致激励相容性改进的机理。以山东省宁津县、浙江省湖州市南浔区、湖南省长沙县和新疆维吾尔自治区焉耆回族自治县为例，介绍农业水价形成和农业水价精准补贴政策的实践内容与实施效果，并总结其基本经验。梳理国家和省级政府层面关于农业水价精准补贴方面的政策规定，总结相关规定的内容及特点；对照农业水价精准补贴政策落实所需的制度基础、硬件设施和资金保障等前提条件，从农业水价形成机制、水量计量和水费计价、水费征收、农业水权确权和水权交易、农业灌溉用水终端管理、农业水价精准补贴资金落实等角度阐释农业水价精准补贴机制构建的现实困境。从农业水价精准补贴的前置制度、核心要素和保障条件三个方面提出农业水价精准补贴的构建路径。

本书的撰写得到了朱雪敏同学的大力支持，朱雪敏同学参与了实地调研、第三章第三节和第四章第三节的撰写，在此对朱雪敏同学表示衷心的感谢。本书的出版得到了经济管理出版社的大力支持，特别是经济管理出版的王光艳老师为本书提出了建设性意见，经济管理出版社工作人员严谨认真的工作态度和辛勤的付出是本书得以顺利出版的保障，在此对经济管理出版社的王光艳老师和相关工作人员表示衷心的感谢。

目　录

第一章

绪 论

本章内容提要

　　从农业用水浪费与水资源短缺并存、农业水价成本补偿率与农户水费缴纳积极性较低、农业水价改革政策不断推进及各地农业水价综合改革实践有序展开等角度分析研究背景；从契合国家农业水价综合改革意见实施、提升农业水价补贴效果等角度分析本书研究的现实意义；从农业水价改革、农业水价分担和农业水价补贴等角度归纳总结国内外研究动态；概述本书的主要研究思路和研究方法。

　　农业是用水大户，也是节水潜力所在，更是水价改革难点。提高农业水价会增加种地成本，但不提价、用水成本过低，就难以实现农业节水。现在做好人，不增加农民负担，以后地下水采光后，就不只是一个负担增不增加的问题了。要敢于碰一些禁区，拓宽思路，通过精准补贴等办法，既总体上不增加农民负担，又促进农业节水。

　　——2014 年 3 月 14 日习近平总书记在中央财经领导小组第五次会议上的讲话

第一节　研究背景和研究意义

　　农业是我国用水大户，农业节水是我国节水的重点领域。长期以来，由于农业水价形成机制不健全、价格水平偏低、供水运行维护成本补偿不足，农业水价调节用水功能的杠杆作用未能得到充分发挥，这不仅造成了农业用水粗放，而且农田水利工程良性运行也难以得到有效保障。若只是单纯提高水价，势必会增加农户用水负担，也会影响农业正常的用水需求。因此，如何促进农业节水、农户用水负担和农田灌溉设施良性运行等目标激励相容，是包括农业水价精准补贴政策在内的农业水价系列政策需要考量的因素。上述现状和考量及国家层面的政策响应是本书的研究背景研究和意义。

一、研究背景

(一)农业用水浪费与水资源短缺并存的矛盾突出

我国水资源空间分布不均,人均水资源占有量少,已被列为全球 13 个人均水资源缺水国之一。在我国的水资源利用中,农业用水占比较大且利用效率较低,农业水资源浪费和总体水资源短缺的矛盾突出。鉴于我国水资源利用现状,现阶段迫切需要通过农业水价综合性改革促进农户节水意识提高和农业用水效率提升。

我国水资源分布共分为北方六区和南方四区(见表 1-1 和图 1-1)。

表 1-1 2019 年我国各水资源一级区水资源量

水资源一级区	降水量(毫米)	地表水资源量(亿立方米)	地下水资源量(亿立方米)	地下水与地表水不重复计算量(亿立方米)	水资源总量(亿立方米)
全国	651.3	27993.3	8191.5	1047.7	29041.0
北方六区	346.0	4713.0	2563.7	897.8	5610.8
松花江区	603.4	1935.1	628.4	288.1	2223.2
辽河区	557.9	305.7	195.1	101.9	407.6
海河区	449.2	104.5	190.4	117.0	221.4
黄河区	496.9	690.2	415.9	107.2	797.5
淮河区	610.0	328.1	274.8	179.0	507.2
西北诸河区	183.2	1349.4	859.2	104.7	1454.0
南方四区	1192.3	23280.3	5627.8	149.9	23430.2
长江区	1059.8	10427.6	2580.5	122.1	10549.7
其中:太湖流域	1261.8	204.2	44.1	21.6	225.8
东南诸河区	1844.9	2475.0	542.0	13.6	2488.5
珠江区	1627.5	5065.8	1198.4	14.2	5080.0
西南诸河区	1013.6	5312.0	1307.0	0.0	5312.0

资料来源:《中国水资源公报》(2019)。

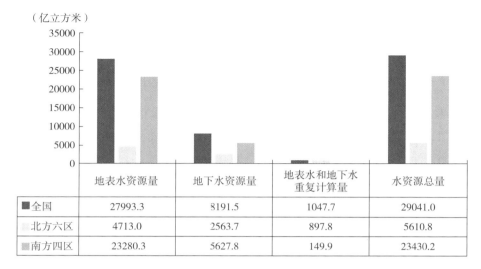

（亿立方米）

	地表水资源量	地下水资源量	地表水和地下水重复计算量	水资源总量
全国	27993.3	8191.5	1047.7	29041.0
北方六区	4713.0	2563.7	897.8	5610.8
南方四区	23280.3	5627.8	149.9	23430.2

图 1-1　2019 年我国北方六区和南方四区水资源情况

资料来源：《中国水资源公报》（2019）。

北方六区包括松花江区、辽河区、海河区、黄河区、淮河区和西北诸河区，2019 年北方六区降水量为 346.0 毫米，水资源总量为 5610.8 亿立方米。

南方四区包括长江区、东南诸河区、珠江区和西南诸河区，2019 年南方四区降水量为 1192.3 毫米，水资源总量为 23430.2 亿立方米。

2019 年南方四区降水量是北方六区降水量的 3.45 倍；2019 年南方四区水资源总量占全国水资源总量的 80.68%，北方六区仅占全国水资源总量的 19.32%。

我国水资源总量丰富，但人均水资源占有量较低，属于缺水严重的国家之一。

按照国际通用划分缺水程度的标准，人均水资源量在 500 立方米及以下为极度缺水地区；人均水资源量在 501～1000 立方米为重度缺水地区；人均水资源量在 1001～2000 立方米为中度缺水地区，人均水资源量在 2001～3000 立方米为轻度缺水地区。按此标准，2019 年中国 31 个省份（不包括港澳台地区）中，处于极度缺水的省份有 9 个，处于重度缺水的省份有 2 个，处于中度缺水的省份有 7 个，处于轻度缺水的省份有 2 个，如表 1-2 所示。

表1-2　2019年我国31个省份（不含港澳台地区）人均水资源量和缺水程度情况

单位：立方米

省份	人均水资源量	缺水类型	省份	人均水资源量	缺水类型
北京市	114.2	极度缺水	湖北省	1036.3	中度缺水
天津市	51.9	极度缺水	湖南省	3037.3	—
河北省	149.9	极度缺水	广东省	1808.9	中度缺水
山西省	261.3	极度缺水	广西壮族自治区	4258.7	—
内蒙古自治区	1765.5	中度缺水	海南省	2685.5	轻度缺水
辽宁省	587.8	重度缺水	重庆市	1600.1	中度缺水
吉林省	1876.2	中度缺水	四川省	3288.9	—
黑龙江省	4017.5	—	贵州省	3092.9	
上海市	199.1	极度缺水	云南省	3166.4	
江苏省	287.5	极度缺水	西藏自治区	129407.2	—
浙江省	2281.0	轻度缺水	陕西省	1279.8	中度缺水
安徽省	850.9	重度缺水	甘肃省	1233.5	中度缺水
福建省	3446.8	—	青海省	15182.5	—
江西省	4405.4	—	宁夏回族自治区	182.2	极度缺水
山东省	194.1	极度缺水	新疆维吾尔自治区	3473.5	—
河南省	175.2	极度缺水	—	—	—

资料来源：《中国统计年鉴》（2020）。

我国农业有效灌溉面积在逐年增加（见表1-3），农业用水需求占比较大。

2019年全国用水总量6021.2亿立方米，其中农业用水3682.3亿立方米，占全国用水总量的61.16%。北方六区用水总量2746.5亿立方米，其中农业用水1993.6亿立方米，占北方六区用水总量的72.59%；南方四区用水总量3274.7亿立方米，其中农业用水1688.7亿立方米，占南方四区用水总量的51.57%，如表1-4所示。

表 1-3　2011~2019 年我国农业灌溉面积情况

单位：千公顷

指标	2011 年	2012 年	2013 年	2014 年	2015 年	2016 年	2017 年	2018 年	2019 年
有效灌溉面积	61682	62491	63473	64540	65873	67141	67816	68272	68679
灌区有效灌溉面积	29748	30191	30216	30216	32302	33046	33262	3332.4	3350.1
3.3 万公顷以上灌区有效灌溉面积	10999	6243	6241	6241	12024	12335	12457	1239.9	1260.9
2.0 万~3.3 万公顷灌区有效灌溉面积	4796	5017	5010	5010	5663	5430	5425	540.0	538.6

资料来源：《中国统计年鉴》(2020)。

表 1-4　2019 年我国各水资源一级区供水量和用水量

单位：亿立方米

水资源一级区	供水量	用水量				
		生活	工业	农业	人工生态环境补水	用水总量
全国	**6021.2**	**871.7**	**1217.6**	**3682.3**	**249.6**	**6021.2**
北方六区	**2746.5**	**294.9**	**257.8**	**1993.6**	**200.2**	**2746.5**
松花江区	442.3	28.3	33.8	366.5	13.7	442.3
辽河区	190.6	31.1	21.9	129.7	7.9	190.6
海河区	380.6	68.0	45.4	212.4	54.8	380.6
黄河区	400.2	52.2	55.7	267.4	24.9	400.2
淮河区	641.5	95.8	83.6	426.8	35.4	641.5
西北诸河区	691.4	19.6	17.3	590.8	63.6	691.4
南方四区	**3274.7**	**576.8**	**959.8**	**1688.7**	**49.4**	**3274.7**
长江区	2064.5	332.1	704.0	999.5	29.0	2064.5
其中：太湖流域	338.7	57.7	205.4	73.0	2.6	338.7
东南诸河区	290.4	67.9	84.9	129.6	8.0	290.4
珠江区	814.4	165.2	162.5	475.9	10.9	814.4
西南诸河区	105.3	11.6	8.5	83.7	1.5	105.3

资料来源：《中国水资源公报》(2019)。

2010～2019 年,全国年平均用水总量为6076.2亿立方米,其中农业年平均用水3788.8亿立方米,平均占比为62.35%;工业年平均用水1345.1亿立方米,平均占比22.14%;生活年平均用水799.7亿立方米,平均占比13.16%;生态年平均用水142.6亿立方米,平均占比2.35%。全国和各省份(不包括港澳台地区)的用水结构情况如表1-5、图1-2、表1-6所示。

表1-5 2010～2019年我国的用水结构

单位:亿立方米

年份	生活	工业	农业	生态	用水总量
2010	765.8	1447.3	3689.1	119.8	6022.0
2011	789.9	1461.8	3743.6	111.9	6107.2
2012	739.7	1380.7	3902.5	108.3	6131.2
2013	750.1	1406.4	3921.5	105.4	6183.4
2014	766.6	1356.1	3869.0	103.2	6094.9
2015	793.5	1334.8	3852.2	122.7	6103.2
2016	821.6	1308.0	3768.0	142.6	6040.2
2017	838.1	1277.0	3766.4	161.9	6043.4
2018	859.9	1261.6	3693.1	200.9	6015.5
2019	871.7	1217.6	3682.3	249.6	6021.2
平均	799.7	1345.1	3788.8	142.6	6076.2

资料来源:《中国水资源公报》(2010～2019)。

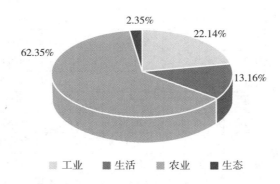

图1-2 2010～2019年我国各类用水平均占比

资料来源:《中国水资源公报》(2010～2019)。

表 1-6 2019 年我国 31 个省份（不包括港澳台地区）的用水结构

省份	生活 （亿立方米）	农业 （亿立方米）	工业 （亿立方米）	生态 （亿立方米）	人均水资源量 （立方米）	人均用水量 （立方米）
北京市	18.7	3.7	3.3	16.0	114.2	193.6
天津市	7.5	9.2	5.5	6.2	51.9	181.9
河北省	27.0	114.3	18.8	22.1	149.9	240.7
山西省	13.8	43.8	13.5	4.9	261.3	204.1
内蒙古自治区	11.7	139.6	14.6	25.0	1765.5	752.5
辽宁省	25.3	80.7	18.3	6.0	587.8	299.2
吉林省	13.4	81.5	14.1	6.5	1876.2	427.8
黑龙江省	15.6	274.2	19.5	1.2	4017.5	825.1
上海市	24.2	16.9	58.9	0.9	199.1	415.9
江苏省	64.0	303.1	248.3	3.7	287.5	768.1
浙江省	47.2	72.4	40.8	5.4	2281.0	286.2
安徽省	34.7	150.2	85.2	7.7	850.9	437.7
福建省	34.2	83.7	56.0	3.6	3446.8	448.6
江西省	29.1	162.5	59.4	2.4	4405.4	543.9
山东省	37.3	138.2	31.9	17.9	194.1	224.0
河南省	41.6	121.8	45.2	29.2	175.2	247.1
湖北省	54.6	155.6	91.3	1.7	1036.3	512.0
湖南省	46.7	191.7	90.8	3.8	3037.3	482.0
广东省	103.6	208.5	94.6	5.7	1808.9	360.6
广西壮族自治区	41.2	189.9	49.0	3.3	4258.7	573.3
海南省	8.5	34.2	2.8	0.9	2685.5	493.9
重庆市	21.9	25.2	28.1	1.3	1600.1	245.7
四川省	54.1	154.5	37.9	5.9	3288.9	302.0
贵州省	20.0	61.7	25.4	1.0	3092.9	299.3
云南省	23.3	106.4	20.8	4.4	3166.4	319.8
西藏自治区	3.0	27.2	1.5	0.3	129407.2	920.9
陕西省	18.1	55.1	14.8	4.5	1279.8	239.3
甘肃省	9.6	86.5	8.7	5.2	1233.5	416.4

省份	生活（亿立方米）	农业（亿立方米）	工业（亿立方米）	生态（亿立方米）	人均水资源量（立方米）	人均用水量（立方米）
青海省	3.2	18.9	2.8	1.4	15182.5	432.7
宁夏回族自治区	3.0	59.6	4.4	2.8	182.2	1010.8
新疆维吾尔自治区	15.7	511.4	11.5	49.0	3473.5	2346.1

资料来源：《中国水资源公报》（2019）、《中国统计年鉴》（2020）。

水资源利用效率关系水资源可持续利用程度、居民生活用水需求满足程度和各产业持续稳定发展程度，当前我国水资源利用还存在较多的问题，其中最突出的问题之一就是在农业用水中存在较为严重的浪费现象，农田灌溉水有效利用系数较低，如表1-7所示。

表1-7 2011~2019年我国耕地灌溉用水量和灌溉用水系数

指标	2011年	2012年	2013年	2014年	2015年	2016年	2017年	2018年	2019年
耕地实际灌溉亩均用水量（立方米）	415	404	418	402	394	380	377	365	368
农田灌溉水有效利用系数	0.510	0.516	0.523	0.530	0.536	0.542	0.548	0.554	0.559

资料来源：《中国水资源公报》（2011~2019）。

从表1-7可以看出，我国耕地实际灌溉亩均用水量呈逐年下降趋势，农田灌溉水有效利用系数不断提升，这表明我国农业用水效率在逐渐提高。2011年全国耕地实际灌溉亩均用水量为415立方米，2019年下降到了368立方米。2011年全国农田灌溉水有效利用系数为0.510，2019年上升到了0.559。在我国农业用水效率不断提高的同时，也要清醒地认识到与一些水资源利用效率较高的国家相比，我国农业用水效率依然存在较大的差距，水资源利用效率较高的国家农田灌溉水有效利用系数能够达到0.7~0.8。以粮食为例，我国每立方米灌溉水可以生产1千克粮食，而一些国家能产出1.2~1.4千克粮食。因此，我国农业灌溉用水效率的提升空间和农业节水潜力依然很大。通过农业水价改革并配合农业水价补贴政策，有效提高农业用水利用效率，促进农业节水是本书研究的重点。

(二) 农业水价成本补偿率与农户水费缴纳积极性较低

从农业灌溉水资源的供给特征分析，农业水价应该收回农业供水成本。我国实践层面的农业供水成本主要指工程成本，不包括资源成本和环境成本。农业水价中也不包括税收和利润。我国现行农业供水成本分为供水完全成本和供水运行维护成本，其主要区别在于是否计算固定资产折旧，后面章节将对农业供水成本进行详细的分析。为保证供水工程的良性运行维护，农业水价在理论上应确保能收回成本。供水运行维护成本是农业水价的下限，若农业水价不能收回供水运行维护成本，不仅导致农业水价无法发挥资源配置作用，还会导致灌溉设施运行维护困难，农业正常灌溉需求无法得到有效满足。

长期以来，我国农业水价低位运行，对供水成本的弥补水平较低。水利部调研资料显示，2005 年，我国进行了农业水价改革，农业平均水价提高到 0.065 元/立方米，仅占实际用水成本的 38%，若综合考虑水费实征率和实际供水成本，则当年实收水费仅占供水成本的 22%[①]；2013 年全国平均农业水价为 0.0914 元/立方米，仅占当时供水成本的 35.59%[②]。2014 年，杨柠和王永德对全国 290 个灌区的调查资料显示，平均农业供水成本为 0.096 元/立方米，水价中位数为 0.056 元/立方米。[③] 2016 年颁布的《国务院办公厅关于推进农业水价综合改革的意见》强调，农业供水价格原则上应达到或逐步提高到运行维护成本水平，对于用户承受能力强且水资源紧缺严重的地区，其农业水价可提高到完全成本水平。

从实践层面来看，有些地区调整了农业水价，其农业水价基本达到了运行维护成本水平，根据国家发展改革委、水利部、自然资源部和农业农村部的调查结果，截至 2017 年底，全国 15 个省份研究制定了农业水价成本核定和价格管理办法，612 个试点县 (灌区) 完成了农业供水成本监审工作，部分地区农业水价达到了完全成本水平，多数试点区达到了运行维护成本水平。例如，河南省试点区经济作物平均水价提高至 0.77 元/立方米、粮食作物平均水价提高至 0.23 元/立方米，基本达到了完全成本水平；山东省试

---

① 郑通汉，张彬，汪习文. 当前农业水价改革中的问题、影响与对策[J]. 中国水利，2006，57(16)：17-20.

② 参见《2013 年全国水利发展统计公报》。

③ 杨柠，王永德. 农业水价改革的顶层设计思考[J]. 水利发展研究，2016，16(2)：12-15.

点区农业水价从 0.34 元/立方米提高至 0.41 元/立方米，基本达到运行维护成本水平①。但仍有一些地区农业水价未达到弥补运行维护成本的水平，更没有达到完全成本水平。

李希敏的研究显示：截至 2018 年底，内蒙古自治区运行的 11 个大型灌区中，现行水价是 1998 年前调整的 8 个农业水价严重偏离成本水平，如团结灌区和民族灌区，国管工程水价 0.056 元/立方米，不足供水成本的 50%②。水利部发展研究中心调研组调研资料显示：2016 年新疆维吾尔自治区国有水管组织农业平均执行水价为 0.085 元/立方米，约占完全成本的 60%③。唐俊等的调查资料显示，湖北省大型灌区自流灌溉实际执行平均水价为 0.055 元/立方米，运行维护成本水价为 0.106 元/立方米，仅占运行维护成本的 52%④。

农业水价的设计不仅要考虑农业灌溉水资源供给者的利益，还要考虑农业灌溉水需求主体的特征。从农业用水需求者的角度来看，农业水价设计时需要考虑农户水价承受力及农户对待农业水价的态度。

目前，我国农户缴纳农业水费的积极性不高，水费支付异化现象突出，即尽管农户的收入水平在不断提高，但是有些农户缴纳水费的积极性却在不断下降。农业灌溉水费是农田水利工程能否良性运行的关键，农业水费的征收情况直接关系到灌区能否做到"以水养水、以水兴水"，也关系到农户用水合作组织能否正常运行。农户缴纳水费的积极性不高，会导致群管工程运行维护经费难以得到保障，从而使群管工程中出现的问题往往依靠"一事一议"解决，但单纯依靠"一事一议"往往也是举步维艰，且"一事一议"有时也会议而不决，执行艰难，导致农民用水户协会的管理之作常陷入困境。

造成农户缴纳水费积极性较低的原因很多，其中一个重要原因是国家全面取消了农村税费并加大了农业补贴力度。2006 年，我国农村税费改革全面完成。2005 年，我国 26 个省份 551 个大中小灌区的平均水费实际收取

---

① 参见国家发展改革委《关于 2017 年度农业水价综合改革工作绩效评价有关情况的通报》。
② 李希敏. 推进农业水价综合改革 加强农业用水管理[J]. 内蒙古水利，2019(11)：7-8.
③ 水利部发展研究中心调研组. 新疆农业用水及农业水价综合改革成效、问题及对策建议[J]. 水利发展研究，2018(12)：1-5.
④ 唐俊，张海川，李苏犁，等. 湖北省农业水价综合改革调查研究[N]. 人民长江报，2020-12-26(005).

率为 57.37%[①]；2007 年全国 100 家灌区农业水费平均收取率为 34%。[②] 有些省份在农业税改前后水费收取率出现了大幅降低的现象，如吉林降低了 24%、广东降低了 40%、浙江降低了 23%。[③] 李建宏研究了宁夏引黄灌区水管组织水费收缴情况，发现 2013～2018 年宁夏引黄灌区水费收取率呈下降趋势。[④]

农业水价偏低，不利于调节用水行为促进节约用水，不符合水资源商品市场价格规律，不利于维护灌区水利设施的正常运行和维护，导致灌区水利设施难以得到正常运营维护，灌区灌溉工程老化问题突出。农户缴纳水费的积极性低，水费征收困难导致末级渠系灌溉设施的运行困境进一步加剧。当然，农业水价改革不能单纯简化为提高水价，农业水价政策的设计要充分考虑农户的承受力和粮食作物正常用水需求等因素，需要合理设计和改进农业水价补贴政策，不断促进政府、农户和灌区供水组织利益的激励相容。

(三) 农业水价改革政策不断推进

我国是农业生产大国，也是水资源短缺严重的国家，农业用水在我国水资源使用中所占的比重最大。合理的农业水价政策是促进农业灌溉工程得以良好运行和维护以及促进农业节水的有效手段。

在新中国成立之后的较长时间内，农业灌溉用水处于无偿使用阶段，没有农业水价政策。随着经济社会的不断发展和进步，农业水价才开始从无到有，从收费标准很低到逐步调整水价。目前，我国农业水价政策正处于改革和完善的关键期。

1985 年之前，我国农业灌溉基本不收取水费，随着改革进程的不断推进，农村经营体制发生变化，由原来的集体经营转变为家庭联产承包。经济体制改革使我国的商品意识逐渐增强，市场经济条件下的有偿供水逐渐

① 郑通汉，张彬，汪习文. 当前农业水价改革中的问题、影响与对策[J]. 中国水利，2006，57(16)：17-20.

② Wang Y，Chen S. Breaking the Dilemma of Agricultural Water Fee Collection in China[J]. Water Policy，2014，16(5)：773-784.

③ 李培蕾，钟玉秀，韩益民. 我国农业水费的征收与废除初步探讨[J]. 水利发展研究，2009，9(4)：16-21.

④ 李建宏. 宁夏引黄灌区水管组织水费收缴情况调查研究[J]. 水利发展研究，2019，19(11)：19-23+31.

成为可能。1965 年 10 月，水利电力部制定了我国第一个有关水价制度的文件——《水利工程水费征收、使用和管理试行办法》，提出按照成本核算水费的基本模式，但由于历史因素，水费征收没有进入正轨[1]。1982 年，水利部出台了《关于核定水费制度的报告》，提出要以供水成本和利润为依据制定水费。1984 年 7 月，中共中央提出拟在全国征收水费，并对征收水费后发生困难的部门和地区进行适当补贴。1985 年 7 月，国务院颁布了《水利工程水费核订、计收和管理办法》（已废止），该办法提出凡水利工程都应实行有偿供水，水费标准应在核算供水成本的基础上对各类用水分别核订。

1988 年，新中国第一部《中华人民共和国水法》的颁布，《中华人民共和国水法》的颁布使我国水资源开发利用进入了有法可依的时期，《中华人民共和国水法》明确规定："使用供水工程供应的水，应当按照规定向供水单位缴纳水费。"1991 年，水利部制定了《乡镇供水水价核订原则（试行）》，该核订原则明确提出乡镇实行有偿供水，促进了水价改革的发展。1997 年国务院颁布《水利产业政策》，《水利产业政策》第 17 条和第 20 条对水资源费和供水、水电及其他水利产品与服务的价格征收进行了规定，促进了我国水价改革进程。2000 年《国家计委关于印发改革水价促进节约用水的指导意见的通知》（计价格〔2000〕1702）（已失效），该通知指出了当时我国水价和供水管理体制存在的问题：水价形成机制不合理、供水管理体制不合理、供水价格偏低、终端水价秩序混乱；提出了水价改革的基本原则；提出通过改革逐步建立合理的水价管理体制和形成机制，促进水价管理法制化和规范化，使供水管理单位的自我积累和自我发展能力得到显著提升，实现良性循环。总体而言，20 世纪我国农业水价改革的重要价值是与我国市场经济体制改革相契合，体现水资源的商品属性，但这一时期我国农业水利工程水价总体偏低，水资源粗放低效利用的问题没有得到根本解决。

进入 21 世纪，我国农业水价改革的步伐逐步加快。2001 年，国家发展计划委员会、水利部和农业部三部委联合印发了《关于改革农业用水价格有关问题的意见》，提出要在充分考虑农民灌溉水价承受能力的基础上，逐步建立科学合理的农业水价形成机制，促进农户节水意识和农业灌溉方式的转变，实现节约用水；农业水价改革必须与改造农业灌渠、改善农业用水计量手段和改革农业供水体制等统筹安排、配套实施。2002 年 8 月，修订

---

[1]　刘文，钟玉秀. 供水价格改革 60 年回顾与展望[J]. 中国水利，2009（19）：10-12.

过的《中华人民共和国水法》以法律形式确立了水资源有偿使用制度。2003年，国家发展改革委和水利部共同颁发了《水利工程供水价格管理办法》，规定：水利工程供水价格按照补偿成本、合理收益、优质优价、公平负担的原则制定，并根据供水成本费用及市场供求的变化情况适时调整；根据国家经济政策以及用水户的承受能力，实行水利工程供水分类定价；水利工程供水应逐步推行两部制水价，即基本水价和计量水价相结合的水价模式。《水利工程供水价格管理办法》对于推进水利工程由无偿服务向有偿服务转变具有重要作用。2004年，国务院办公厅下发了《关于推进水价改革促进节约用水保护水资源的通知》（国办发〔2004〕36号），指出要将农业供水各环节水价纳入政府价格管理范围，逐步探索推行到农户的农业终端水价制度。改革农业供水水费计收方式和管理体制，降低管理成本；通过改善基础设施，创造有利条件，逐步推行计量收费、超定额用水累进加价等制度，促进农户节约用水，减轻水费负担。2006年，国家发展改革委、水利部下发了《关于加强农业末级渠系水价管理的通知》，要求以"多予、少取、放活"为方针，进行农业末级渠系水价核定，补偿农业末级渠系运行和维修养护费用并有效保障农民利益，为开展农业水价综合改革工作奠定了基础。2011年的中央1号文件（《中共中央 国务院关于加快水利改革发展的决定》）提出，农业水价综合改革的推进，要遵循促进节约用水、减轻农民水费负担、保障灌排工程良性运行的原则，财政要对农业灌排工程运行管理费用进行适当补助，探索实施农户超定额用水累进加价、定额内用水享受优惠水价的办法。

2016年，国务院办公厅下发了《关于推进农业水价综合改革的意见》（国办发〔2016〕2号），提出通过完善供水计量设施、建立农业水权制度、加强农业用水管理和创新终端用水管理方式等途径夯实农业水价改革基础；通过农业水价分级制定、探索实行分类水价、逐步推行分档水价、建立农业用水精准补贴及节水奖励机制等方式建立健全农业水价形成机制；为深入推进农业水价综合改革，2017年6月，国家发展改革委、财政部、水利部联合印发了《关于扎实推进农业水价综合改革的通知》（发改价格〔2017〕1080号），对农业水价综合改革涉及的推进机制、示范引领、主体责任、绩效考核等内容作了政策规定，指出要不断完善奖补机制，在不增加农民负担的基础上促进农业节水。2018年2月，水利部印发了《深化农田水利改革的指导意见》，要求通过实化细化改革目标、统筹夯实改革基础、建立健全农业水价形成机制及农业用水精准补贴和节水奖励机制等措施加快推进农业水价综合改革;农业水价综合改革要突出重点,分类施策;农业水价综合改革,既要有利于促进节水,保障工程正常运行,又要总体上不增加农民负担,让人民群众有更多的获得感。2019 年 5 月,国家发展改革委、财政部、水利部、农业农村部联合印发了《关于加快推进农业水价综合改革的通知》(发改价格〔2019〕855 号),指出要进一步完善工作机制,强化组织领导,严格落实各项改革任务,加大推进农业水价综合改革力度;要巩固改革成果、提炼总结改革经验、合理确定改革实施范围;要将农业水价综合改革工作统一合并入最严格水资源管理制度和粮食安全省长责任制考核。国家关于农业水价的主要政策如表 1-8 所示。

表 1-8 国家关于农业水价的主要政策

颁布时间	政策/文件名称
1985 年	《水利工程水费核订、计收和管理办法》
1988 年	《中华人民共和国水法》
1991 年	《乡镇供水水价核订原则(试行)》
1997 年	《水利产业政策》
2000 年	《国家计委关于印发改革水价促进节约用水的指导意见的通知》
2001 年	《关于改革农业用水价格有关问题的意见》
2002 年	《中华人民共和国水法》(2002 年修订;2009 年和 2016 年又进行了修订。)
2003 年	《水利工程供水价格管理办法》
2004 年	《关于推进水价改革促进节约用水保护水资源的通知》
2006 年	《关于加强农业末级渠系水价管理的通知》
2007 年	《水利工程供水价格核算规范(试行)》
2011 年	《中共中央 国务院关于加快水利改革发展的决定》
2016 年	《国务院办公厅关于推进农业水价综合改革的意见》
2017 年	《关于扎实推进农业水价综合改革的通知》
2018 年	《深化农田水利改革的指导意见》
	《关于加大力度推进农业水价综合改革工作的通知》
2019 年	《关于加快推进农业水价综合改革的通知》
2020 年	《关于持续推进农业水价综合改革工作的通知》

资料来源:根据相关资料整理。

总体来说，农业水价综合改革是要通过农业水价的杠杆作用有效地引导和协调农民用水行为，提高农田水利设施利用效率，通过实行精准补贴和节水奖励，形成有利于节约资源与农业发展并举的水价形成机制；通过农业水权确权登记，鼓励水权交易，促进节约用水和水资源使用效率的提升。

(四)各地农业水价综合改革的实践有序展开

我国的农业水价改革在探索中实践，在实践中探索。总体而言，我国农业水价改革总体经历了初始试点、深入试点和全面推进三个阶段。

2006~2013年是我国农业水价综合改革的初始试点阶段。2006年，国家发展改革委和水利部下发了《关于加强农业末级渠系水价管理的通知》，该通知奠定了我国农业水价综合改革的基础。2007年，水利部选择8个省份14个灌区的部分渠系作为农业水价综合改革首批试点项目区。2008年，财政部安排农业水价综合改革资金支持农业水价综合改革，水利部将农业水价综合改革试点范围扩大到4个主要产粮省和14个粮食主产区，2010年，水利部确定了20个"农业水价改革示范县"，用以探索农业水价改革。2011年，中央财政安排资金支持在全国25个小型农田建设重点县进行农业水价综合改革示范区建设。2012年，又在全国32个小型农田建设重点县进行了农业水价综合改革示范区建设；2013年，再次扩大试点范围，选择了55个县开展农业水价综合改革示范；截至2013年，水利部累计在27个省份的150多个县开展了农业水价综合改革试点(示范)。

2014~2015年是我国农业水价综合改革的深入试点阶段。2014年，习近平总书记和李克强总理对农业水价综合改革作出指示，要求在以前试点的基础上进一步深化农业水价综合改革试点工作，我国农业水价综合改革进入深入试点阶段。2014年，我国在27个省份的80个县(市、区)启动了深化农业水价综合改革试点工作，将改革内容拓展深化到农业水价形成机制、农业水权分配、农业用水精准补贴和节水奖励及农田水利工程管护机制等；2015年，完成了全国27个省份的80个县(市、区)202万亩的深化试点任务。

2016年至今是我国农业水价综合改革全面推进阶段。2016年，《国务院办公厅关于推进农业水价综合改革的意见》的发布加快了我国农业水价改革的步伐，农业水价综合改革进入全面推进阶段。农业水价综合改革阶段汇总情况如表1-9所示。

表 1-9　农业水价综合改革阶段汇总情况

阶段	时间	实践内容
初始试点	2006 年	国家发展改革委和水利部联合下发《关于加强农业末级渠系水价管理的通知》
	2007 年	选择 8 个省份 14 个灌区的部分渠系作为农业水价综合改革首批试点项目区
	2008 年	财政部安排部分资金支持农业水价综合改革，水利部将农业水价综合改革试点范围扩大到 4 个主要产粮省和 14 个粮食主产区
	2010 年	确定了 20 个"农业水价改革示范县"，用以探索农业水价改革
	2011 年	在全国 25 个小型农田建设重点县进行农业水价综合改革示范区建设
	2012 年	在全国 32 个小型农田建设重点县进行农业水价综合改革示范区建设
	2013 年	选择 55 个县开展农业水价综合改革示范
深入试点	2014 年	在全国 27 个省份的 80 个县(市、区)启动深化农业水价综合改革试点工作
	2015 年	完成了全国 27 个省份的 80 个县(市、区)202 万亩的深化试点任务
全面推进	2016 年	2016 年至今《国务院办公厅关于推进农业水价综合改革的意见》发布，加快了我国农业水价改革的步伐

资料来源：根据相关资料整理。

当前，我国各地区农业水价综合改革正全面有序推进，如河南省在累计完成改革面积 340 多万亩农业水价改革任务的基础上，于 2019 年将农业水价综合改革任务增加到了 1000 万亩，范围扩大到全省所有县(市、区)和灌区，改革任务落实到具体的乡村和地块。2019～2025 年，河南省将完成 7500 万亩改革任务。河南省要求各地对本市、县农业水价综合改革有关情况进行全面摸底，梳理灌区灌溉方式、工程状况、管护模式、供水成本、种植结构、水价水平、水费收取、计量设施、水权制度等方面的现状，确定改革区域，分解改革任务，制定改革路线图和时间表。同时，河南省要求抓紧制订水价调整方案，合理把握调价幅度，并鼓励将奖补资金支出纳入财政预算，明确定额内用水补贴标准①。

2016 年，《国务院办公厅关于推进农业水价综合改革的意见》发布以后，江苏省将农业水价综合改革作为全面深化改革的重点工作和全省乡村振兴的十项重点工程，通过构建农业水价综合改革评价指标体系、完善农业水

---

① 参见《河南全面推进农业水价综合改革》. 河南省人民政府网站，https：www. henan. gov. cn/2019/05-29/795381. html.

价形成机制、积极发展高效节水灌溉、落实精准补贴节水奖励、加强基础水利服务体系建设等措施细化落实改革措施、切实加大推进力度，确保按时完成改革任务①。山东省高度重视农业水价综合改革。2014 年 10 月，山东省沂源、安丘、莒南、禹城、博兴 5 个县(市)被确定为全国农业水价综合改革试点，2015 年 6 月试点县(市)通过验收，为山东省农业水价综合改革积累了经验。2016 年 9 月 9 日，山东省政府办公厅正式印发了《山东省农业水价综合改革实施方案》，确定了山东农业水价综合改革的总体目标是用 10 年左右时间在全省农田有效灌溉面积内推行农业水价综合改革，建立起有利于合理反映农业供水成本、促进农业节水和农田水利工程良性运行的农业水价形成机制。该方案明确了山东省农业水价综合改革的主要指标，具体包括农业用水价格总体达到水利工程运行维护成本水平，具备条件的地区可以提高到完全成本水平；农村基层用水组织规范组建、长效运作，农业水费计收基本到位；农业用水总量控制和定额管理普遍实行，先进适用的农业节水灌溉技术措施广泛应用；建立起可持续的农业用水精准补贴和节水奖励机制。该方案提出，农业用水精准补贴机制要与节水成效、调价幅度、财力状况相匹配，补贴标准根据定额内用水成本与运行维护成本的差额并统筹考虑农业水价调整和农户承受能力来确定。该方案对山东农业水价综合改革时间进度表也进行了具体安排：2018 年完成改革面积达到有效灌溉面积的 20%，2019 年达到 40%，2020 年达到 60%，2025 年全部完成。

除了上述省份，其他省份的农业水价改革也按照 2016 年《国务院办公厅关于推进农业水价综合改革的意见》的安排并结合本地区实际情况有序开展。

二、研究意义

本书从多元利益偏好约束和激励相容性角度阐释农业水价精准补贴问题，契合国家农业水价综合改革的实施，有助于充实农业水价补贴的相关研究成果，并为农业水价补贴政策的制定和完善提供参考。

---

① 叶健，蒲永伟，宋宜峻. 江苏省农业水价综合改革的路径及启示[J]. 水利发展研究，2018，18(7)：8-10.

（一）契合国家农业水价综合改革意见的实施

2016 年，《国务院办公厅关于推进农业水价综合改革的意见》（国办发〔2016〕2 号）明确提出，用 10 年左右时间，在完善水价形成机制的基础上，建立起与节水成效、调价幅度和财力状况相匹配的农业用水精准补贴机制。目前，我国一些灌区相继开展了农业水价精准补贴试点，但关于农业水价精准补贴的研究仍处于持续推进阶段，且随着农业水价补贴实践的不断发展和完善，本书的研究结论有利于为农业水价精准补贴实践提供参考。

（二）有利于为提升农业水价补贴效果提供参考

我国农业水价补贴曾一度以均等化、低水平、普惠制补贴为主，农业水价补贴隐含在价格中，水价征收水平远远低于供水完全成本。这种隐含在价格中的水价补贴政策，没有明确的补贴对象，且补贴金额不透明，表面看似减轻了农户用水负担，实则助长了浪费用水，导致水资源更加短缺、农田水利工程良性运行受阻，增加了灌溉成本。我国农业灌溉用水占经济社会用水的比重超过了 60%，目前我国农业灌溉用水有效利用系数不足 0.6，低于一些水资源利用效率较高国家（0.7~0.8）。长期以来，各地开展的节水补贴，其补贴对象多以灌区和大型节水项目为主，直接针对农户的水价补贴政策较少，缺乏与不同用水行为、不同水价承受能力、不同作物、不同水源条件、不同土地条件等相匹配的农业水价精准补贴政策，水价补贴监督机制不完善，造成补贴实施效果不理想、补贴政策激励相容性较差。本书在评估研判我国传统农业水价补贴政策的基础上，重点研究了如何构建和逐步优化农业水价精准补贴机制，以期为完善农业水价补贴政策、改进农业水价补贴效果提供政策参考。

（三）有利于为农业水价补贴多元利益偏好激励相容提供借鉴

农业水价政策涉及政府、灌区水管组织、农户和农民用水者协会等多方利益，我国现行的农业水价补贴方式造成农业水价低位运行，各方利益协调性差，其显著表现为农业用水效率目标、农户用水负担目标、灌区水管组织和水利设施良性运行目标、政府财政负担目标、农民用水者协会积极参与目标之间激励相容性较低。本书基于利益主体偏好，研究如何构建激励相容农业水价精准补贴机制，有助于为协调农业水价补贴政策中的多元利益偏好提供政策依据。

第二节 相 关 文 献

一、关于农业水价改革的相关文献

我国农业用水占比大，农业水价难以弥补供水成本，用水效率较低，水价提升和农户用水负担矛盾突出，通过农业水价综合改革激励节约用水、提升水资源使用效率理所当然成为国家和学术研究者关注的重要问题。

国内学者围绕我国农业水价改革问题开展了一系列研究，形成了一系列有价值的研究成果。特别是 2016 年 1 月 21 日《国务院办公厅关于推进农业水价综合改革的意见》颁布之后，关于我国农业水价改革问题的研究日渐兴起。

2011~2020 年中国知网总库农业水价改革文献量如图 1-3 所示。

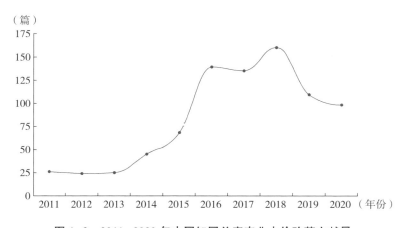

图 1-3　2011~2020 年中国知网总库农业水价改革文献量
资料来源：中国知网。

一些学者对我国农业水价改革的意义进行了阐释。如郑和祥等认为，农业水价综合改革有利于构建成本约束机制，有利于形成正常的农业水利工程水价秩序，在测算农业供水成本的基础上，通过政府定价的方式确定供水价格，推行超定额累进加价水价制度，是实现农业水价改革目标的前提和基础。[①] 徐成波认为，农业水价改革是一个长期、复杂的过程，是助力农业供给侧结构性改革和贯彻中央治水方针的重要举措；农业水价形成机制是农业水价综合改革的核心，农业供水计量设施是落实农业水价改革措施的前提条件，农业水权制度建设是加强农业用水管理的基础，降低供水成本、提高供水效率是农业水价综合改革的必要条件，加强农业用水终端管理是落实农业水价各项改革措施的"最后一公里"[②]。范明元等认为，农业水价综合改革是新时代农业现代化发展的需要，通过农业水价综合改革有助于促进农业节水、有助于保障灌区节水工程良性运行、有助于引导农业生产方式转变。[③]

一些学者对我国农业水价综合改革实施效果进行了分析，赵永等利用CGE模型研究了黄河流域8省份农业灌溉用水需求和农业水价之间的关系，得出该流域各省份的灌溉用水量会随着水价的提高而减少，说明农业水价改革有助于改变大水漫灌的用水方式。[④] 田贵良等认为，农业水价综合改革降低了农业灌溉用水需求，加速了实现集约式用水的进程，农业水价精准补贴和节水奖励机制的建立激发了农户节水的主动性和积极性。[⑤] 王晓君等通过构建模型分析了农业用水总量控制与农业水价对节水效应的影响，研究发现水量控制和水价调整可以促使农户调整种植结构，抑制农业用水需求。[⑥] 刘静等通过整理调研样本数据，对农业水价改革政策实施后灌溉用水需求的变化进行了分析，结果表明，水价改革政策内含节水激励机制，节水效果明显。[⑦] 戴勇等运用交叉影响法研究发现，水价改革能够促进灌溉

---

① 郑和祥，李和平，刘海全，等．鄂尔多斯市黄河南岸灌区农业水价改革实例分析[J]．水利经济，2018，36(4)：23-27.

② 徐成波．关于农业水价综合改革的一些认识[J]．水利发展研究，2018, '18(7)：4-7+33.

③ 范明天，孙洪亮，何昆．农业水价综合改革的目的意义[J]．山东水利，2018 (3)：7-8.

④ 赵永，窦身堂，赖瑞勋．基于静态多区域CGE模型的黄河流域灌溉水价研究[J]．自然资源学报，2015，30(3)：433-445.

⑤ 田贵良，顾少卫，韦丁，等．农业水价综合改革对水权交易价格形成的影响研究[J]．价格理论与实践，2017(2)：66-69.

⑥ 王晓君，石敏俊，王磊．干旱缺水地区缓解水危机的途径：水资源需求管理的政策效应[J]．自然资源学报，2013，28(7)：1117-1129.

⑦ 刘静，陆秋臻，罗良国．"一提一补"水价改革节水效果研究 [J]．农业技术经济，2018 (4)：126-135.

用水效率的提高，随着农业水价的提高农户的灌溉行为也会改变。[①] 也有学者认为，农业水价改革未能充分取得预期效果，如于法稳等对内蒙古自治区河套灌区灌溉用水进行了实地调查，调研结果显示，若水价上涨，仅有 25.64% 的农户选择减少用水量，另外 72.80% 的农户不会改变用水量，另有 0.2% 的农户没有做出回答。[②] 郭善民和王荣对 126 户农户进行了调研，调研结果显示，农业水价改革政策没有达到节水的预期效果，反而增加了农户的负担。[③] 尉永平等分析了河南省封丘县农业水价改革的实施效果，认为农业用水的价格弹性有限，价格杠杆作用有限，价格调整对农户灌溉行为的影响不明显。[④] 邢夏洁和袁汝华研究表明，在提高水价、政府实施农业水价补偿后，农户与农户之间仍会出现"囚徒困境"，他们选择不合作、不节水的策略。[⑤] 刘莹等通过构建多目标决策模型认为，水价对农业用水量的影响是暂时的，短期内有效，经过一段时间后，其效果会逐步减弱。[⑥] 陈菁等通过对某县农业水价综合改革的走访调研，构建了包含 4 个一级指标和 17 个二级指标的评估体系，以此来评估农业水价综合改革的实施效果。[⑦]

农业水价综合改革存在的问题与改革思路是农业水价研究的重点，另有一些学者对此问题进行了研究。姜文来认为，农业水价综合改革是一项系统工程，也是一项长期任务，需要实行超定额用水累进加价，并建立水价精准补贴和节水奖励机制；需要利用节水腾出的空间提高农业水价；需要坚持政府与市场两手协同发力；需要因地制宜分类推进；需要通过改革试点形成示范效应。[⑧] 徐成波认为，农业水价改革要坚持问题导向原则，因

① 戴勇，顾宏，李江安，等. 基于交叉影响法的农业水价改革联动效应研究：以江苏高邮市农业水价综合改革试点为例[J]. 中国水利，2015(6)：18-20.

② 于法稳，屈忠义，冯兆忠. 灌溉水价对农户行为的影响分析：以内蒙古河套灌区为例[J]. 中国农村观察，2005(1)：40-44+79.

③ 郭善民，王荣. 农业水价政策作用的效果分析[J]. 农业经济问题，2004(7)：41-44.

④ 尉永平，陈德立，李保国. 农业水价调整对解决华北平原水资源短缺的有效性分析：河南省封丘县农业水价调查分析[J]. 资源科学，2007，29(2)：40-45.

⑤ 邢夏洁，袁汝华. 农业灌溉用水补偿博弈研究[J]. 节水灌溉，2017(3)：70-73.

⑥ 刘莹，黄季焜，王金霞. 水价政策对灌溉用水及种植收入的影响[J]. 经济学(季刊)，2015，14(4)：1375-1392.

⑦ 陈菁，李建国，张建，等. 农业水价综合改革项目实施效果评价模型构建及应用[J]. 三峡大学学报(自然科学版)，2016，38(5)：1-6.

⑧ 姜文来. 推进农业水价综合改革需坚持五大原则[J]. 农村工作通讯，2018(15)：37.

地因水制宜，要协同应用价格和补贴杠杆，要多层次全方位统筹推进。① 曹云虎和陈华堂认为，农业水价综合改革试点工作中存在农田水利设施基础薄弱、精准补贴和节水奖励资金落实困难等问题，应完善农田水利基础配套设施，重点从加大资金投入力度、深入研究补贴奖励机制等角度推动农业水价改革顺利进行。② 许朗和陈燕认为，农业水价综合改革中存在田间基础设施落后、灌溉定额难以统一、农业水权转让或回购难以实现和资金补贴难以维持等问题，并针对上述问题提出政策建议。③ 程姗认为，农业节水、水权和工程产权改革并加快推进水利服务体系建设对农业水价综合改革具有重要意义。④ 刘小勇认为，应建立"3+1"的农业水价改革模式，科学合理的水价形成机制、完善健全的水价管控机制、动态的水价调整机制和创新是农业水价综合改革成功的关键。⑤ 崔延松和崔鹏认为，以农业节水为目标的农业水价综合改革，具有市场导向的改革内容，且与现行管理体制存在必然联系；推进农业水价综合改革需要进行主次选择和多要素整合，形成协调推进的农业水价综合改革典型模式；根据农业水价综合改革影响因素，其推进模式主要包括财政主导型投资推进、行政主导型约束定价推进、自律协调型责任管护推进和责任考核型体系统筹推进等模式。⑥ 胡继连和崔海峰认为，我国农业水价改革历经多个阶段、历时50多年，改革的实质性进展不大，法制因素、农户的承受能力和农业用水计量困难等是制约农业水价改革的主要因素。⑦ 胡继连和靳雪认为，我国的农业水价与供水成本之间存在较大差距，将农业水价短期内提高到供水成本水平面临较大的困难。因此，农业水价改革可以选择渐进式改革道路，随着农业支付能力的提升逐步将农业水价向供水成本靠近，最终实现农业水价改革的终极

① 徐成波. 关于农业水价综合改革的一些认识[J]. 水利发展研究，2018，18(7)：4-7+33.
② 曹云虎，陈华堂. 农业水价综合改革若干政策问题探讨[J]. 中国农村水利水电，2015(12)：21-22.
③ 许朗，陈燕. 农业水价综合改革现状、问题及对策：以安徽六安市农业水价综合改革试点为例[J]. 节水灌溉，2016(5)：89-90+96.
④ 程姗. 关于推进农业水价综合改革路径的探讨[J]. 河北水利，2016(12)：30.
⑤ 刘小勇. 农业水价改革的理论分析与路径选择[J]. 水利经济，2016，34(4)：31-34+74.
⑥ 崔延松，崔鹏. 农业水价综合改革协调推进模式分析[J]. 中国水利，2018(2)：54-57+64.
⑦ 胡继连，崔海峰. 我国农业水价改革的历史进程与限制因素[J]. 山东农业大学学报(社会科学版)，2017，19(4)：22-29.

目标。① 李然和田代贵认为，自农村税费改革以来，农业水价改革陷入"两难"境地：若维持现有水价，会因水价水平低而难以约束农民的用水行为，且农田水利设施难以正常运行；若提高水价，则导致农民负担加重、农业减产；因此，需要从农业水价改革的历史背景、价格形成、实践效果、路径选择与优化四个维度揭示问题的症结。② 胡继连等认为，农业水价改革需要科学的理论依据；边际供水成本是基准水价的依据；从农业利益角度考虑，农业用水的边际收益应该是基准水价的依据；在实际操作过程中，农业水价可以采用差别定价法；我国农业水价改革应该注重节水效率提升，适当兼顾公平。③ 何寿奎认为，农业水权确定是农业水价改革的前提，农民用水者协会建设是农业水价改革的实施平台，小型水利工程建设及用水计量是农业水价改革的实施基础，供水成本核算和成本分摊方式是农业水价改革的定价依据，财政补贴是农业水价改革的激励机制，农业水价改革需要建立相关的配套制度。④ 杨柠和王永德认为，农业水价改革是一个系统工程，需加强顶层设计，农业水价改革顶层设计思路：修订农业水价管理办法，减负与节水统筹考虑，整合水利工程供水资源，创新农业灌溉的政府购买服务，构建新的供水水价体系。⑤ 蔡威熙等认为，为保障农业水价改革的顺利实施，相关政策设计应朝着利益相关者利益相容的方向进行完善，通过制度创新，克服用水方农业水价改革收益的不确定性和外生性，保障用水方在改革中获得稳定、对等和持久的收益，具体的政策完善建议包括水资源所有者奖励节约用水者、供水方让利补贴用水方、保护价收购农业节余水权等。⑥

二、关于农业水价分担的相关文献

姜文来认为，农业水价合理分担机制就是农业供水成本在农业用水利

---

① 胡继连，靳雪．农业水价渐进式改革路径设计[J]．当代经济，2018(1)：80-82.

② 李然，田代贵．农业水价的困境摆脱与当下因应[J]．改革．2016(9)：107-114.

③ 胡继连，曹金萍，靳雪．农业水价改革的基础参照：一个理论框架[J]．当代经济，2017(34)：82-85.

④ 何寿奎．我国农业水价综合改革路径选择与配套制度研究：以重庆试点区县为例[J]．价格理论与实践，2015(5)：39-41+60.

⑤ 杨柠，王永德．农业水价改革的顶层设计思考[J]．水利发展研究，2016(2)：12-15.

⑥ 蔡威熙，周玉玺，胡继连．农业水价改革的利益相容政策研究：基于山东省的案例分析[J]．农业经济问题，2020(10)：32-39.

益相关者之间合理分担的机制，农业水价合理分担是由农业用水及农业供水工程设施多功能性决定的；农业用水和农业供水工程的多功能性决定了农业供水成本不能完全由农户承担，应根据相关受益者的受益程度共同承担。① 徐璇和毛春梅认为，农业水价分担包括由谁分担和如何分担等问题；农业水价的合理分担有助于体现农业灌溉用水的价值，有助于实现灌溉供水成本的回收，有助于保障灌区水管组织的基本收入和农田水利工程的维修养护；农业水价的分担应遵循支付能力原则和受益原则；农业水价的分担主体包括农业用水户、地方政府、国家和水管组织等；农业水价的分担客体是灌溉用水全成本，主要包括资源成本、工程成本和环境成本；农业水价的分担模式包括农业用水户全额负担模式、政府财政全额负担模式、农业用水户和政府共同分担模式、非农业用水户参与分担模式。② 邱书欣认为，我国水资源短缺严重、分布不均、利用效率低下，有必要对我国的农业水价分担模式进行改革，在各利益相关者之间科学分担农业用水成本，逐步形成促进水资源节约利用、保证农民能用得起水、工程设施得到有效维护的水价体制。③ 卢竹生等认为，我国现有的水价承担模式难以满足农业可持续发展的需要，农业水价分担模式改革是当前必须解决的问题，农民与政府共同承担水费是公平、科学、有效的农业水价承担模式。政府在对灌区运行管理进行业绩科学考核的基础上，对灌区实施直接经费补贴；农民承担末级渠系管理和维修费用，以减轻农民用水负担，提高农民种粮积极性；这种模式可以避免中间环节随意加价等不良行为。④ 高媛媛等在对典型国家农业水价分担模式进行介绍的基础上认为，为保障农业生产和农民收入的稳定性，各国政府会根据本国国情对农业用水进行补贴和政策扶持；农民的水价分担主要体现在对灌溉工程部分资金偿还、灌溉设施的运营维修和灌区管理费等；政府的水价分担主要体现在投资水利设施建设、工程贷款利息减免和部分运营维修成本补贴等；农民的承受能力是水价分担的重要基础，也是很多国家和地区构建农业水价分担机制的重要基础；在我

---

① 姜文来．建立农业水价合理分担机制[N]．中国水利报，2012-03-22(006)．
② 徐璇，毛春梅．我国农业水价分担模式探讨[J]．水利经济，2013，31(2)：19-26+76．
③ 邱书欣．我国农业水价分担模式比较及选择：兼析国际农业水价分担模式经验借鉴[J]．价格理论与实践，2016(12)：52-55．
④ 卢竹生，刘品章，梁金文．江西大型灌区农业水价分担模式探讨：以锦北灌区为例[J]．中国水利，2015(12)：35-37．

国，由于农业生产的弱质性及水利工程、供水工程大多由政府投资兴建，决定了水利工程、供水工程具有经济目标和政治目标双重属性，为实现社会公平并保证水管组织的正常运行，必须构建合理的农业水价补偿机制；在当前工业反哺农业的大背景下，国家应下拨更多的农业水价补贴资金。[①]尹庆民等阐释了构建流域内农业水费分担模式的重要意义和内在要求，从经济学视角对比分析了几种典型的流域内农业水费分担模式，在综合考虑农业用水供需双方的经济利益的基础上，构建了农民用水户与灌区供水单位的节水激励模型，设计了流域内农业水费分担模式的运作流程；通过研究得出的基本结论是，财政直接补贴农户的农业水费分担方式可以避免间接补贴造成的"鼓励浪费"现象；过低的农业水价会限制市场调节，应适当提高现行水价，并实行财政直接补贴农户，在具体操作中，可以采取补贴农户与补贴灌区相结合的方式。[②] 李生潜认为，改变不合理的农业水价分担模式是西北干旱地区农业可持续发展的现实需要，建立政府直接补贴农业水费的农业水费分担模式，可以减轻农民负担，发挥价格杠杆对水资源的配置作用；在实践中，应全面了解农户所能承受的水价，调动农户承担农业水价的积极性；西北干旱地区应结合当地的水资源及经济发展状况，综合考虑各种可能的影响因素，制定出适合本地区的农业水价分担模式。[③]

三、关于农业水价补贴的相关文献

Ward 和 Pulido-Velazquez 认为，单纯依靠节水措施难以起到让用户减少用水的作用，只有对节水的量进行补贴才能在减少用水的过程中发挥更好的效果。[④] Huang 等在对华东地区的灌溉用水行为和灌溉水价政策进行实

---

① 高媛媛，姜文来，殷小琳. 典型国家农业水价分担及对我国的启示[J]. 水利经济，2012，30（1）：5-10+71.

② 尹庆民，马超，许长新. 中国流域内农业水费的分担模式[J]. 中国人口·资源与环境，2010，20（9）：53-58.

③ 李生潜. 西北干旱地区农业水价分担模式探讨[J]. 中国水利，2015（6）：15-17.

④ Ward F A，Pulido-Velazquez M. Water Conservation in Irrigation Can Increase Water Use[J]. Proceedings of the National Academy of Sciences of the United States of America，2008，105（47）：18215-18220.

证研究的基础上，提出了与灌溉定价政策相结合的补贴方案。[①] 杜丽娟和柳长顺认为，应按照有利于促进节约用水和减轻农民负担、有利于保证水利工程良性运行、有利于提高农业综合生产能力、有利于保障国家粮食安全的总体要求，构建财政直接补贴农业水费机制；推行两部制水价是水费补贴的基础条件，补贴政策性亏损与基本水费是水费补贴的切入点。[②] 刘红梅等在分析和比较不同的农业水价补贴方式后认为，农业水价暗补是低效的，明补是有效的；带有数量限制的暗补比单纯的明补低效，但兼顾了两类用水群体的利益，对全社会而言是一种帕累托改进；国内外水价补贴的发展趋势是农业水价的补贴由暗补变为明补，在转变的过渡期，带有数量限制的农业水价暗补政策是可以选择的中间方案之一。[③] 周晓熙等在分析提高水价对农户节水行为影响的基础上，研究了在不完全信息情形下实行水价提补政策中政府如何进行补贴的问题，认为由于政府在实行补贴政策时存在不完全信息，造成了补贴的低效率，为了提升补贴效率，必须在预算范围外付出信息租，或者为了保持预算平衡减少补贴额度。[④] 刘渝和李凌卉认为，在提高农业水价的同时给农民补贴，可以在确保农民福利水平不降低的情况下实现节约用水的目的；在两部制水价下实行明补政策更有效，能够调动和提高供水单位和农民的积极性。[⑤] 顾宏等以高邮市农业水价综合改革试点为例，研究了农业用水精准补贴的基本原则、实施范围、申请条件和补贴对象，提出了关于农业水价精准补贴的计算方法，构建了补贴程序、资金监管和信息公开制度。[⑥] 曹金萍等认为，国家或地方财政应设立水费补贴基金，农业灌溉水价可仿照良种和农业机械补贴的方式进行适度补贴，补贴方式和对象可以是直补给财政或水管组织；山东省的经济条件和财力

---

① Huang Q Q, Rozelle S, Howitt R, et al. Irrigation Water Demand and Implications for Water Pricing Policy in Rural China[J]. Environment and Development Economics, 2010, 15(3): 293-319.

② 杜丽娟, 柳长顺. 财政直接补贴农业水费研究[J]. 资源科学, 2008(11): 1741-1746.

③ 刘红梅, 王克强, 黄智俊. 农业水价格补贴方式选择的经济学分析[J]. 山西财经大学学报, 2006(5): 81-85.

④ 周晓熙, 郑旭荣, 刘坤. 不完全信息政府提高农业水价再补贴政策分析[J]. 灌溉排水学报, 2005(6): 68-70.

⑤ 刘渝, 李凌卉. 我国农业用水补贴"暗改明"的经济分析与方式比较[J]. 价格理论与实践, 2013(11): 43-44.

⑥ 顾宏, 贾仁甫, 李江安, 等. 农业用水精准补贴机制研究：以高邮市农业水价综合改革试点为例[J]. 江苏水利, 2015(10): 10-12.

较好，具备财政资金补贴灌溉用水费用的可行性。[①] 孙梅英等认为，单纯的农业灌溉水价暗补政策补贴效果较低，不适应我国水资源的形势；我国应改变农业灌溉水价"暗补"政策，实施水费征收与补贴并举，推行灌溉用水"明补"；在征收水费的基础上实施农业灌溉水价"明补"，是走出农业水价改革困境和提高农业用水效率的有效途径。[②] 邱书欣认为，收取农业灌溉水价有助于农户养成节水习惯和提高水资源利用效率，但如果按照完全成本法定价会造成农户水费负担较重，必须在考虑农户承受能力的基础上制定农业终端水价；各地在开展农业水价综合改革的过程中，应立足本地实际创新农业水价补贴机制，在有效提升农户节水意识的同时给予农户适当水价补贴。[③] 张彬认为，要提高农业综合生产能力，维护农民种粮的积极性，从农业水价改革的角度考量，就是按照激励节约用水和降低农户水费负担相结合的原则，实行农业终端水价制度，加快推进农业用水计量收费；从成本分担角度来看就是要完善农业水价 的"双补贴机制"，即对群管工程和国有水管工程进行补贴；群管工程的补助要通过政府"以奖代补"，结合农民用水者协会的水费收入，鼓励社会的"水费捐助"，建立用水周转金，以丰补歉，保证灌溉工程末级渠系维修养护经费的平稳；国有水管工程补助要以政府为主导。[④] 孙亚武认为，农业灌溉水费收入是灌溉管理单位的主要收入来源，由于农业水价执行不到位，造成灌区及其管理单位亏损严重，运行管理困难，需要建立公共财政农业水价补偿机制，实现灌区及其水管组织可持续发展。[⑤] 崔俊认为，在农业水价利益主体中，政府既是农业水费的承担者之一，也是农业节水的委托方；在农业水价补贴中，应注重政府财政补贴资金的使用效率，既要考虑农户水费负担和鼓励节水，又要保障灌区供水单位的有序运行；政府农业水价补贴应该将节水激励和财政精准补贴两者有机地结合，提高财政补贴的针对性支出效率，最终达到多方满

①　曹金萍，宫永波，黄乾．山东省基于财政补贴的农业阶梯水价改革探讨[J]．中国水利，2014(14)：54-58.

②　孙梅英，马素英，顾宝群，等．农业灌溉水费"暗补"改为"明补"的必要性与可行性[J]．水利经济，2011，29(1)：35-38+74-75.

③　邱书欣．我国农业水价分担模式比较及选择：兼析国际农业水价分担模式经验借鉴[J]．价格理论与实践，2016(12)：52-55.

④　张彬．关于建立农业水价"双补贴机制"的思考[J]．水利发展研究，2010(12)：10-11.

⑤　孙亚武．对建立农业水价成本补偿机制的思考[J]．陕西水利，2011(1)：160-161.

意的效果。① 胡继连和崔海峰提出，农业水价补贴可以分为暗补、明补和介于明补与暗补之间的补贴方式。传统的农业水价暗补政策将补贴隐含在水价之中，补贴额度不透明，如何补贴不明确，在增加政府财政负担的同时由于农业水价偏低，农业用水浪费严重。在提高农业水价的同时，对农户进行农业水价直接补贴的明补政策是理想化的政策设计。鉴于传统农业水价的运行惯性，一下子实行明补会有困难。建议先实行有数量限制的暗补，然后逐步过渡到明补。② 常宝军等认为，从目前国家的制度设计可以看出，农业水价精准补贴属于外部性节奖制度，对每个农户的约束较小。该制度的有效发挥需要内在性的节奖超罚制度和以道德为核心的约束机制的共同作用。③

第三节 研究思路和主要研究方法

一、研究思路

本书在对机制设计和激励相容基本理论框架进行阐释的基础上，分析了农业水价补贴政策中主要利益相关者的利益诉求，研究了农业水价补贴机制设计的约束；对我国农业水价运行现状进行评析，并对内蒙古自治区河套灌区农业水价运行现状进行调研分析，对该灌区农户水价承受力和水价支付意愿的影响因素进行实证研究；介绍我国传统农业水价暗补的具体模式，对传统农业水价补贴进行研判评析，阐释其激励相容缺陷，为激励相容农业水价补贴政策的构建提供依据和参考；分析农业水价补贴中的利益博弈关系，阐释农业水价补贴中激励相容的重要性，在对农业水价精准补贴和农业水价补贴激励相容性改进的基本内涵进行界定的基础上，分析农业水价精准补贴诱致激励相容性改进的内在机理；选取实施农业水价精

---

① 崔俊. 基于节水激励的农业水费分担模式设计[J]. 山西农业科学，2016，44（10）：1546-1549+1567.

② 胡继连，崔海峰. 我国农业水价改革的历史进程与限制因素[J]. 山东农业大学学报(社会科学版)，2017，19（4）：22-29.

③ 常宝军，郭安强，鲁关立，等. 农业用水精准补贴机制的激励、约束作用探析：以一提一补制度为例[J]. 中国农村水利水电，2020（9）：62-65.

准补贴的典型案例，介绍这些地区农业水价形成和农业水价精准补贴政策的实施效果，总结其基本经验；对照落实农业水价精准补贴政策所需的制度基础、硬件设施和资金保障等前提条件，阐释农业水价精准补贴机制构建的现实困境，研究农业水价精准补贴体系的构成，阐释农业水价精准补贴的构建原则。从农业水价精准补贴的前置制度、核心要素和保障条件三个方面提出农业水价精准补贴机制的构建路径。

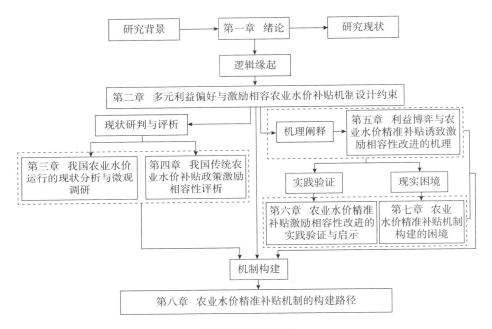

图 1-4　研究思路

资料来源：笔者自绘。

二、主要研究方法

(一) 实地调研法

2018 年 7 月，笔者赴内蒙古自治区河套灌区部分灌域就农业用水量、农业水价水平、农户灌溉水费缴纳积极性、农户水价承受能力、农户灌溉满意度、水费征收方式等问题进行了实地调研，分析了农业水价运行现状和存在的问题。

(二)博弈分析法

研究农业水价精准补贴中主要利益相关者农户、政府和灌区水管组织的主要利益诉求，构建农户、政府、灌区水管组织之间的博弈模型，为研究农业水价精准补贴诱致激励相容性改进的内在机理提供依据。

(三)计量分析法

基于调研样本数据，采用多元有序 Logistic 回归模型将农户灌溉水费心理承受能力作为被解释变量，受教育水平、年龄、耕种累积年份、耕种面积、每亩平均成本、人均每亩净收益、实际灌溉水费、灌溉条件满意度等作为解释变量进行计量分析，研究各因素对农户灌溉水费心理承受能力的影响。基于投入导向的超效率 SBM-DEA 模型，测算 2003~2018 年典型省份农业全要素用水效率；采用随机效应面板 Tobit 模型，对样本省份农业用水效率的影响因素进行分析，阐释传统农业水价补贴与农业用水效率的关系。

(四)案例分析法

本书以山东省宁津县、浙江省湖州市南浔区、湖南省长沙县和新疆维吾尔自治区焉耆回族自治县为研究案例，介绍这些地区农业水价形成和农业水价精准补贴政策的实践内容与实施效果，总结其基本经验。

第二章

多元利益偏好与激励相容农业水价补贴机制设计约束

本章内容提要

　　农业水价补贴属于机制设计范畴，激励相容农业水价补贴的目的是激励灌区水管组织和农户等利益相关者在追求自身利益的同时，努力实现政策制度制定者所期望的社会目标。本章阐释了机制设计的理论框架和激励相容的基本理论，分析了农业水价补贴政策中的利益相关者，论述了主要利益相关者的利益诉求；在对农业水价与农业用水需求管理、农业水价补贴、农业节水行为与农户水费负担的关系进行阐述的基础上，从粮食安全约束、农业节水约束、财政能力约束、农户水费负担约束和农户支付意愿约束等角度论述了农业水价补贴机制设计的约束因素，提出了激励相容农业水价补贴设计的现实需求。

　　2014 年，习近平总书记在中央财经领导小组第五次会议上提出"节水优先、空间均衡、系统治理、两手发力"治水方针，为新时代水利改革发展指明了方向。农业水价综合改革是贯彻新时代治水方针，促进水资源高效利用的重要政策安排。农业水价补贴政策是农业水价综合改革的重要组成部分，同时也关系到农业水价改革政策推进的难易程度和实施效果。

第一节　机制设计与激励相容理论概述

一、机制设计的基本理论框架

　　机制设计理论是由美国学者哈维茨（Hurwicz）最早提出的，其被提出之初并未得到足够的重视，1972 年哈维茨提出了激励相容（Incentive Compotibility）的概念[1]，标志着机制设计理论的诞生。此后，迈尔森（Myerson）将显示原

---

　　[1]　Tian G Q. Lecture Notes on Microeconomic Theory[M]. Texas：Department of Economics in Texas A&M University，2008.

理一般化，马斯金（Maskin）引入了博弈论和执行原理的单调性条件①。2007年瑞典皇家科学院将诺贝尔经济学奖授予了上述三位经济学家。现在，机制设计理论被广泛应用于政治、经济和管理等各个领域，并影响最优管理政策和政策制定的思维方式。

（一）机制设计的内涵

机制设计主要考虑在既定组织目标的约束下，在信息不对称、自由选择和自愿交换等分散决策的限制下，如何科学地设计一种执行机制，使组织活动参与者的机制设计理论为研究各种形态的资源配置提供一般范式，它对给定的组织目标的个体利益或效用追求与组织目标是否一致进行评价，并且对这种机制是否有效进行评价。机制设计将组织和社会目标作为已知条件，探索和尝试设计一种能够实现目标的运作机制，与传统的将市场机制作为已知条件研究其能实现怎样的运行结果不同。机制设计通过设计博弈规则，使参与者在满足自身约束的前提下，通过其自利性策略选择，使机制运行结果与组织既定目标相一致。简单而言，机制设计使每个参与者按照设计者的意图行动，在参与者考虑其自己利益的同时实现机制目标②。

（二）机制设计理论的研究内容及应用领域

机制设计理论研究的对象可以是某种社会经济制度的设计，也可以是对特定经济活动激励机制的设计。机制设计既可以用来分析和解释市场机制，又可以给税收与补贴、定价、规制与审计、网络经济学、公司治理及计算机科学等领域提供突破性方法论。

在机制设计理论研究初期，哈维茨并没有考虑激励问题，其主要研究集中在机制的信息和计算成本方面，马斯金等提出的团队理论填补了这方面的空白。此外，20世纪70年代显示原理的形成和实施理论的发展进一步深化了机制设计理论。显示原理使机制设计问题得以简化，迈尔森等将其进一步拓展到更一般的贝叶斯纳什均衡上，开创了机制设计理论在拍卖理

---

① 李国民，王秋石.2007年诺贝尔经济学奖获得者的理论贡献及其启示[J].当代财经，2007(12)：17-21.

② 田国强.经济机制理论：信息效率与激励机制设计[J].经济学(季刊)，2013，2(2)：2-39.

论和规制理论等方面的研究。针对显示原理没有涉及多个均衡的问题，马斯金从中引申出了实施理论，目前该理论已经在包括不完全契约和社会选择等多个研究领域发挥了重要作用。

(三)机制设计理论的现实意义

机制设计理论对现实问题具有很强的应用价值和解释力，比如对于实践中一些出发点很好的规章制度却不能被有效地贯彻执行，甚至参与者还利用既有政策来最大化个人利益，从而造成效率损失。机制设计理论认为，造成这种现象的主要原因是设计的制度不满足激励相容，从而无法保证同时实现个人理性与集体理性，而非传统理论所强调的物质和技术等的约束。

机制设计理论不仅指出了各种不可能性的困境，而且提供了在具体情况下如何通过设计机制或规则走出困境的途径，从而使微观主体真实地显示个人偏好，由经济机制和个人偏好决定的行为方式将最终保证社会目标的实现。机制设计理论的基本思想和框架已经深深地影响和改变了包括信息经济学、公共经济学、规制经济学、劳动经济学在内的现代经济学的许多学科。许多理论和现实问题如税制设计、补贴设计、规章或法规制定、行政管理等都可归结为机制设计问题。

农业水价补贴中包含典型的机制特征，存在委托-代理关系，引入委托-代理理论，将成本收益和博弈论模型作为机制设计的工具，对研究出既符合政府节水目标，又符合灌区水管组织、供水组织和农户利益的补贴机制具有重要的理论价值和现实意义。

二、激励相容理论概述

(一)激励相容的内涵

"激励"即激发和鼓励之意，"相容"可理解为相互一致，不冲突。激励相容即激发与鼓励一致，不冲突。激励相容是激励理论的重要组成部分。激励问题随社会分工的出现而出现，成熟的激励理论概念源于企业理论。随着激励问题研究的兴起和发展，激励相容的概念也被创造和传播。信息效率和激励相容是机制设计中的两个方面。"信息效率"研究机制运行的成本问题，即研究机制设计中实现既定社会目标所要求的信息量的问题。机制设计理论中的"激励相容"是指在市场经济中，每个经济主体都会有自己的利益诉求，而且可能与他人或集体的利益诉求相矛盾。制度安排的"激励相容"可以理解为，如果能有一种制度安排，使行为人追求个人利益的行为，正好与集体实现价值最大化的目标相吻合，那么该制度安排就是激励相容的。"激励相容"机制设计的目的是在信息不对称的情况下，通过这种机制来达到双方利益的一致，或者能够在个人满足自身利益的同时不影响他人的利益。从委托-代理理论的视角来看，可将激励相容定义为委托人制定激励合同，促使代理人行为在信息不对称的条件下与委托人目标一致。

市场经济实现资源有效配置的前提之一就是市场环境的参与者在自我意愿下达成自我的预期目标。自发的机制难以实现各方利益的协调，因此经济学家和政策制定者将焦点转移到如何建立有效的机制，实现各方利益诉求的激励相容，从而达到资源的有效配置和合理利用。激励相容的本质是各方的利益都能够得到满足，但这是理想的情况。在实际情形下，当存在帕累托改进时，就可以认为产生了激励相容的状态。①

(二) 激励相容理论的发展

激励相容理论起步于管理经济学，在信息经济学中开辟新路，在制度经济学和规制经济学中不断发展。

管理经济学主要研究如何"管好人"和如何"设计好制度"，即在现有条件约束下，如何通过合理的制度和组织及有效的人、财、物配置找到实现既定目标的最经济的方法。如何"管好人"及如何"设计好制度"就成为优化管理的核心环节。"管好人"和"设计好制度"不仅是管理学家的研究重点，还是经济学家、社会学家和心理学家的研究重点。"管好人"和"设计好制度"最后的结论共同指向了"激励"。管理经济学的管理激励理论主要分析如何"激励人"的问题，激励理论起步和发展于管理经济学中。为解决泰勒科学主义中存在的人的激励不足问题，管理激励理论从人的多元需求和激励因素等角度研究激励机制的建立和演变过程。

信息经济学是从微观的角度对信息的价格和成本进行研究的微观信息经济学，为激励理论研究开辟了新的思路和空间，激励理论研究的重要假设是不完全信息，从而开辟了信息不对称条件下激励理论研究的道路。

---

① 王琦. 基于激励相容理论的住房逆向抵押贷款定价模型设计[D]. 杭州：浙江大学，2018.

1961 年，著名信息经济学家斯蒂格勒（Stigler）在《信息经济学》一文提出了信息成本论，认为在信息不完全条件和非对称信息下，参与者的有限理性行为会导致结果的非理性。斯蒂格勒的研究强调了激励约束不可或缺的内容是由市场信息构成的"非价格"机制，推翻了价格制度是激励约束的全部内容和手段的观点。此后，有更多学者如米尔利斯（Mirrlees）和维克里（Vickrey）等研究了信息不对称条件下的机制设计问题，为激励理论的发展做出了贡献。

制度经济学以人与人的关系而非人与物的关系为研究起点，立足个人之间的互动来理解经济活动，重点研究制度因素在社会经济发展中的作用。出现于 20 世纪 60 年代末 70 年代初的委托-代理理论是制度经济学的重要方法，其最初的目的是解决在目标相冲突和信息不对称条件下，如何使代理人自觉做出有利于委托人的行为选择。此后，一些经济学家提出了委托-代理框架下的激励性理论，强调在信息不对称条件下，如何通过最优的契约制度（合同）设计，使代理人在做出选择或决策时能代表委托人的利益。委托-代理理论的发展和完善，丰富了信息不对称条件下的激励理论。

20 世纪 80 年代初，委托-代理理论、动态博弈理论和机制设计理论等被引入规制理论，形成了激励性规制理论，激励性规制理论又称为新规制经济学。激励性规制可以表述为，在委托-代理或信息不对称条件下，通过机制设计和制度安排，使被规制企业做出符合规制者所期望的行为，减少被规制者的道德风险和逆向选择，促进监管目标的实现。激励性规制理论是激励理论的形成和发展，是激励理论逐步走向成熟的重要标志。

三、公共财政的激励相容机制

公共财政的激励相容机制可理解为政府运用公共财政政策提供公共物品或公共服务过程中激励私人行为以达成激励相容的机制。政府公共财政注重激励机制主要源于契约约束和效率约束。契约约束强调现实中的组织或个人在某种程度上都是"契约人"，他们都处于交易之中，并运用各种或明或暗的契约规制其交易。从具体的行为过程来看，任何一项财政行为都包含某种契约关系，政府的内部激励促使公务人员具有关注财政目标实现的动力。效率约束强调在现代社会，无论是政府还是公众都关注公共财政的效率问题，特别是在公共财政支撑考核机制日臻完善的条件下，要对公共财政支出的效率进行科学的绩效评估。

激励是每一个社会经济单位中都会存在且必须考虑的问题，一个组织或个人做每一件事情都会涉及成本-收益，利益和代价不相等或不匹配，会产生不同的激励反应。社会、组织和个人的利益不可能完全一致，实现自利、互利和社会利益的有机结合，就是激励相容，也叫激励兼容。公共财政的激励相容是指在这一制度框架内，政府的经济行为及政治决策，可以调节经济主体的行为选择方向，推动经济主体做出提高效率、追求效益和追求正义的行为选择，从而实现公共财政绩效目标，促进经济效率和社会公平。在这种制度安排下，"主观为自己"的个人，通过激励相容的政策引导，客观上能够更好地实现自身利益和社会利益的统一。

要阐释公共财政激励私人并实现激励相容，关键要阐释政府运用公共财政激励私人如何实现相容性，这就需要借鉴信息经济学及激励理论的相关知识，遵循委托-代理分析方式，进行科学的机制设计。按照公共财政激励相容的原则建立有效的激励型公共财政制度，有利于促进组织或个人在追求自身利益的同时，实现作为委托人的政府所追求的公共利益目标，并从根本上改变强制性政府管制所导致的政府与公众的矛盾，有助于构建政府与私人之间引导和协作的新型财政激励相容模式。

按照不同的分类标准，公共财政激励相容可以分为不同的类型。①按照公共财政激励的使用方向，可以分为内部激励和外部激励。内部激励是指政府公务人员在追求个人激励因素的同时促进公共财政目标的实现；外部激励是指政府机构的公共财政行为作用于私人部门或个人所产生的鼓励和促进作用，私人部门或个人在实现自身经济利益的过程中，促进整个社会效率和公平目标的实现。②按照公共财政激励的内容，可以分为税收激励和公共支出激励。③按照公共财政激励的范围，可以分为具体激励和普遍激励。公共财政政策在很大程度上属于收入再分配行为，多数情况下在涉及私人部门的同时，也有针对个体的激励措施。④按照公共财政激励的形式，可以分为显性激励和隐性激励。若税制设计或公共支出政策建立在明确的绩效责任基础上，并与工资、效益、晋升或行政能力挂钩，此时的激励机制属于显性激励；若政府对私人组织或个人偷懒行为的处罚来自未来合作机会的中断，此时的激励机制属于隐性激励，也被称为信誉机制。

一项公共政策是否有效的首要衡量标准就是激励相容，在市场经济中每个经济主体都会有自身的利益诉求，如果能有一种制度安排，使行为人追求个人利益的行为与组织目标相吻合，那么这种制度安排就是"激励相容"。田国强和陈旭东从机制设计和激励相容的角度提出良性的制度变迁应当在能够激励个人努力追求自身利益的同时与合意的社会目标相一致①，从而实现个人目标与合意社会目标之间的"激励相容"。

第二节　农业水价补贴中的多元利益偏好

农业水价补贴政策是一个涉及多主体利益的政策，从其利益相关者利益相容的角度寻找农业水价补贴政策的设计路径，是提升农业水价补贴政策激励相容性的重要方向。

一、农业水价补贴中的利益相关者

农业水价补贴政策中不同的利益相关主体的角色缺位与错位，以及其间关系的矛盾和交叉对农业水价补贴效果和农业水价综合改革效果会产生重要影响。农业水价补贴政策促使水价形成机制的转变，从而使原有水价制度下的利益格局和利益关系发生改变。

利益相关者理论早期是研究公司治理模式的，之后其应用范围和领域不断扩大。利益相关者理论研究的起点是对利益相关者的界定，如果连利益相关者本身都无法界定清楚，就更无法开展基于利益相关者共同参与的公司治理。安索夫（Ansoff）最早正式使用了"利益相关者"的概念，在此之后许多学者如弗里曼（Freeman）、克拉克逊（Clarkson）、维勒（Wheeler）和米切尔（Mitchell）等从不同方面研究了利益相关者的界定，并取得了丰硕的成果。② 弗里曼对利益相关者一个广义的定义，认为利益相关者是影响企业目标实现，或者被企业实现目标的过程影响的个人和群体。20 世纪 90 年代，

---

① 田国强，陈旭东.制度的本质、变迁与选择——赫维茨制度、经济思想诠释及其现实意义[J].学术月刊，2018（1）：63-77.
② 贾生华，陈宏辉.利益相关者的界定方法述评[J].外国经济与管理，2002(5)：13-18.

"多维细分法"成为在利益相关者界定中广泛使用的分析方法。克拉克逊以相关群体在企业经营活动中承担的风险类型为标准，将利益相关者分为自愿利益相关者和非自愿利益相关者两种类型；以相关群体与企业联系的紧密程度为标准，将利益相关者分为首要利益相关者和次要利益相关者两种类型。维勒将社会性维度引入利益相关者界定之中，并将利益相关者分为首要的和次要的社会性利益相关者及首要的和次要的非社会性利益相关者。米切尔在归纳关于利益相关者相关代表性观点的基础上提出，应通过评分法对利益相关者进行界定，认为从合法性、权力性和紧急性三个特性进行评分后可以将利益相关者分为确定型、预期型和潜在型利益相关者三种类型。

利益诉求影响制度和政策效果，农业水价补贴涉及多方利益，对农业水价利益相关者进行界定并探究其利益需求，对提升农业水价补贴效率、促进节约用水具有重要意义。

农业水价补贴的利益相关者是指影响农业水价补贴的组织或个人及受农业水价补贴影响的组织和个人。农业水价补贴是农业水价综合改革的重要组成部分，也是促进节约用水、维护灌区水利工程的重要手段，目前专门针对农业水价补贴利益相关者的研究相对较少，但对农业水价改革、农业节水、农户参与式管理、农业水利工程建设的利益相关者都有一些相关文献，这些文献对界定农业水价补贴利益相关者有一定启示。

汪国平将农业水价改革的利益相关者分为首要利益相关者和次要利益相关者两种类型，用水农户和供水单位是农业水价改革的首要利益相关者，这两类群体对农业水价改革的影响最大，也是农业水价改革最大的受益方；供水单位和用水农户之外的其他群体是农业水价改革的次要利益相关者，如政府、水利、物价和科研等部门。① 刘建英和吴玉娟应用米切尔的方法，将农业末级渠系水费核算和征缴中各利益相关者分为确定型、预期型和潜在型利益相关者三种类型，其中确定型利益相关者包括农民用水者协会、用水户、灌区管理局和省（自治区、直辖市）政府，预期型利益相关者包括地方政府，潜在型利益相关者包括媒体、捐赠者和学术机构等。② 陈菁等认

---

① 汪国平. 农业水价改革的利益相关者博弈分析[J]. 科技通报，2011，27（4）：621-624.

② 刘建英，吴玉娟. 农业末级渠系水费核算和征缴中各利益相关者的界定与其寻租行为分析[J]. 科技信息（学术研究），2007（7）：12+14.

为，农业灌溉水价改革的利益相关者主要包括用水农户、灌区管理单位、基层政府、水行政主管部门和供水经营者等组织或个人。[①] 赵文杰等认为，农村水资源管理中利益相关者主要是政府部门、村干部、村民等。[②] 胡雯和李萍认为，按照灌溉治理的层次来分，政府主体、集体主体和农民主体是小型水库灌溉系统的利益相关者，其中政府主体包括中央政府、省市县政府及其水行政部门，集体主体包括乡镇政府及其水管部门、农民用水者协会和企业组织等，农民主体包括水库灌溉系统所涵盖的农户。[③] 刘河元和范金星认为，小型水库灌溉管理中的主要利益相关者包括政府及其水管部门、农民用水者协会和农民用水户。[④] 汪少文和胡震云认为，农业节水过程中的利益相关者主要包括政府主体、工业主体、农业主体、生态主体、社会公众、金融机构和中介机构等。[⑤] 张宁和华楠通过文献和实地调查列举出了浙江省农村水利管理中的 15 个利益相关者，这 15 个利益相关者分别是国务院、水利部、省政府、市政府、县政府、乡政府、水利站、村委会、承包商、监理公司、新闻媒体、社会公众、金融机构、农户和自然环境。[⑥] 冯保清将节水灌溉的利益相关者分为主要利益相关者、次要利益相关者和潜在利益相关者三种类型，其中主要利益相关者包括中央和省市县乡政府、节水灌溉主管部门（水利部、省水利厅、市水利局、县水利局、乡水利站等）、水管组织（灌区、水库、河道等管理部门）以及用水农户；次要利益相关者包括发改部门、农业和农村部门、财政部门、自然资源部门及相关企业等；潜在利益相关者主要包括大学及科研机构、新闻媒体等。[⑦] 区晶莹等总结了广东省小型农田水利治理的 16 种利益相关者，包括中央政府、省政府、市政府、县政府、镇政府、镇政府水利所、村委会、农民、承包商、监理公司、设

① 陈菁，陈丹，代小平，等.基于利益相关者理论的灌溉水价改革研究[J].节水灌溉，2008(9)：40-43.

② 赵文杰，唐丽霞，刘鑫淼，等.利益相关者视角下农村水资源管理模式实证分析[J].节水灌溉，2016(2)：75-78+83.

③ 胡雯，李萍.博弈视角下的灌溉系统可持续治理：嵌套分层的多中心治理结构[J].经济体制改革，2012(1)：92-96.

④ 刘河元，范金星.小型水库灌溉系统利益相关者的行为博弈分析[J].湖南农业科学，2015(6)：67-69.

⑤ 汪少文，胡震云.基于利益相关者的农业节水补偿机制研究[J].求索，2013(12)：227-229.

⑥ 张宁，华楠.农村水利管理的利益相关者博弈均衡分析——以浙江省为例[J].杭州电子科技大学学报（社会科学版），2014，10(6)：7-14.

⑦ 冯保清.我国节水灌溉利益相关者关系分析[J].中国水利，2013(21)：32-34.

计单位、新闻媒体、社会团体、社会公众、金融机构及自然环境。①

本书根据文献调查和对内蒙古自治区河套灌区等的相关调研，结合我国农业水价和农业水价补贴政策的管理体制和机制，明确农业水价补贴的利益相关者包括政府部门、灌溉供水经营者、用水农户、其他用水主体和相关研究机构等（见图 2-1）。

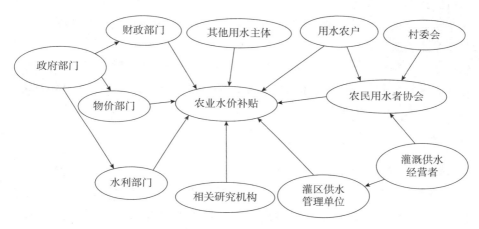

图 2-1　农业水价补贴的主要利益相关者

资料来源：笔者自绘。

（一）政府部门

政府部门在农业水价改革及农业水价补贴政策实施过程中具有极其重要的影响力，是农业水价改革和农业水价补贴政策改革的发起者和组织者。政府部门的政策和决策的质量高低直接影响农业水价补贴方式选择、补贴对象和补贴标准的确定，决定农业水价补贴政策和农业水价综合改革的最终效果。农业水价补贴中的政府部门涵盖中央政府、地方各级政府及其相关职能部门，如财政部门、水利部门、物价部门、灌溉管理机构等。

不同层级的政府，不同层级、不同职能的政府部门凭借其不同的权力属性，通过不同方式对农业水价补贴政策的构建和实施产生影响。

---

① 区晶莹，林泳雄，俞守华. 广东小型农田水利利益相关者博弈均衡分析[J]. 北京农业，2013（15）：265-267.

(二) 灌溉供水经营者

灌溉供水经营者主要包括上层灌区专管机构和下层供水组织(如农民用水者协会等)。我国灌区专管机构一般隶属政府,是政府水利部门的下属事业单位。灌区灌溉供水具有准公益性特征,提供灌溉并非以追求利润为根本目的,但灌区供水设施修建维护、管理人员工资福利等都需要相关经费支持,需要通过回收资金用于灌溉工程维修和提高灌溉管理水平等。在农业灌溉水费难以收回供水成本、地方财政困难的情况下,往往会出现难以维持灌区正常运行的状况。下层供水经营者(如农民用水者协会)是联系灌区专管机构与用水农户的纽带和通道,合理的经济激励是渠道通畅的基本保障。在我国,大部分大中型灌区的供水单位与灌区水管组织合二为一。

(三) 用水农户

用水农户是灌溉水价的承受者,是农业灌溉的受益者和消费者。农业水价政策和补贴政策直接影响农户的灌溉用水行为,而农户对灌溉用水的满意度和有效需求数量也会影响灌溉水费收取率和总收入。用水农户是实现农业水价补贴目标的关键环节。

(四) 工业企业及生态环境等用水主体

通过农业水价补贴政策,对节水积极性和水资源使用效率产生影响,其影响的不仅是用水农户和政府,还包括工业企业和生态环境等潜在影响者等。例如,通过农业水价补贴,促进灌区节水,可以将灌区节余的水权交易给工业企业,使工业企业受益。通常而言,农业水价补贴政策实施的潜在影响者具有广泛性和不确定性。

(五) 相关研究机构

作为当地农业水价补贴的外来方,相关科研人员接受委托对农业水价补贴政策的运行困境、发展策略、实施步骤等进行研判、规划和设计,提供相关理论支持和技术指导,对农业水价补贴政策具有较大的影响,但其收益与农业水价补贴政策的收益无显著关系,只是一种必要劳动的补偿。根据"利益相关者图解法",农业水价补贴政策中利益相关者的影响力及其利益关系矩阵可以用表 2-1 表示。

表 2-1　农业水价补贴影响力与利益关系矩阵

利益	影响力	
	高影响力	低影响力
高利益	灌溉供水经营者	工业企业及生态环境等
	用水农户	用水主体
低利益	政府部门	灌区协会等非政府组织
	科研机构	

资料来源：笔者整理。

由此可见，农业水价补贴政策涉及多个利益相关者，它们有不同的属性和利益诉求，对农业水价补贴政策及其效果会产生重要影响。农业水价补贴政策最直接的利益相关者包括政府部门、灌溉供水经营者和用水农户。下面以内蒙古自治区河套灌区为例说明农业水价补贴中的主要利益相关者及其相关关系(见图 2-2)。

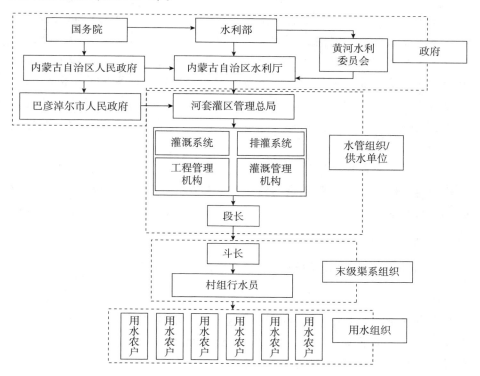

图 2-2　农业水价补贴中的主要利益相关者及其相关关系

资料来源：笔者整理。

二、农业水价补贴中主要利益相关者的利益偏好

透过繁杂的表象关系，农业水价补贴中的主要利益相关者，即农业水价补贴的政策局中人主要有三个：一是政府部门（水资源所有者及其代理人），二是灌溉供水经营者（供水方），三是用水农户（用水方）。三方在农业水价改革中的逻辑立场和利益诉求可以做如下表达。

（一）政府在农业水价补贴中的利益偏好

政府在农业水价补贴中处于关键地位，是农业水价补贴政策的制定者和执行者，也是农业水价补贴政策的发起者和组织者。政府作为公众利益的代表，在资源利用过程中承担通过制定和设计政策手段提升资源使用效率、促进资源可持续利用的责任。

农业用水市场并非完全意义上的要素供求市场，其属于"准市场"范畴。一般商品价格主要由价值和市场供求关系决定，农业灌溉用水的服务对象是农业和农户，具有较强的公益性，农业水价形成不能完全由市场决定。农业水价形成的关键在于形成政府与农户合理分摊水价的机制，既要发挥财政补贴的作用，又要注重农业供水市场的市场功能，要利用财政补贴和价格杠杆的作用，总体上不增加农户用水负担，同时促进农业节水。①

因此，政府在农业水价补贴中的主要利益偏好可以界定为在农业水价补贴额度一定、农户灌溉用水总体负担一定的情况下，保障粮食安全，促进农业灌溉节水，提升农业灌溉用水使用效率，同时包含农业发展、城乡统筹、乡村振兴、生态平衡等目标。

（二）灌区供水经营者在农业水价补贴中的利益偏好

从农业用水行动组织运行的研究来看，灌区水管组织对农业用水行为会产生重要影响，灌区水管组织可以通过对节水政策实施监督管理和改善水利工程来影响灌溉用水使用效率。灌区供水经营者主要包括下层农民用水者协会和上层灌区专管机构（通常为灌区管理局）。灌区供水组织的利

---

① 徐成波. 关于农业水价综合改革的一些认识[J]. 水利发展研究，2018，18（7）：4-7+33.

益诉求可以表述为，在现有水价的基础上，提高农业水价或增加政府对供水组织的补贴；最低水价加政府补贴（供给价格）应该是农业供水的边际成本。在现实中，灌区供水组织的利益诉求是通过农业水价和农业水价补贴政策的设计，使水价达到完全成本或运行维护成本水平，保障其正常运行。

长期以来，灌区专管机构作为水利部门的下属事业单位，缺乏独立的自主经营权、财产权、人事权，导致体制僵化、自身缺乏动力。特别是长期以来，我国农业灌溉用水实行低于供水成本的征收模式，未达到完全成本水平，加之政府财政资金紧张，造成很多灌区专管机构运作困难，灌溉设施不能及时更新维护。

灌区水管组织是灌溉工程的管理者，也是国家灌溉管理政策的执行者。灌区水管组织通过三种形式将灌溉用水提供给用水农户：一是将灌溉用水批发给中间单位，再由中间单位分配给用水农户；二是将灌溉用水分配给农民用水者协会，再由农民用水者协会分配给用水农户；三是直接分配给用水农户。三种情况如图 2-3 所示。

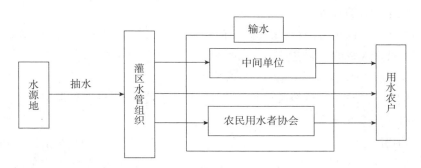

图 2-3　灌溉用水过程示意

资料来源：笔者整理。

灌区水管组织的利润等于其收益减去成本，其收入为水费收入+政府专项投资+政府财政补贴-灌溉工程运行维护费用。

灌区水管组织会在争取政府投资和财政补贴方面表现出积极性，因为投资和补贴有助于灌区水管组织形成自身固定资产。但灌区水管组织对鼓励农户节水的态度并不明朗，因为农户节水在水价不变时会导致灌区水管组织水费收入减少。

下层供水经营者(农民用水者协会)是灌区专管机构(灌区管理局)与用水农户之间的"代理商"。农民用水者协会对农业水价综合改革具有重要作用,关系农业灌溉用水的管理模式及灌区农田水利设施的运行管护体制是否完善,同时也是政府与农户沟通交流的重要平台。[①] 根据农民用水者协会的组织特征,其主要职责是在自身管辖范围内提供公平管理和完善有效的供水服务,确保灌区水系及路网等农田水利设施的完好。

(三) 用水农户在农业水价补贴中的利益偏好

舒尔茨在其著作《改造传统农业》中认为,在考虑各种风险、成本及利润时,农户都是"很会盘算的生意人"。由于用水农户在农业水价补贴中属于高利益和高影响力群体。用水农户是灌溉用水成本回收的根本来源,用水农户的水费投入影响灌溉农业生产效益。所以,政府对农业水价进行何种方式的补贴、确定什么样的补贴范围和补贴标准都会对农户灌溉用水负担和灌溉用水行为产生重要影响。用水农户在农业水价补贴中要关注自身经济利益,其利益诉求是减轻或不增加灌溉用水负担,增加灌溉用水收益进而增加收入。

从经济学视角考量,用水农户在农业水价补贴中的利益诉求可以表述为,在现有水费的基础上增加水价补贴,减免农业水费;农业用水的需求价格(最高水价)应该是农业用水的边际收益。

因此,在农业水价改革和农业水价补贴政策设计中,考虑用水农户的支付能力至关重要。

《国务院办公厅关于推进农业水价综合改革的意见》明确指出,健全农业水价形成机制是农业水价综合改革的核心;农业水价综合改革的期望是农业水价要合理反映供水成本,有助于促进节水,供水价格总体达到运行维护成本水平,农业灌溉水价用户承受能力强的地区,可以提高至完全成本水平;农业水价改革要坚持系统推进,要在完善农业水价形成的基础上,总体上不增加农户用水负担,要保障粮食等重要农作物的合理用水需求,要建立农业水价精准补贴和节水奖励机制。这些内容在很大程度上反映了上述三方利益主体的利益诉求。

---

① 徐裕星. 用水者协会在农业水价综合改革中的作用探析[J]. 农业与技术, 2018, 38(21): 183-184.

第三节　多元利益偏好下农业水价补贴机制设计约束

农业水价补贴政策属于重要的政府公共政策，在农业水价补贴机制设计过程中如何对利益相关者实行有效的激励，如何通过有效设计使农业水价补贴政策在促进节水的基础上，促进农业灌溉水资源使用效率的提升，是农业水价补贴机制设计的核心问题。

一、农业水价与农业用水需求管理

农业水资源需求管理的核心思想是在农业生产总产出既定甚至提高的情形下，控制或降低农业需求量，提高农业水资源使用效率。农业水资源需求管理的约束条件是农业生产总产出保持不变和提高，即不以降低农业产出为前提控制或减少农业水资源。

影响农业水资源需求量的因素很多，通常而言包括农业水价、灌溉技术、农业种植结构、农业水权界定和水权交易等。[①] 将农业水资源需求量作为因变量，影响农业水资源的因素作为自变量，可以得出农业水资源需求函数，表达式为：

$$W_d = f(P,\ T,\ S,\ R,\ W_T,\ \cdots) \tag{2-1}$$

式（2-1）中：W_d 为农业水资源需求量；P 为农业水价；T 为灌溉技术；S 为农业种植结构；R 为农业水权界定；W_T 为水权交易。上述因素也是我国农业水价综合改革的路径。

在其他因素不变的条件下，农业水价与农业水资源需求量之间存在反向依存关系。结合农业水资源需求管理核心思想和约束条件，农业水价和农业水资源需求管理之间的关系可以用图 2-4 表示。

图 2-4 中，横轴表示农业水资源需求量，纵轴表示农业生产的其他要素量，Q 表示农业生产总产出，AB 表示农业水价为 P_1 时的等成本线，CD

---

① 姜东晖. 农用水资源需求管理理论与政策研究［D］. 泰安：山东农业大学，2009.

表示农业水价为 P_2 时的等成本线，$P_1 > P_2$。如图 2-4 所示，当农业水价提高之后，在农业生产总产出不变的前提下，农户对农业水资源的需求量从 W_1 下降为 W_2。

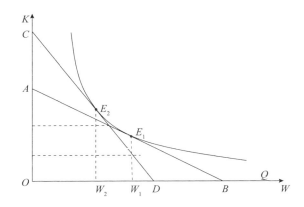

图 2-4 农业产量不变时农业水价与农业水资源需求量的关系
资料来源：笔者整理。

农业水价和农业用水量的关系也可以通过数理模型进行阐释，根据农业生产试验，假设农作物产量和灌溉用水量之间在一定的供水范围内满足如下关系：

$$Q = \alpha W^\beta \tag{2-2}$$

式（2-2）中：Q 为农作物产量；α，β 为参数；W 为灌溉水量。

农户的利润可以写为：

$$\pi = PQ - P_W W = P\alpha W^\beta - P_W W \tag{2-3}$$

式（2-3）中：π 为农户经济收益，P 为农作物价格，P_W 为农业水价。

对农户利润求关于灌溉用水量的一阶导数并令其等于零。

$$\frac{\partial \pi}{\partial W} = P\alpha\beta W^{\beta-1} - P_W = 0 \tag{2-4}$$

求得：$W = \left(\dfrac{\alpha\beta P}{P_W}\right)^{\frac{1}{\beta-1}} \tag{2-5}$

式（2-5）表明，农作物需水量 W 随水价的提升而减少，通过水价调整可以对水资源进行有效的需求管理，提高水价有助于促进节约用水。

需要进一步说明的是这里的农业水价既包含通常所讲的灌区供水机构

向农户收取的灌溉水价，又包含农业水资源使用的机会成本，即农户自己使用水资源放弃水权出售的收益，所以上面提及的农业水权界定和水权交易也会影响农业水资源需求量，其原因就在于：在对农业水权进行确权登记并允许水权交易时，就会激发农户的节水动机，把节余的水权在水权市场上出售以赚取收益。

长期以来，我国农业灌溉用水实行低价甚至无价政策，农业水价不能反映水资源的全部经济价值，导致水资源过度消费，使整个社会福利减少。农业水价低下对社会福利的影响可以用图 2-5 表示。

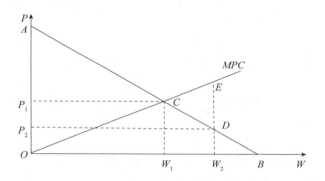

图 2-5　农业低水价政策造成的效率损失

资料来源：笔者整理。

图 2-5 中，横轴表示农业灌溉用水量，纵轴表示农业水价，AB 表示农业灌溉用水需求曲线，MPC 为农业用水农户私人边际成本。若按照 $P = MPC$ 的原则确定农业灌溉水价，则农户农业灌溉用水需求量为 W_1，农业水价为 P_1，农户灌溉用水成本为面积 OCW_1，农户灌溉用水收益为面积 $OACW_1$，消费者剩余为面积 OAC；若实行农业灌溉用水低价政策，将农业水价确定在 P_2 的水平，则农户灌溉用水需求量增加至 W_2，灌溉用水成本较 P_1 时额外增加面积为 CEW_2W_1，灌溉用水收益较 P_1 时额外增加面积为 CDW_2W_1，社会净收益减少面积为 CED。

农业水价较低导致农户节水意识较差，水资源浪费严重。农业水价的提高提升了农业水资源的价值，有助于激发农户节水意识。同时，农业水价的提高，会形成资源边际收益高的生产活动对资源边际收益低的生产活动的替代，提升资源配置效率，如图 2-6 所示。

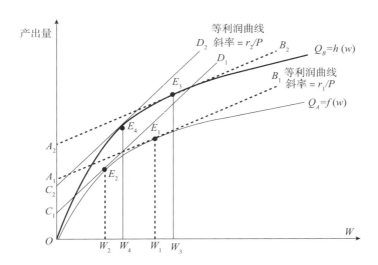

图 2-6 农业水价提升对农业灌溉用水资源配置效率的影响

资料来源：笔者整理。

图 2-6 中，横轴表示农业生产用水量，纵轴表示农产品产出量。假定在消耗单一水资源的情形下可以生产 A 和 B 两种产品。Q_A 表示 A 产品的产出曲线，Q_B 表示 B 产品的产出曲线，Q_B 比 Q_A 更为陡峭，表示水资源在 B 产品的边际生产力高于 A 产品。A_1B_1、A_2B_2 表示水价为 r_1 时的等利润曲线，C_1D_1、C_2D_2 表示水价为 r_2 时的等利润曲线。在只考虑水价变化不考虑产品价格变化时，假设产品 A 的价格为 P_A、产品 B 的价格为 P_B，且价格 $P_A = P_B = P$，假设等利润曲线的平移单纯由利润水平的变化导致。若初始农业水价为 r_1，等利润曲线 A_1B_1 与产品 A 的产出曲线 Q_A 相切于 E_1 点，等利润曲线 A_2B_2 与产品 B 的产出曲线 Q_B 相切于 E_3 点，A 和 B 产品的需水数量分别为 W_1 和 W_3。若农业水价提高为 r_2，则产品 A 和产品 B 的需水量分别为 W_2 和 W_4。提高农业水价导致不同产品生产对水资源的需求量均出现下降，但高边际生产力产品对水资源的需求量高于低边际生产力产品。因此，在水资源总量控制和定额管理制度约束下，农业水价的提升有助于促进水资源从低边际生产力产品流向高边际生产力产品，有助于水资源从低边际生产力部门流向高边际生产力部门，进而有助于促进农业水资源配置效率的提升。

二、农业水价补贴、农业节水行为和农户水费负担

(一) 农业水价补贴与农业节水行为

农业节水效果取决于农业节水灌溉技术和节水灌溉设施的建设和普及水平，也取决于农户的用水行为。

农业水价是调节农户用水行为的有效手段，在灌溉技术不变时，农业水价的提高会使农户单位用水成本增加，促使农户节约用水。但单纯依靠提高农业水价促进节约用水可能导致农户大幅减少灌溉用水影响农业产量。通过财政补贴发展节水灌溉，提高灌溉用水效率，有助于为农业节水提供支撑。但这种单纯依靠政府补贴节水农业灌溉的方式难以激发农户自身的节水动机，农户粗放用水的习惯依然难以改变，农业节水潜力依然有巨大提升空间，需要设计更为科学合理的农业水价补贴政策。

在农业水价改革中，通过完全成本水价政策，可以较好地体现水资源商品价值。供水单位也可以凭借水费收入维护灌区灌溉设施和修缮灌溉渠系，减少水资源浪费，实现节约用水。但在实际操作中，灌溉水费提升必然导致灌区水管组织收益增加是不确定的，有时由水费提升导致农户用水量大幅减少，然而灌区水管组织收益未必增加，有时由水费征收率较低导致水费提高也未必导致灌区水管组织收益增加。为保障灌区水管组织的正常运行和灌溉工程的良好运行，需要政府强化对灌区水管组织的考核，依据考核结果实施水价补贴和节水奖励，激励灌区水管组织加强供水管理，减少灌溉用水资源损耗，促进灌溉用水资源供给侧节水。

(二) 农业水价补贴与农户水费负担

农业水价是调节农户用水数量、改善农户用水行为的重要政策手段，提高农业水价虽然有助于促进农业节水技术的推广、有助于改变农户用水习惯。但提高农业水价客观上也会使农户水费负担加重，不利于农业水价改革政策的推进，也不符合农业水价改革政策的设计初衷。我国农业农村发展相对滞后，农户收入相对较低，对包括农业水价在内的产品和服务的价格上涨的承受力较弱。在乡村振兴背景下，对农业和农村进行必要的财政补贴已经形成共识。目前我国的农机补贴、良种补贴等农业补贴政策

对促进农业发展发挥了极其重要的作用。针对我国农业用水效率低下和农户水费负担能力有限造成的农业水价制定困境，需要构建合理的农业水价分摊机制，通过科学合理的农业水价补贴政策设计，在提升农业水价促进农户节水的基础上，避免由于农业水价提升所导致的农户用水负担加重。

综上所述，农业水价涉及各方利益诉求，各利益相关者对农业水价变动比较敏感，农业水价的制定要按照分级分类的原则，并设计科学的农业水价补贴政策，既能合理保障种粮等重要农产品用水的需求，又有利于促进农业节水，同时总体上还不增加农民负担。最终达到农户普遍节水，农民不断增收和灌区水管组织普遍良好运行的多方满意结果。

三、农业水价补贴机制设计约束

(一) 粮食安全约束

水是支撑农业发展最重要的物质资源，是农业的命脉。因为天然降水具有随机性，难以充分保障农业生产对水资源的需求，所以出现了水利工程，用以调节农业用水需求。

农户是农业生产的基本单元，农业水价会影响农户的用水数量和用水行为，进而影响农业产出。从微观上讲，农户会在考虑用水收益和用水成本后决定农业灌溉用水量，若用水边际收益大于边际成本，农户将增加用水量，否则减少用水量。从这个角度而言，农业水价和农业水价补贴的设计，一定要考虑粮食作物的正常用水需求，不能一味强调通过提高农业水价促进节约用水，因为此举可能导致农户减少粮食作物用水需求，威胁粮食安全。此外，如果农业的水价提升之后，这部分的价格是要进入农产品生产成本的，这会导致粮食价格上升，特别是容易导致国内耗水较多的农产品面临较大的进口压力，这和保障粮食安全方面存在一定矛盾。

农业水费和农业水价补贴是很多灌区水管组织的主要经济来源，关系到农田水利设施能否正常良性运转。很多地区由于农业水价设计不合理，导致水价长期低于正常供水成本，且水费征收率较低，从而造成许多水管组织维护水利工程正常运行所需资金不足，并进一步导致灌溉水利工程老化破损严重，灌区面积萎缩，水费收入进一步减少，形成恶性循环，如图 2-7 所示。

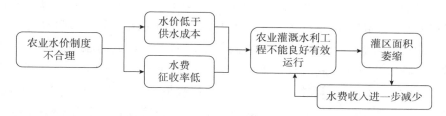

图 2-7　农业水价不合理产生的恶性循环逻辑

资料来源：笔者整理。

农业灌溉设施的公共性和农业生产的基础性特征决定了政府对农业水价进行补贴的必要性和合理性，对农业水价进行补贴也是世界各国通用的做法。科学的农业水费设计，要注意统筹价格和补贴，构建起农田水利工程良性运行的体制机制，夯实国家粮食安全的水利基础。

（二）农业节水约束

我国水资源总量丰富，但人均水资源较少，水资源供给与经济社会发展对水资源的需求之间矛盾突出，水资源短缺问题不容忽视，提升水资源使用效率重要且必要。我国农业用水在各类用水结构中的占比最大，促进农业节水对于全社会水资源使用效率提升具有重要意义。2018 年我国用水总量 6015.5 亿立方米，其中农业用水 3693.1 亿立方米，工业用水 1261.6 亿立方米，生活用水 859.9 亿立方米，生态用水 200.9 亿立方米。[①] 农业用水占总用水量的 61.4%，工业用水占总用水量的 21.0%，生活用水占总用水量的 14.3%，生态用水占总用水量的 3.3%。农业用水是我国用水的主要部分，而农田灌溉用水又是农业用水的主要部分，所以提升农业灌溉用水效率是缓解我国用水压力的关键。

从农业生产系统角度分析，影响农业灌溉用水效率的因素包括灌区自然条件、灌区基础设施建设情况、灌溉技术、种植结构、经济政策及灌溉用水价格等。[②] 农业灌溉水价政策是促进农业灌溉节水的有效制度安排。

[①]　参见《2018 年中国水资源公报》。

[②]　黄昌硕，耿雷华，陈晓燕. 农业用水效率影响因素及机理分析［J］. 长江科学院院报，2018，35(1)：82-85.

2019 年《中共中央　国务院关于坚持农业农村优先发展做好"三农"工作的若干意见》再一次提出推动农业水价改革，健全节水激励机制。农业灌溉水价可以调节农户灌溉用水行为，激励农业灌溉节约用水。水利部调研组 2013 年的调查报告显示，我国的农业灌溉渠系水利用系数低的原因并非缺乏灌溉节水技术，而在于灌溉水价低位运行，灌溉水价低导致灌区及灌溉农户缺少节约用水的利益刺激。[①] 我国农业水价政策设计要有效促进农业节水，提升农业水资源使用效率，这是我国农业水价政策设计的重要约束条件之一。农业水价政策的改革不是简单地提高灌溉水价促进节约用水，而是要兼顾农户水费负担和粮食安全，若单纯提高水价，可能会加重农户水费负担或威胁粮食生产，所以在农业水价政策设计中需要引入政府的农业水价补贴政策。农业水价补贴政策的设计对农户用水行为和灌溉管理机构的供水行为都会产生重要影响，即对灌溉水资源的需求侧和供给侧都会产生重要作用，对农业节水效果具有重要影响。

(三) 农户水费负担约束

农业水价对农户用水行为会产生重要影响，提高水价有助于节水技术的推广和使用，同时有助于促进农户改变用水习惯。但农业水价的提升可能会导致农户水费负担增加，由此会导致农业生产成本的提高。特别是我国农业灌溉用水经历了长期的免费用水和低水价用水阶段，简单提高灌溉水价与农户的传统观念冲突。另外我国农村收入水平较低，农户对灌溉水价提升的承受力较弱。所以农业灌溉水价政策的设计要充分考虑农户的水费负担能力。2016 年颁布的《国务院办公厅关于推进农业水价综合改革的意见》(国办发〔2016〕2 号)要求建立健全农业水价形成机制，探索实行分级水价、分类水价，逐步推行分档水价，在完善水价形成机制的基础上，构建与完善农业用水补贴机制。农业水价补贴政策作为农业水价综合改革的重要组成部分，正是在充分考量农户用水负担的前提下引入的政策设计。

(四) 农户水费支付意愿约束

农户水费支付意愿是影响农业水费支付行为和水费征收率的重要因素，

---

① 国务院发展研究中心"完善小型农田水利建设和管理机制研究"课题组，韩俊，何宇鹏，等. 我国小型农田水利建设和管理机制：一个政策框架[J]. 改革，2011(8)：5-9.

在农业水价综合改革中，农户灌溉水费承受能力不仅是灌溉水费支出占农业收入的比重问题，还是一个农户水费支付意愿的问题。这种支付意愿受多种因素影响，不仅与农户收入有关，还与国家支农政策有关。近年来，农户水费支付异化现象较为普遍，即尽管农户的收入水平在不断提高，但农户水费支付意愿和水费收取率不高的状态普遍存在。农户心理参照点的存在是这种异化行为产生的重要原因。

Kahneman 和 Tversky 在对期望效用理论进行批判的基础上，将认知心理学融入经济决策分析，提出了前景理论，认为人在决策时，往往是依据某一参照水平的相对值，而非收益的绝对值。人在对事件进行评价之初，首先会形成一个心理参照点。现实情形会与心理参照点的方向和程度产生偏离，两者对比的结果被作为决策的依据。实际收益小于心理参照点时为损失，反之为收益。由于大多数人存在动态风险态度，即面临收益时表现出风险规避但在面临损失时却变为风险偏好，因此人往往存在损失厌恶，即面对相同货币单位的损失时感受到的痛苦程度大于相同货币单位的收益所带来的快乐程度。[①]

损失厌恶可以用图 2-8 表示。如图 2-8 所示，由于损失厌恶导致价值曲线在参考点两侧出现反转，表示偏好在参考点两侧出现反转。图中第一象限的收益曲线是凸的，第三象限的损失曲线是凹的。收益曲线的斜率小于损失曲线的斜率，即对于数量相等的收益和损失，损失的价值大于收益的价值。

行为经济学当中的损失厌恶在行为决策中非常普遍，无论是在风险领域还是在非风险领域都是如此。[②] 目前损失厌恶理论主要用于解释"市场异象"[③]，除此之外，该理论还应用于消费、金融投资、能源、贸易政策等领域。也有学者指出应该在水资源管理中借鉴行为经济学的理论。[④]

---

① Kahneman D，Tversky A. Prospect Theory：An Analysis of Decision under Risk[J]. Econometrica，1979，47(2)：263-292.

② Novemsky N，Kahneman D. The Boundaries of Loss Aversion[J]. Journal of Marketing Research，2005，42(2)：119-128.

③ 杨勇华. 我们为何偏好损失厌恶：一个演化视角的解释[J]. 学术研究，2014(8)：80-85.

④ Correia R，Roseta-Palma C. Behavioural Economics in Water Management[M]// Sustainable Consumption：Multi-Disciplinary Perspectives in Honour of Professor Sir Partha Dasgupta. Oxford：Oxford University Press，2012.

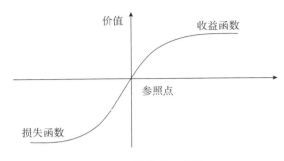

图 2-8　价值函数曲线

资料来源：笔者整理。

(五) 财政能力约束

政府财政资金是目前农业水价补贴资金的主要渠道，少数补贴资金可以通过水权交易的方式筹集，中央和地方财政资金是农业水价补贴资金最重要的来源，所以农业水价补贴的规模和标准受到财政能力的约束。近年来，在国家脱贫攻坚和乡村振兴的背景下，各级政府对"三农"的支持和补贴力度不断增强，但我国区域经济发展差异较大，各地财政收入存在较大差距，因此各地在实施农业水价补贴的时候要量力而行。要在完善农业水价形成机制的基础上，逐步构建和完善与财力状况、节水成效及调价幅度相匹配的农业灌溉水价补贴机制。因此，地方财力状况是制约农业水价补贴政策的重要约束因素。

四、激励相容农业水价补贴设计需求

在我国水资源短缺严重的同时，占全社会用水比重最大的农业用水效率还较低。因此，有必要通过合理的机制设计，在保障粮食安全和不增加农户整体用水负担的基础上，充分发挥价格杠杆在农业水资源配置中的作用，同时合理设计农业水价补贴机制，协调个人利益和社会利益，在保障农户用水负担不增加甚至减轻的情况下，建立有助于农业节水的经济机制，促进农业用水的高效利用。

农业水价补贴促进农业水价形成机制的完善要遵循主要利益相关者（政

府、灌区供水经营者和用水农户)激励相容原则,即通过农业水价政策和农业水价补贴政策实现下列目标:①促进农业节水,提升农业灌溉用水效率。②灌区供水经营者能够收回供水成本。③用水农户有能力并愿意支付水费。具体逻辑如图2-9所示。

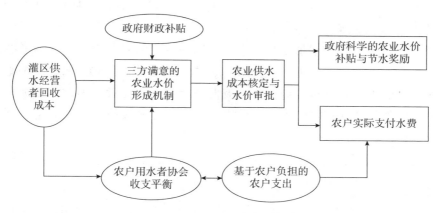

图2-9 三方满意的农业水价形成框架

资料来源:笔者整理。

自20世纪80年代中期以来,我国不断推进农业水价改革,虽然取得了较大进展,但仍存在很大改进空间。长期以来,我国农业水价政策的制定主要依据农业的经济产出和农民的承受能力较低的现实,过分强调征收水费会增加农民负担,进而影响农业生产。因此,全国大部分地区地表水原则上按成本计价,地下水不征收水费,财政补贴灌区水管组织,补贴的范围包括国有工程水价、工程折旧和设备更新改造部分。这种方式看似减轻了农民负担,但从长远来看,却助长了农业用水浪费行为,不利于水资源的合理使用,客观上增加了灌溉成本。同时,农业灌溉低水价政策,不利于充分保障灌区水管组织维护灌区水利设施正常运行所需的费用,导致灌区水利设施低效运行。另外,政府在不考虑节水效果,不对灌区水管组织进行科学考核的基础上,单纯对国有工程水价、工程折旧和设备更新改造进行补贴,也无法激发灌区水管组织的管理积极性。

长期以来,我国农业水价偏低,且存在水费征收不规范问题。因此,提高农业水价,健全和规范农业水费征收就成为农业水价综合改革的重要内容。但单纯提高农业水价势必会加重农户负担,影响粮食安全,因此农业水费补贴具有合理性。农业月水具有准公共产品属性，农业灌溉具有正外部性，农业又是国家的基础性产业，事关粮食安全和社会稳定，因此国家对农业水价进行补贴具有合理性。特别是近年来我国对"三农"问题前所未有地重视，提出了"乡村振兴"战略，随着国家经济实力的增加，国家对"三农"的投入和支持力度不断加大，持续增加对农业的补贴力度，因此国家对农业水价补贴具有可能性。问题的关键是如何设计激励相容的财政补贴模式，在不增加农户用水负担的同时，利用农业水价这一经济杠杆调节农业用水行为、促进农户节水，同时利用补贴和农业水费维护灌区水利设施的正常运行和维护，并积极促进节水工程建设。因此，激励相容的农业水价补贴机制的构建至关重要。农业水价财政补贴机制的基本框架如图 2-10 所示。

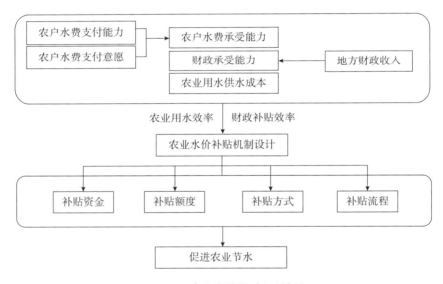

图 2-10 农业水价补贴机制框架

资料来源：笔者整理。

　　激励相容的农业水价补贴机制设计要综合考虑农户水价支付能力、支付意愿、政府财政承受能力和农业用水供水成本，要实现农业用水效率和财政补贴效率的同向同行，促进农业用水方式由粗放型向集约型转变。

第三章

我国农业水价运行的现状评析与微观调研

农业灌溉水价政策是农业灌溉水价补贴政策设计的前提和基础，农业灌溉水价补贴政策影响农业灌溉水价的效能发挥。本章对我国农业灌溉水价运行现状进行评析，并以全国最大的一首制灌区内蒙古自治区河套灌区为例，对河套灌区农业灌溉水价运行现状进行调研分析，对该灌区农户灌溉水价承受力和水价支付意愿的影响因素进行实证研究。

第一节　我国农业水价运行现状评析

农业水价是调节农业用水行为的经济杠杆，是保障农业灌溉水利工程正常运行的基础，农业水价收取是否合理取决于农业水价形成机制。我国经历了多次农业水价改革，但总体而言，农业水价形成机制依然存在诸多问题。2016 年颁发的《国务院办公厅关于推进农业水价综合改革的意见》启动了我国新一轮的农业水价综合改革，使我国农业水价效应和改革绩效不断提升，但对标该意见中提出的农业水价改革目标，我国农业水价形成机制的完善仍然任重道远。

一、农业水价成本补偿水平较低

农业执行水价成本补偿水平是农业水价形成和改革的核心。理论上讲，成本、费用、利润和税金等构成农业水价。成本主要包括工程成本、环境成本和机会成本；费用主要包括水资源费、运行维护费和水污染防治费等；由于农业水资源的公益性一般不征收税金。[①] 世界各国对农业执行水价构成的规定有所差别（见表 3-1），如美国的农业水价主要包括输水成本、供水

---

① 李学荣. 国外农业水价形成机制及对我国的启示[J]. 水资源开发与管理，2019(11)：71-75.

设施的建造和维护成本等。① 英国的农业水价主要包括供水系统服务费和资源费，其中供水系统服务费包括供水水费、地面排水费、排污费和环境服务费等。② 法国农业水价实行水费和税费相结合的双费制度，农业水价通常包括贷款本息、工程运行维护费、灌溉设备费、压力管道输送费、水资源及污染费等。③ 日本农业水价主要包括水利设施的投资成本、运行维护费用和管理费用等三部分。④ 澳大利亚规定，农业水价通常包括运行管理费用、资产成本、财务费用、投资回报和税收等。⑤ 以色列规定农业水价只包括部分工程运行维护费用。⑥ 印度农业水价构成主要包括部分水利设施的投资成本和水利设施的运营维修成本等。⑦

表 3-1　国外一些国家农业水价构成情况

国家	农业水价构成
美国	农业水价通常包括输水成本、供水设施的建造和维护成本等
英国	农业水价包括供水系统服务费和资源费，其中供水系统服务费包括供水水费、地面排水费、排污费和环境服务费等
法国	实行水费和税费相结合的双费制度，农业水价通常包括贷款本息、工程运行维护费、灌溉设备费、压力管道输送费、水资源及污染费等
日本	农业水价主要包括水利设施的投资成本、运行维护费用和管理费用
澳大利亚	农业水价通常包括运行管理费用、资产成本、财务费用、投资回报和税收等
以色列	农业水价只包括部分工程运行维护费用
印度	农业水价构成主要包括部分水利设施的投资成本和水利设施的运营维修成本等

资料来源：笔者整理。

从上述典型国家农业水价构成的情况来看，水利工程运行维护成本是各国农业水价构成基本包括的部分，多数国家还要求农业水价能够弥补实

① 李含琳. 当前部分国家农业用水价格政策概述及启示[J]. 甘肃金融，2011(10)：18-21.

② 张亮. 加快经济发展方式转变的水价政策研究[J]. 调研世界，2012(10)：57-61.

③⑥ 柳一桥. 美国、法国和以色列农业水价管理制度评析及借鉴[J]. 世界农业，2017(12)：93-98.

④⑦ 王建平. 内蒙古自治区农业水价研究[D]. 北京：中国农业科学院，2012.

⑤ 王冠军，柳长顺，王健宇. 农业水价综合改革面临的形势和国内外经验借鉴[J]. 中国水利，2015(18)：14-17.

际供水成本，以保障供水单位正常运营。例如，美国《农垦改革法》规定农业水费的征收不能高出成本，但必须能够收回成本；法国政府规定农业水价必须保证收回成本，且一般有盈余。① 长期以来，我国农业水价偏低，农业水价弥补成本水平较低。2000 年我国农业平均水价为 0.028 元/立方米②；2005 年我国对农业水价进行改革调整，水管组织的平均农业水价提升到 0.065 元/立方米，但根据水利部调研结果，2005 年农业水价仅占供水成本的 38%，若综合考虑水费征收率和水价成本的比例，当年水费仅占供水成本的 22%③；2008 年国家开始实施农业水价综合改革试点，当时全国百家水管组织农业供水平均水价为 0.026 元/立方米④；2009 年全国平均农业水价提升到 0.0733 元/立方米⑤；2013 年全国平均农业水价为 0.0914 元/立方米，但仅占当时供水成本的 35.59%⑥。杨柠和王永德在 2014 年对全国 290 个灌区的调查资料显示，平均农业供水成本为 0.096 元/立方米，水价中位数为 0.056 元/立方米。2016 年我国颁布的《国务院办公厅关于推进农业水价综合改革的意见》提出，供水价格原则上应达到或逐步提高到运行维护成本水平，对于水资源紧缺且用户承受能力强的地区，农业水价可提高到完全成本水平。从实践层面上来看，一些地区对农业水价进行了调整，有些地区农业水价基本达到运行维持成本水平，根据国家发展改革委、水利部、自然资源部和农业农村部的调查数据，截至 2017 年底，全国研究制定农业水价成本核定和价格管理办法的省份达 15 个，完成了农业供水成本监审工作的试点县(灌区)达 612 个，部分地区农业水价达到完全成本水平，多数试点区农业水价达到运行维护成本水平。例如，河南省试点区经济作物平均水价提高至 0.77 元/立方米、粮食作物平均水价提高至 0.23 元/立方米，基本达到完全成本水平；山东省试点区农业水价从 0.34 元/立方米提升至 0.41 元/立方米，基本达到运行维护成本水平。⑦ 但一些地区仍存在农业水

① 李学荣. 国外农业水价形成机制及对我国的启示[J]. 水资源开发与管理, 2019(11)：71-75.
② 王克强. 中国农业节水灌溉市场的有效性及政策绩效评价研究[M]. 上海：上海人民出版社, 2010.
③ 郑通汉, 张彬, 汪习文. 当前农业水价改革中的问题、影响与对策[J]. 中国水利, 2006, 57(16)：17-20.
④ 参见《2008 年全国水利发展统计公报》。
⑤ 参见《2009 年全国水利发展统计公报》。
⑥ 参见《2013 年全国水利发展统计公报》。
⑦ 参见国家发展改革委《关于 2017 年度农业水价综合改革工作绩效评价有关情况的通报》。

价未能达到弥补运行维护成本水平，更不能达到完全成本水平。李希敏的研究显示：截至 2018 年底，内蒙古自治区运行的 11 个大型灌区中有 8 个灌区的现行水价是 1998 年前调整的，其农业水价与成本的偏离程度严重，如民族灌区和团结灌区，现行国管工程水价 0.056 元/立方米，不到供水成本的 50%。[①] 水利部发展研究中心调研组调研资料显示：2016 年新疆维吾尔自治区国有水管组织农业平均执行水价 0.085 元/立方米，约占完全成本的 60%。[②] 唐俊等的调查资料显示：湖北省大型灌区自流灌溉实际执行平均水价 0.055 元/立方米，运行维护成本水价 0.106 元/立方米，仅占运行维护成本的 52%。[③] 农业水价偏低，不利于调节用水行为促进节约用水，不符合水资源商品市场价格规律，不利于维护灌区水利设施的正常运行和维护。

二、农户水费支付意愿较低

世界范围内灌溉管理的主要措施之一就是收取农业水费，但是我国在农业水费收取上存在明显的水费收取异化现象，即农户水费支付意愿并没有随其收入水平提高而提高，相反还存在降低趋势，农业水费收取难度不断加大，农民对水费支付的抵触和拒缴心理更加明显。特别是在 2006 年农业税取消以后，农业水费收取异化更加明显。农村水费改革通常指开始于 2000 年 3 月《中共中央　国务院关于进行农村税费改革试点工作的通知》后试点和推广的农村税费制度改革。2006 年，我国农村税费改革全面完成。我国农村税费改革的主要内容是取消农业税等农村税费，加大对农业的补贴力度。2005 年，全国 26 个省份 551 个大中小灌区的平均水费实际收取率为 57.37%[④]，2007 年全国 100 家灌区农业水费平均收取率为 34%[⑤]。有些省份在农业税改前后水费收取率出现了较大降低，如浙江降低了 23%，吉

---

① 李希敏. 推进农业水价综合改革 加强农业用水管理[J]. 内蒙古水利, 2019(11): 7-8.

② 水利部发展研究中心调研组. 新疆农业用水及农业水价综合改革成效、问题及对策建议[J]. 水利发展研究, 2018, 18(12): 1-5.

③ 唐俊, 张海川, 李苏犁, 等. 湖北省农业水价综合改革调查研究[N]. 人民长江报, 2020-12-26(005).

④ 郑通汉, 张彬, 汪习文. 当前农业水价改革中的问题、影响与对策[J]. 中国水利, 2006, 57(16): 17-20.

⑤ Wang Y, Chen S. Breaking the Dilemma of Agricultural Water Fee Collection in China[J]. Water Policy, 2014, 16(5): 773-784.

林降低了 24%，广东降低了 40%[①]。李建宏研究了宁夏回族自治区引黄灌区水管组织水费收缴情况，发现近年来宁夏回族自治区引黄灌区水费收取率呈下降状态（见表 3-2）。

表 3-2   2013~2018 年宁夏回族自治区引黄灌区水管组织水费收缴情况

单位：万元

年份	计划水费	实收水费	实际-计划
2013	24896	25158	262
2014	24896	24950	54
2015	24896	25441	545
2016	24896	23672	−1224
2017	24896	23911	−985
2018	24896	23864	−1032

资料来源：李建宏. 宁夏引黄灌区水管组织水费收缴情况调查研究 [J]. 水利发展研究，2019，19（11）：19-23+31.

学术界对农业水费收取异化情况进行了分析，有些学者认为导致这种现象的原因之一在于农户的物质承受能力较低，水费物质承受能力的测量方法主要是经济承受力指数法，即从用水农户的角度，通过农业水费占农业总收益、净收益、年收入和生产成本等的比例衡量农户对水价的承受力。但从农户水费物质承受力角度解释农业水费收取异化问题说服力不强，因为长期以来我国农业水价较低，国家采取诸多措施减轻农民负担，加大农业补贴，且随着经济的发展农民的收入水平不断提升。

一些学者运用行为经济学理论，从心理承受能力的角度解释这种异化现象。该种观点认为，农户水费心理承受能力是影响农户水费支付意愿的重要因素，而农户水费心理承受能力与国家支农惠农政策有关。关于心理与行为之间的关系，有学者提出了标准理论，这种理论对行为主体的期望与情绪反应之间的关系进行了分析，认为主体对决策事件在大脑记忆中提取的不符合事实的方案构想或相似经验会形成决策主体自身对该决策事件

---

① 李培蕾，钟玉秀，韩益民. 我国农业水费的征收与废除初步探讨 [J]. 水利发展研究，2009，9（4）：16-21.

的标准或主观期望。当现实情境与主体的主观标准不一致时，他们会表现出情绪反应，情绪反应与偏离程度正相关，偏离程度越大，情绪反应会越强。标准理论可以用于分析那些在异常行为中带有情绪反应的行为。条件价值支付意愿是心理决策结果的映射，反映了受访者对新条件下价值认可的主观偏好。[①] 将标准理论和条件价值支付意愿应用于解释农户水费支付行为时就表现为农户在税费改革和农业补贴不断加大的背景下，会对农业水费形成一个较低的支付心理参照点，当执行水价高于这个较低的心理参照点时，就表现出拒缴心理，其实质就是行为经济学所讲的损失厌恶。张维康等对四川省 20 县区 567 户农民进行了调研，有 438 户农户认为政府不应该收取水费，原因如表 3-3 所示。

表 3-3　农户认为政府不应该收取水费的原因统计

原因	选择频次（次）	百分比（%）	累计百分比（%）
水费应该由政府承担	293	33.41	33.41
农业税费已经免除，水费也应该免除	236	26.91	60.32
水利工程是我们（农户）自己修的，不应该缴费	36	4.10	64.42
家庭收入负担不起	19	2.17	66.59
我国有不少农业补贴，灌溉水费也应该有补贴	293	33.41	100.00

资料来源：张维康，曾扬一，傅新红，等．心理参照点、支付意愿与灌溉水价：以四川省 20 县区 567 户农民为例[J]．资源科学，2014，36(10)：2020-2028.

除了上述原因，农业水费制度执行问题也是造成农户水费收取异化问题的重要原因。例如，在水资源管理方面存在水量与水价不公开、不透明，用水者水资源管理参与程度低，用水管理缺乏监督，水资源政策宣传不到位等，这些问题导致农户对灌溉水费收取呈负面评价，导致水费收取异化；又如，在农村税费改革之后，农业水费就成为向农民征收的极为少数的政策性收费项目，有些基础单位为弥补财政不足，出现了层层加价或截留挪用农业水费等问题，严重损害了当地农户对农业水价公平性的评价，导致农户对农业水价改革的不满，出现农业水费支付异化；还有就是农业

---

① 张维康，曾扬一，傅新红，等．心理参照点、支付意愿与灌溉水价：以四川省 20 县区 567 户农民为例[J]．资源科学，2014，36(10)：2020-2028.

灌溉领域存在的用水计量设施落后、灌溉设施老化失修、末级渠系损害问题等，这些问题的存在也影响了农户对政府收取农业水费的评价。

三、各地在农业水价改革上的认知和推进存在较大差异

国家层面要求积极推进农业水价综合改革，国家四部委(国家发展改革委、财政部、水利部、农业农村部)将农业水价综合改革纳入最严格的水资源管理制度和粮食安全省长责任制考核。但从地方实践上来看，各地在认知和推进上存在较大差异，由于我国南方和北方在水资源禀赋程度上存在差异，水资源缺乏的北方地区在推进农业水价改革上相对积极，水资源供需矛盾较为缓和的南方在推进农业水价综合改革方面的内生动力相对不足。[①]

除了资源条件影响地区农业水价改革认知和推进，政策环境也是影响农业水价改革认知和推进的重要因素。政策环境是公共政策制定和实施的基础和前提，不同的政策环境导致各地在农业水价改革的认知和推进上的差异，如不同地区农户农业经济收益会有较大差别，不同地区的农业保险发展和农产品价格稳定性存在较大差距。有些地区农户反映："外出打工一天可以挣100多元，现在农产品价格低，产品销路不畅通，我们种一年地挣不了几个钱，还不如打工，交什么灌溉水费。"此外，由于各地经济发展水平不同，在农业水价改革中的资金支持力度不同，导致各地在农业水价改革推进上也存在较大差距。

第二节　农业水价运行现状的调研分析

本书选择内蒙古自治区河套灌区为研究对象，对该灌区农业水量总量控制、灌区水价和灌溉用水成本等问题进行分析。

---

① 姜文来，冯欣，刘洋，等．合理农业水价形成机制构建研究[J]．中国农业资源与区划，2019，40(10)：1-4.

一、内蒙古自治区河套灌区概况及水资源状况

(一) 内蒙古自治区河套灌区基本概况

内蒙古自治区河套灌区位于黄河"几"字弯的北端，是全国最大的一首制自流引水灌区，现引黄灌溉面积 11007 多万亩，灌区每年粮食总产量稳定在 60 亿斤左右，是中国最古老的超大型千万亩灌区之一，已有 2200 多年的历史。内蒙古自治区河套灌区引黄灌溉开始于秦汉时期，经历了北魏和隋唐的大规模开发，到清朝末期共开挖大小干渠 40 多条，其中 13 条大干渠沿用至今。

新中国成立后，河套灌区经历了新中国成立初期到 20 世纪 60 年代初期的引水工程建设、20 世纪 60 年代至 80 年代末的排水工程建设、20 世纪 80 年代末到 90 年代中期的灌排配套建设和 20 世纪 90 年代末期至今的节水改造等四次大规模水利建设，完成了三大历史跨越，实现了从无坝引水到有坝引水转变、从有灌无排到灌排配套转变、从粗放灌溉到节水型社会建设转变，灌溉事业得到了快速发展 (见表 3-4)。河套灌区现有七级灌排渠 (沟) 道约 6.4 万千米，共 10.36 万条，各类建筑物 18.35 万座，形成了较为完善的灌排配套体系。

表 3-4　新中国成立以来河套灌区大规模建设情况

时期	主要建设内容	建设成效
新中国成立初期至 20 世纪 60 年代初期	兴建了三盛公水利枢纽工程，开挖了输水总干渠	开创了一首制引水灌溉的新纪元，结束了黄河无坝多口引水的历史
20 世纪 60 年代至 80 年代末	开启了灌区排水工程建设，疏通了总排干沟，建成了红圪卜扬水站，打通了乌梁素海至黄河的出口，开挖了各级排水沟道	灌区排水有了出路
20 世纪 80 年代末至 90 年代中期	利用世界银行贷款配套建设水利设施，完成总排干沟扩建、总干渠整治和八个排域 315 万亩农田配套建设	基本建成了灌区灌排骨干工程体系
20 世纪 90 年代末期至今	灌区续建配套与节水改造、高效节水、节水增效和水权交易等一系列工程	促进了灌区节水型社会建设

资料来源：笔者整理。

2019 年 9 月 4 日,在印度尼西亚巴厘岛召开的第三届世界灌溉论坛和国际灌排委员会第 70 届执理会全体会议上,内蒙古自治区河套灌区成功入选世界灌溉工程遗产。

(二)内蒙古自治区河套灌区水资源基本状况

根据《巴彦淖尔市水资源公报》(2018):2018 年巴彦淖尔市水资源总量 55.504 亿立方米,其中地表水资源量 47.634 亿立方米(净引黄河水量 45.078 亿立方米和自产地表径流量 2.556 亿立方米),地下水资源量 22.008 亿立方米,地表水与地下水资源之间重复计算量 14.138 亿立方米(见表 3-5)。黄河灌溉期入境水量 341.524 亿立方米,出境水量 284.913 亿立方米。2018 年河套灌区各灌域实引水量 45.078 亿立方米,实引水量比上年减少 0.362 亿立方米。

表 3-5 2018 年巴彦淖尔市行政分区水资源量

单位:亿立方米

分区	降水量	地表水			地下水	重复计算量	水资源总量
		径流量	引黄水量	合计			
乌拉特后旗	35.468	0.383	0.409	0.792	1.745	0.137	2.400
乌拉特中旗	54.684	1.068	1.641	2.709	3.712	0.490	5.931
乌拉特前旗	22.368	1.065	6.882	7.947	3.749	2.204	9.492
五原县	5.584	0.000	10.675	10.675	3.500	3.096	11.079
杭锦后旗	2.186	0.000	10.090	10.090	3.406	3.229	10.267
磴口县	5.988	0.040	4.725	4.765	2.143	1.465	5.443
临河区	2.957	0.00	10.656	10.656	3.753	3.517	10.892
全市	129.235	2.556	45.078	47.634	22.008	14.138	55.504

资料来源:《巴彦淖尔市水资源公报》(2018)。

2018 年巴彦淖尔市水资源总用量 49.956 亿立方米,其中农灌用水量 45.510 亿立方米、林牧渔畜用水量 2.375 亿立方米、工业用水量 0.910 亿立方米、城镇公共用水量 0.140 亿立方米、生活用水量 0.584 亿立方米、生态用水量 0.437 亿立方米,各种用水占总用水量的比重分别为 91.10%、4.75%、1.82%、0.28%、1.17%和 0.88%。具体情况如表 3-6 所示。

表 3-6　2018 年巴彦淖尔市行政分区供用耗水量统计

单位：亿立方米

分区	供水量					用水量							耗水量
	引黄水量	本地地表水	地下水	中水回用	合计	农灌	林牧渔畜	工业	城镇公共	生活	生态	合计	
乌拉特后旗	0.380	0.047	0.556	0.018	1.001	0.638	0.173	0.135	0.005	0.024	0.026	1.001	0.746
乌拉特中旗	1.526	0.088	1.904	0.021	3.539	2.929	0.428	0.097	0.005	0.054	0.026	3.539	2.532
乌拉特前旗	6.402	0.151	1.897	0.019	8.469	7.545	0.505	0.201	0.006	0.092	0.120	8.469	5.892
五原县	9.930	0.000	0.455	0.038	10.423	10.015	0.188	0.052	0.013	0.105	0.050	10.423	7.016
杭锦后旗	9.386	0.009	0.649	0.041	10.085	9.500	0.359	0.068	0.015	0.090	0.053	10.085	6.788
磴口县	4.725	0.000	0.854	0.025	5.604	4.975	0.492	0.057	0.000	0.033	0.043	5.604	3.628
临河区	9.913	0.000	0.808	0.114	10.835	9.908	0.230	0.300	0.092	0.186	0.119	10.835	7.247
全市	42.262	0.295	7.123	0.276	49.956	45.510	2.375	0.910	0.140	0.584	0.437	49.956	33.849

资料来源：《巴彦淖尔市水资源公报》(2018)。

2018 年河套灌区地下水年平均埋深 2.16 米，较 2017 年下降 0.09 米，较多年平均提高 0.4 米。如表 3-7 所示。

表 3-7　河套灌区地下水年平均埋深与上年及多年平均值比较

单位：米

灌域	2018 年	2017 年	两年比较	多年平均	与多年平均比较
乌拉特灌域	1.77	2.25	-0.48	1.79	-0.02
义长灌域	2.26	2.40	-0.14	1.77	0.49
永济灌域	2.24	2.40	-0.16	1.84	0.40
解放闸灌域	2.12	2.12	0.00	1.68	0.44
乌兰布和灌域	1.93	1.85	0.08	1.75	0.18
全灌区	2.16	2.25	-0.09	1.76	0.40

资料来源：《巴彦淖尔市水资源公报》(2018)。

(三)内蒙古自治区河套灌区各灌域农业灌溉水量总量控制情况

河套灌区由乌兰布和灌域、解放闸灌域、永济灌域、义长灌域、乌拉特灌域和总干渠构成,按照"总量控制、定额管理、丰增枯减、实时调度"的原则,根据内蒙古自治区分配给河套灌区的年度耗水指标,扣除总干渠输水损失,按照比例分配各旗县区和各灌域年度及时段引黄指标水量。时段水量按照国家下达逐月水量分配计划和内蒙古自治区下达非汛期水量分配指标,结合灌区时段引水实际,将月指标合并为春夏灌(4~6月)、秋灌(7~9月)和秋浇(10~11月)三个时段。各灌域指标水量分配情况如表3-8所示。

表3-8 2018年河套灌区各旗县区各灌域(总干)指标水量分配情况

单位:万立方米

灌域		水量时段								
		磴口县	杭锦后旗	临河区	五原县	乌拉特前旗	乌拉特中旗	乌拉特后旗	场站	合计
灌区合计	夏灌	13369	26555	30736	28735	17540	5785	665	1571	124956
	秋灌	14951	28021	32203	24439	17635	6843	700	1760	126552
	秋浇	9286	20117	23457	27676	14225	3644	506	1089	100000
	合计	37606	74693	86396	80850	49400	16272	1871	4420	351508
乌兰布和	夏灌	13072	1068	—	—	—	—	—	1571	15711
	秋灌	14638	1196	—	—	—	—	—	1760	17594
	秋浇	9060	741	—	—	—	—	—	1089	10890
	合计	36770	3005	—	—	—	—	—	4420	44195
解放闸	夏灌	297	25455	5763	—	—	107	665	—	32287
	秋灌	313	26795	6067	—	—	112	700	—	33987
	秋浇	226	19356	4383	—	—	81	506	—	24552
	合计	836	71606	16213	—	—	300	1871	—	90826

续表

灌域		水量时段								
		磴口县	杭锦后旗	临河区	五原县	乌拉特前旗	乌拉特中旗	乌拉特后旗	场站	合计
永济	夏灌	—	—	24488	450	—	51	—	—	24989
	秋灌	—	—	25675	472	—	52	—	—	26199
	秋浇	—	—	18723	345	—	39	—	—	19107
	合计	—	—	68886	1267	—	142	—	—	70295
义长	夏灌	—	—	—	27585	3263	5627	—	—	36475
	秋灌	—	—	—	23243	3654	6679	—	—	33576
	秋浇	—	—	—	26771	2260	3524	—	—	32555
	合计	—	—	—	77599	9177	15830	—	—	102606
乌拉特	夏灌	—	—	—	54	14172	—	—	—	14226
	秋灌	—	—	—	53	13860	—	—	—	13913
	秋浇	—	—	—	45	11835	—	—	—	11880
	合计	—	—	—	152	39867	—	—	—	40019
总灌域	夏灌	—	32	485	646	105	—	—	—	1268
	秋灌	—	30	461	671	121	—	—	—	1283
	秋浇	—	20	351	515	130	—	—	—	1016
	合计	—	82	1297	1832	356	—	—	—	3567

资料来源：笔者整理。

二、内蒙古自治区河套灌区农业水价演变历程及现状水平

(一) 内蒙古自治区河套灌区农业水价演变历史

内蒙古自治区河套灌区的水价演变与全国基本相同，经历了从福利水

价到商品定价并逐步调整提高的阶段，先后进行了水价的多次调整，以适应不断变化的水利发展和农牧业发展需要。但总体而言，内蒙古自治区河套灌区农业水价偏低。

新中国成立初到 1980 年，农村实行集体经营，水利工程实行国家投资和补贴、地方群众投劳的方式。其间，河套灌区人民投入大量人力物力进行灌区建设。这一时期国家实行统购统销，农业水费采取"实物计量、货币结算、按亩收费"的方式，并与农业税合并收缴。这一时期的供水基本实行公益性供水、水量按需供应，基本上处于无偿供水阶段，水管组织的工程运行维护费用由财政拨款维持。

1980 年国务院提出国有水利工程改革，基本思路是实行企业化管理，独立核算、自负盈亏。1985 年国务院颁布《水利工程水费核订、计收和管理办法》。与上述改革和政策相适应，河套灌区从 1981 年开始实行以供水量计价收费和"有计划供水、分时段计价和超计划用水加价"的水费征收办法，并将水费作为行政事业性收费，由财政专储，以收抵支，实行预算外管理。1981~1987 年河套灌区实行以干渠口部引水量计价收费模式。1981 年干渠口部水价 1.14 厘/立方米·千口①，其中夏秋灌 1 厘/立方米·千口，秋浇 1.5 厘/立方米·千口，超计划用水加倍收费；1987 年干渠口部水价调整至 1.8 厘/立方米·千口，其中夏秋灌 1.6 厘/立方米·千口，秋浇 2.3 厘/立方米·千口，超计划用水加倍收费；为实现计量相对准确，水量相对细化，1988 年灌区水费征收由干渠口部计量收费模式改为以斗渠口为计量点的计价收费模式，1988 年水价 6 厘/立方米·斗口，其中夏秋灌 4.6 厘/立方米·斗口，秋浇 9.2 厘/立方米·斗口；1989 年水价调整为 9 厘/立方米·斗口，其中夏秋灌 8 厘/立方米·斗口，秋浇 12 厘/立方米·斗口。

1994 年 12 月，财政部颁发《水利工程管理单位财务制度》（暂行），明确将水利工程水费确定为生产经营性收入。1997 年国务院颁布《水利产业政策》，规定"原有水利工程的供水价格，要根据国家的水价政策和成本补偿、合理收益的原则，区别不同用途，在三年内逐步调整到位，以后再根据供水成本变化情况适时调整"。河套灌区为解决投资不足、水资源利用效率低下、水资源超标运行和灌溉工程老化破损等问题，按照国家有关政策，灌

---

① 1 厘 = 0.001 元。

区逐步进行水费调整。1995 年实行 17 厘/立方米·斗口，1996 年 20 厘/立方米·斗口，1997 年 23 厘/立方米·斗口。1997 年灌区对农业供水成本水价进行了测算，并由内蒙古自治区物价局和水利厅进行审批。

河套灌区分 7 级供水渠道，内蒙古自治区批复水价只到斗口一级。为合理计价、准确计费，灌区以斗口水价为折算基数，按不同级别供水直口渠的利用系数折价计费。这样，级别高于斗渠的直口渠水价低于斗口水价，反之，级别低于斗渠的直口渠水价高于斗口水价。1997 年底测定河套灌区成本费用 55.16 厘/立方米·斗口水价。1998 年内蒙古自治区物价局和水利厅批复执行 33 厘/立方米·斗口水价，1999 年执行 45 厘/立方米·斗口水价，2000 年执行 53 厘/立方米·斗口水价。考虑到当地农民的承受能力，河套灌区实际执行水价为 1998 年 33 厘/立方米·斗口；1999 年为 40 厘/立方米·斗口并长期执行到 2010 年，和内蒙古自治区批复的 53 厘/立方米·斗口相差 13 厘/立方米·斗口。2008 年河套灌区推行农业用水终端水价，巴彦淖尔市批准支渠以上水价 49.7 厘/立方米·斗口，其中国管工程水价 40 厘/立方米·斗口，末级渠系工程水价 97 厘/立方米·斗口。斗农毛渠水价 48.8 厘/立方米·斗口，其中国管工程水价 40 厘/立方米·斗口，末级渠系水价 88 厘/立方米·斗口。2010 年河套灌区全灌区执行 53 厘/立方米·斗口水价；2014 年内蒙古自治区人民政府批复河套灌区水价为 103 厘/立方米·斗口。2016 年，河套灌区国管水费按照《内蒙古河套灌区灌溉制度改革暨 2016 年春夏灌引黄水量调度预案》批准的农业用水价格分时段计量收取，分凌期间至 4 月 10 日，农业灌溉引水、湖海湿地补水和林业用水均不占夏灌水量指标，农业灌溉用水按 53 厘/立方米·斗口水价执行；4 月 11 日至 9 月 30 日，斗口计价按 83 厘/立方米·斗口水价执行；10 月 1 日后，斗口计价按 73 厘/立方米·斗口水价执行；夏灌、秋灌、秋浇三个时段均执行超指标用水累进加收水资源费的政策；群管水费价格继续执行 2008 年相关文件批复水价。

与全国其他灌区相比，内蒙古自治区河套灌区水价中包括排水水价，即便如此，河套灌区水价依然偏低。据 2018 年资料，内蒙古自治区发展改革委的初步成本监审结果，河套灌区国管农业水价成本已达 127 厘/立方米·斗口。内蒙古自治区河套灌区灌溉水价演变情况如表 3-9 所示。

表 3-9　内蒙古自治区河套灌区灌溉水价演变情况

年份	水价标准
1950~1980	实行公益性供水，基本上处于无偿供水阶段
1981	执行 1.14 厘/立方米·干口，其中夏秋灌 1 厘/立方米·干口，秋浇 1.5 厘/立方米·干口，超计划用水加倍收费
1987	调整至 1.8 厘/立方米·干口，其中夏秋灌 1.6 厘/立方米·干口，秋浇 2.3 厘/立方米·干口，超计划用水加倍收费
1988	水费征收由干渠口部计量收费模式改为以斗渠口为计量点的计价收费模式；水价 6 厘/立方米·斗口，其中夏秋灌 4.6 厘/立方米·斗口，秋浇 9.2 厘/立方米·斗口
1989	调整为 9 厘/立方米·斗口，其中夏秋灌 8 厘/立方米·斗口，秋浇 12 厘/立方米·斗口
1995	17 厘/立方米·斗口
1996	20 厘/立方米·斗口
1997	23 厘/立方米·斗口；年底测定河套灌区成本费用 55.16 厘/立方米·斗口
1998	内蒙古自治区物价局和水利厅批复执行 33 厘/立方米·斗口
1999	内蒙古自治区物价局和水利厅批复执行 45 厘/立方米·斗口，实际执行水为 40 厘/立方米·斗口并长期保持至 2010 年
2000	内蒙古自治区物价局和水利厅批复执行 53 厘/立方米·斗口，实际执行 40 厘/立方米·斗口
2008	河套灌区推行农业用水终端水价，巴彦淖尔市批准支渠以上水价 49.7 厘/立方米·斗口，其中国管工程水价 40 厘/立方米·斗口，末级渠系工程水价 97 厘/立方米·斗口。斗农毛渠水价 48.8 厘/立方米·斗口，其中国管工程水价 40 厘/立方米·斗口，末级渠系水价 88 厘/立方米·斗口
2010	53 厘/立方米·斗口
2014	内蒙古自治区人民政府批复河套灌区水价为 103 厘/立方米·斗口，三年之内落实
2016	国管水费按照分时段计量收取。分凌期间至 4 月 10 日，农业灌溉引水、湖海湿地补水和林业用水均不占夏薄水量指标，农业灌溉用水按 53 厘/立方米·斗口水价执行；4 月 11 日至 9 月 30 日，斗口计价按 83 厘/立方米·斗口水价执行；10 月 1 日后，斗口计价按 73 厘/立方米·斗口水价执行；夏灌、秋灌、秋浇三个时段均执行超指标用水累进加收水资源费的政策；群管水费价格继续执行 2008 年相关文件批复水价

资料来源：根据调研资料整理汇总。

（二）内蒙古自治区河套灌区农业水价现状水平

河套灌区将农业水价分为国管工程水价和群管工程水价，其中国管工程水价实行"分时段计价，超计划用水累进加价"政策。按照河套灌区2018年夏灌工作安排意见，河套灌区现行国管水价为分凌引水至3月31日，农业灌溉用水按照8.3分/立方米·斗口水价执行（不占夏灌用水指标）；夏灌（4月至6月）、秋灌（7月至9月）指标内外水价均为10.3分/立方米·斗口；秋浇（10月至11月）指标内水价为8.3分/立方米·斗口，超指标用水水价为10.3分/立方米·斗口。在此基础上，夏灌、秋灌、秋浇超指标用水按照《内蒙古自治区人民政府关于印发自治区水资源费征收标准及相关规定的通知》（内政发〔2014〕127号）累进加收三阶梯水资源费，即超出指标用水20%（含）以下的水量部分，按照6分/立方米·斗口征收；超出指标用水20%~40%（含）水量部分，按照9分/立方米·斗口征收；超出指标用水40%以上，按照12分/立方米·斗口征收。根据《内蒙古河套灌区2019年夏灌工作实施方案》的通知，3月31日前，灌区农业灌溉用水按10.3分/立方米·斗口水价执行（不占夏灌指标），灌区夏灌（4月至6月）、秋灌（7月至9月）和秋浇（10月至11月）指标内外水价均为10.3分/立方米·斗口。夏灌、秋灌、秋浇超指标用水累进加收水费，超出指标用水20%（含）以下水量部分按6分/立方米·斗口加收，超出指标用水20%~40%（含）水量部分按9分/立方米·斗口加收，超出指标用水40%以上部分按12分/立方米·斗口加收。具体情况如表3-10所示。

表3-10 2018~2019年内蒙古自治区河套灌区国管水费价格

项目	2018年	2019年
指标内水价	8.3分/立方米·斗口（10月至11月） 10.3分/立方米·斗口（其他时间）	10.3分/立方米·斗口
超指标20%（含）以下	+6分/立方米·斗口	+6分/立方米·斗口
超指标20%~40%（含）	+9分/立方米·斗口	+9分/立方米·斗口
超指标40%以上	+12分/立方米·斗口	+12分/立方米·斗口

资料来源：根据调研资料整理汇总。

河套灌区现行群管水价按照巴彦淖尔市人民政府办公厅《关于印发河套

灌区推行农业用水终端水价实施办法的通知》(巴政办发〔2008〕22 号)及《关于制定河套灌区农业用水终端水价的通知》(巴价费字〔2008〕50 号)文件执行，以直口渠实际引水量计算，不分指标内外水量，支渠及以上级别群管渠道斗口计价 0.97 分/立方米；斗、农、毛渠级别的群管渠道斗口计价 0.88 分/立方米。

河套灌区在一些农业水价综合改革试点地区开展分类水价测算工作，在价格调查统计和农业用水成本评估基础上，联合高等院校等机构开展了试点区粮食作物和经济作物分类测算水价工作，为实行分类水价奠定了基础。

(三)内蒙古自治区河套灌区农业水价综合改革基础

《国务院办公厅关于推进农业水价综合改革的意见》(国办发〔2016〕2 号)要求，各地要夯实农业水价改革基础，逐步建立农业水权制度、完善供水计量设施和探索创新终端用水管理方式。对标该意见，河套灌区在夯实农业水价改革基础方面取得了显著进展，主要表现在：第一，灌区农业初始水权确权工作取得了明显进展。该意见要求，各地要逐步把用水总量控制指标细化，明确水权，推进水权确权登记。自 2016 年以来，河套灌区开始对农业用水采取定额管理，以明晰水权、地权为基础，将用水量指标细化到国管干渠、分干渠的直口渠，以及直口渠范围内的行政村，逐步完成了以定额核定总量和以总量控制定额的工作。第二，灌区用水计量设施逐步改善。该意见要求，各地要加快供水计量体系建设，对新建、改建、扩建工程和尚未配备计量设施的已建工程的供水计量体系建设提出了明确要求，对大中型灌区骨干工程、小型灌区、末级渠系和使用地下水灌溉等类型的计量要求提出了具体标准。内蒙古自治区河套灌区在国管和群管分界点配置了计量设施，实现了按方征收水费；在一些支渠和骨干节制闸安装了明渠流量计，在斗渠分水口砌筑了量水槽测流分水量，基本实现了干、支、斗、农渠多级量水控制。第三，农业终端用水管理方式不断改进。该意见要求，各地要不断探索创新终端用水管理方式，鼓励发展农民用水自治和专业化服务等多种形式的终端用水管理模式，支持农民用水合作组织在供用水管理和水费计收等方面发挥作用，明晰农田水利设施产权，鼓励社会资本参与农田水利工程建设。河套灌区积极规范农民用水者协会并发挥其在终端用水管理中的作用，如临河区依法注册登记成立了 60 多个农民用水者协会，积极落实协会运行所需的经费和硬件设施，支持协会在水量分配和工程管护等方面发挥作用。河套灌区的一些地区积极推进小型水利工程产权制度改革，在一些试点项目区内将村级和末级渠道及配套建筑物所有权明确给行政村并发放小型水利工程证书，由农民用水者协会负责工程的管理和使用，实现了民主参与管理、产权主体明确、管护责任落实。

三、河套灌区典型区域农业水价与农业用水数量的微观调研

2018 年 7 月，本书课题组赴内蒙古自治区巴彦淖尔市磴口县和乌拉特前旗部分农渠和斗渠对农业用水量和水价等问题进行实地调研。被调研渠系中果园东渠、半斗渠、南二斗、南三斗和西大滩渠位于磴口县，六连和小山渠位于乌拉特前旗。上述渠系 2013~2017 年全年水量、指标内用水量、指标外用水量、水费、指标内水价和指标外水价等数据如表 3-11 和表 3-12 所示。

表 3-11　被调研区域用水量和水费情况

年份	渠名	渠道级别	全年水量 （万立方米）	指标内水量 （万立方米）	指标外水量 （万立方米）	水费（元）
2013	果园东渠	农	49.86	35.74	14.12	50808
	半斗渠	斗	102.21	77.75	24.46	85896
	南二斗	斗	87.27	59.33	27.94	81185
	南三斗	斗	138.15	107.24	30.91	106425
	西大滩渠	农	69.14	61.13	8.01	53051
	六连	斗	41.09	20.48	20.61	485891
	小山渠	农	6.41	5.03	1.38	58746
2014	果园东渠	农	48.47	35.55	12.92	49961
	半斗渠	斗	99.27	67.30	31.97	89715
	南二斗	斗	58.66	37.16	21.50	59316
	南三斗	斗	124.49	91.06	33.43	105599
	西大滩渠	农	59.27	41.47	17.80	59830
	六连	斗	43.16	17.55	25.61	499112
	小山渠	农	6.86	4.31	2.55	59484

续表

年份	渠名	渠道级别	全年水量 （万立方米）	指标内水量 （万立方米）	指标外水量 （万立方米）	水费(元)
2015	果园东渠	农	42.50	32.87	9.63	49750
	半斗渠	斗	76.82	44.39	32.43	94695
	南二斗	斗	63.82	38.27	25.55	79914
	南三斗	斗	128.23	91.37	36.86	139900
	西大滩渠	农	57.97	53.74	4.23	59796
	六连	斗	42.53	30.10	12.43	473923
	小山渠	农	6.32	3.70	2.62	57119
2016	果园东渠	农	48.64	30.88	17.76	63731
	半斗渠	斗	80.10	58.98	21.12	79823
	南二斗	斗	19.10	15.09	4.01	19864
	南三斗	斗	35.85	35.85	0.00	29755
	西大滩渠	农	34.49	62.31	22.18	98992
	六连	斗	43.64	27.33	16.31	467816
	小山渠	农	6.13	3.39	2.74	59526
2017	果园东渠	农	39.75	28.13	11.62	57041
	半斗渠	斗	81.04	56.21	24.83	102802
	南二斗	斗	82.16	46.48	35.68	119849
	南三斗	斗	84.94	50.43	34.51	119819
	西大滩渠	农	41.21	30.66	10.55	59769
	六连	斗	45.86	27.33	18.53	487533
	小山渠	农	6.83	3.39	3.44	61439

资料来源：根据调研资料整理汇总。

表 3-12　被调研区域水价情况

单位：厘

年份	渠系所在地	渠道级别	夏灌水价		秋浇水价	
			指标内水价	指标外水价	指标内水价	指标外水价
2013	磴口县	农	630.7	1261.5	630.7	1261.5
		斗	530.0	1060.0	530.0	1060.0
	乌拉特前旗	农	626.5	1252.9	626.5	1252.9
		斗	530.0	1060.0	530.0	1060.0
2014	磴口县	农	630.7	1261.5	630.7	1261.5
		斗	530.0	1060.0	530.0	1060.0
	乌拉特前旗	农	626.5	1253.0	626.5	1253.0
		斗	530.0	1060.0	530.0	1060.0
2015	磴口县	农	987.7	987.7	987.7	987.7
		斗	830.0	830.0	830.0	830.0
	乌拉特前旗	农	981.1	981.1	981.1	981.1
		斗	830.0	830.0	830.0	830.0
2016	磴口县	农	987.7	987.7	868.7	868.7
		斗	830.0	830.0	730.0	730.0
	乌拉特前旗	农	981.1	981.1	862.9	862.9
		斗	830.0	830.0	730.0	730.0
2017	磴口县	农	987.7	987.7	868.7	868.7
		斗	830.0	830.0	730.0	730.0
	乌拉特前旗	农	1218.0	1218.0	981.1	1217.5
		斗	1030.0	1030.0	830.0	1030.0

资料来源：根据调研资料整理。

四、河套灌区农业水费缴纳积极性的微观调研

农业灌溉水费的征收工作非常重要，它一方面直接影响农户的经济收入，另一方面又影响农业水利工程建设。新中国成立后，我国农业水价制

度经历了无偿供水、低标准收费和按成本收费等阶段。在国民经济恢复时期，灌溉水价主要通过按产量征收定额粮食的方式进行，基本可以满足供水设施的运行；推行家庭联产承包责任制后，灌溉水费的征收主要通过粮食部门代收，且将收取费用的3%~5%作为代收催收的劳务报酬，勉强可以维持供水设施运行和维护。基层粮站取消之后，灌溉水费在统筹费中提取，经费往往无法正常到位。取消统筹费之后，农业灌溉水费征收进入了困难期，农户缴费积极性不高，水费收取率低。水费计价和征收方式不合理，往往采取委托代收的方式进行，终端收费较为混乱，按合同计收水费的意识不强。根据《百家大中型水管组织水价调研报告》数据，在1999~2001年，调查的一百家水利工程管理单位农业水费实收率达到75%以上的仅占调查样本的50%，实收率在50%~75%的仅占调查样本的30%，甚至有20%的单位实收率低于50%；根据2008年对江苏省典型水利工程管理单位水费收取情况的调研，某些水利工程管理单位的水费实收率甚至不到20%。[1] 一些地区在2006年农业税费改革之后，农户水费缴纳意愿更低。

2018年7月，本书课题组赴内蒙古自治区巴彦淖尔市磴口县某地区对农户水费缴纳情况进行微观实地调研，具体情况如表3-13所示。

表3-13 被调研样本2017年水费缴纳情况

农户	灌溉亩数(亩)	应交水费(元)	实交水费(元)	欠费(元)
高某1	41.4	5796	5000	796
陶某1	56.7	7938	3500	4438
姜某1	58.2	8148	4000	4148
王某1	62.6	8138	7000	1138
刘某1	65.8	9212	4000	5212
刘某2	42.7	5978	3000	2978
裴某某	40.3	5642	3000	2642
王某2	56.7	7938	3500	4438

① 毛绵逵，徐科. 农业水费征收中的政府、市场、社会三重失灵困境[J]. 水利经济，2013，31(1)：22-24+42.

续表

农户	灌溉亩数（亩）	应交水费（元）	实交水费（元）	欠费（元）
姜某2	43.6	6104	3000	3104
姜某3	62.0	8680	5000	3680
辛某某	71.7	10038	5000	5038
陶某2	69.1	9674	5000	4674
陈某1	47.0	6580	3000	3580
陈某2	28.1	3934	3000	934
王某3	39.7	5558	1200	4358
陈某3	50.4	7056	4000	3056
陶某3	32.0	4480	2000	2480
赵某1	45.4	6356	3000	3356
魏某某	63.0	8820	1600	7220
李某某	20.0	2800	1600	1200
宋某某	27.4	3780	800	2980
杨某1	15.0	2100	0	4050
高某2	8.0	1040	0	1040
樊某某	16.0	2240	2080	160
王某3	32.0	4480	300	1480
徐某某	11.0	1430	0	1430
杨某2	6.0	780	0	780
陈某4	6.0	780	0	780
赵某2	7.0	910	0	910
赵某3	6.0	840	780	60
赵某4	12.0	1430	0	1430
史某某	12.0	1560	0	1560
何某某	9.0	1260	0	1260

农户	灌溉亩数(亩)	应交水费(元)	实交水费(元)	欠费(元)
王某4	9.0	1260	1000	260
刘某3	15.0	2100	0	2100
王某5	14.0	1960	0	1960
合计	1201.8	166820	75360	90710

注：上表中水费征收标准有140元/亩和130元/亩两种方式，个别农户有往年欠费和冲减情况。
资料来源：根据调研资料整理。

从表3-13可以看出，该地灌溉水费征收率较低，农业灌溉水费欠费率较高。造成这种状况的主要原因：①近年来，政府为减轻农户负担，逐步取消了各种涉农收费，一些农户认为农业灌溉水费也应该逐步取消，加之农业水费政策宣传不到位，使农户缺乏缴纳水费的主动性和自觉性。根据课题组在河套灌区乌拉特前旗214户农户的调研资料，被调研的样本中，有84户农户认为农业水价太高，有114户农户认为农业水价偏高，这两类群体占总调研样本的92.5%，即超过九成的农户认为农业水价高。事实上，河套灌区的农业水价还未能弥补灌溉运行维护成本，导致农户认为农业水价偏高的原因在于农户的心理水价参照点较低，特别是农业税费减免之后，农民认为农业水费也应该减免，其农业水费缴纳积极性日益下降，从而导致农户水费欠费率较高。②农业灌溉用水计量，特别是针对农户的灌溉用水计量手段落后，被调研地区的农业灌溉用水征收方法是按亩征收，但随着农业产业结构调整和乡镇城镇化的建设，原来核定的灌溉面积和农业水费受益面积出现了偏差，且受渠道渗漏、淤积和工程老化等因素的影响，灌溉实际供水量和实际用水量之间存在较大差距，加之不同作物灌溉用水量也有所不同，所以这种按亩征收的方式难以让用水户信服，因此传统的水费征收模式需要进行改革。③用水农户存在搭便车倾向。在人民公社时期，农村农田水利管理模式建立在土地集体化的基础之上，随着家庭联产承包责任制的推行，建立在集体经济基础上的水利设施的产权逐渐模糊，集体水利设施的权、责、利不清晰，水利设施管护责任和义务缺乏明确规定，农户一方面想从集体水利设施中获得利益，另一方面又不愿意承担水利设施管护成本，导致水费征收困难。

第三节　农户灌溉水价承受力的微观实证分析

　　农户灌溉水费承受力是制定农业水价和确定农业水价补贴的重要考量因素，农户灌溉水费承受力的影响因素较多且较为复杂，其中经济因素和心理因素是两类重要因素。

一、相关文献回顾

　　由于灌溉用水的公共物品特性，加之外部性和不完全信息等原因，其定价多采用次优的方法，同时考虑承受能力和公平等因素。此外，灌溉水价的制定应以农户是否具有相应的实际承受能力作为水价改革和政策制定过程中必须考虑的因素。长期以来，众多学者对此进行了深刻的研究。

　　众多学者将农户对灌溉水费的承受力分为经济承受力和心理承受力进行研究，并对承受力的内涵进行不同界定。农户承受力的影响因素比较复杂，主要可以从经济因素和心理因素两个方面进行分析，经济因素包括增产效用与生产资料等；心理因素体现在供水服务缺乏保障、用水计量缺乏手段、用水权利和缴费责任边界不清晰等的情况下，导致农户对缴纳水费产生抵触心理。[1] 经济承受力和心理承受力是农户客观能力与主观态度的关系，经济承受力是指农民客观上是否具有缴纳灌溉水费的能力，心理承受力是指农民主观上愿意接受的价格水平。[2] 经济承受能力和心理承受能力共同决定了农民对水价的实际承受能力，其中经济承受能力是基础，对心理承受能力产生决定性的影响。心理承受能力决定了农户对待农业水价的态度，水价合理与否、是否愿意缴纳是心理承受能力对水价做出的最终解释。[3] 本书借鉴上述研究思路，将农户灌溉水费承受力分为农户灌溉水费客

---

　　① 杜丽娟，柳长顺. 农民灌溉水费承受能力测算初步研究[J]. 水利水电技术，2011，42(6)：59-62+71.

　　② 陈丹. 南方季节性缺水灌区灌溉水价与农民承受能力研究[D]. 南京：河海大学，2007.

　　③ 卓汉文，王卫民，宋实，等. 农民对农业水价承受能力研究[J]. 中国农村水利水电，2005(11)：1-5.

观经济承受力和主观心理承受力。

在已有研究中，学者主要采用水费承受指数法，即从用水农户的角度，通过农业水费占农业总收益、净收益、年收入和生产成本等的比例衡量农户对水费的承受力。水利部在农业灌溉水费的研究中，从四个层面反映农业灌溉用水的水费承受力，认为当水费占农业生产成本的比例为 20%～30%、占农业产值的比例为 5%～15%、占农业净收入的比例为 10%～20%、占农户家庭总收入的比例为 5%～12%时，水费在农户的承受力之内。[①] 不同地区的实际灌溉水费不同，水费承受力的测算结果存在差异。张霞等认为在欠发达地区，农业水费占总产值 10%、占净收入 5%～10%、占生产成本 15%～20%为比较合适的水费承受力指标。[②] 高兰仲通过对镫口扬水灌区的实地调查分析发现，农业水费占净效益的 6.48%～10.38%是适宜的比重范围。[③] 马延亮依据新疆维吾尔自治区农业用水的现状、自然条件与经济条件的实际情况，制定的农户水费承受力标准为农业水费占农业物质生产成本的比例为 10%～15%、占产值的比例为 5%～10%、占净收益的比例为 10%～15%。[④]

在已有研究中，于法稳等[⑤]、年自力和王明远[⑥]通过对农户的直接询问获得其对灌溉水费愿意支付的价格以估算农户灌溉水费主观心理承受力。另外，帕提古丽和唐德善采用对比法衡量用水户对水价的主观心理承受能力，通过水费支出增长速度与居民年均收入增长速度的对比，来分析用水农户对水费的主观心理承受能力。[⑦] 基于农户灌溉水费主观心理承受能力的特性，众多学者通过不同的实证分析方法研究各影响因素对其的作用。例如，许朗和刘甜甜使用 Logit 二元离散选择模型，对影响农户灌溉水价心理承受力的因素进行研究，模型结果显示：农户的性别、年龄、受教育程度、

————————

① 国务院第一次全国水利普查领导小组办公室. 第一次全国水利普查台账建设技术规定[Z]. 2011.

② 张霞，胡亚伟，程献国. 黄河下游引黄灌区农民用水户水费承受能力分析[J]. 现代农业科技，2007(12)：170-171.

③ 高兰仲. 镫口扬水灌区农业用水水价承受能力分析[J]. 内蒙古水利，2012(3)：150-151.

④ 马延亮. 新疆农业用水户水价承受能力分析[J]. 农村经济与科技，2015，26(2)：84-86.

⑤ 于法稳，屈忠义，冯兆忠. 灌溉水价对农户行为的影响分析：以内蒙古河套灌区为例[J]. 中国农村观察，2005(1)：40-44+79.

⑥ 年自力，王明远. 新疆农业用水户水价承受能力分析[J]. 水利经济，2010，28(4)：42-44+77.

⑦ 帕提古丽，唐德善. 黑河中游地区成本水价与可承受水价研究[J]. 水利科技与经济，2008(4)：295-297.

家庭人均年收入、灌溉过程方便度及灌溉方式均对农户的心理承受力产生显著影响。① 唐宏等在对四川省绵阳市 207 户农户进行实地调研的基础上，对农户灌溉水费的支付意愿和承受能力及决策的主要影响因素进行研究发现，家庭经济收入、文化程度、户主年龄和现行水价差异等因素影响农户水价心理承受能力。② 陈永福和于法稳运用排序选择模型研究农户灌溉意愿水价的影响因素，且发现种植结构会影响农民灌溉意愿水价。③

　　由于灌溉用水的价格在不断完善，同时受外部环境等影响较大，导致学者在不同时期、地区的农户灌溉水费客观经济承受力、主观心理承受力以及实际灌溉水费间的研究结果不同。唐增从支付意愿和支付能力两个角度，得到农户灌溉水费的平均支付意愿低于实际平均水费即农户对水费的承受力不高；对水费在农业投入产出中的比例进行分析，发现水费实际上处于农户的支付能力之内。④ 胡珊等研究发现济源市灌区农户水费承受能力高于现行水费。⑤ 王西琴等通过研究得出陕西关中七大灌区水费具有一定上涨空间的结论。⑥ 杜丽永和张旭青以江苏省苏北灌区为例研究，发现农户对水费具有一定的支付意愿，但各灌区执行水费明显高于农户的心理承受能力，接近农户经济承受能力的上限，政府应提升农业水费。⑦ 胡林辉等在对江西省某灌区农户进行调查的基础上，发现目前灌区执行的终端水费低于农户水费承受力，水费有一定上涨空间。⑧ 但陈菁等⑨、程献国和王军涛⑩

　　① 许朗，刘甜甜．农民灌溉水价心理承受力的影响因素分析：基于山东省 243 户农户的问卷调查[J]．水利发展研究，2014，14（5）：7-10+56.
　　② 唐宏，杨中华，马历．农户灌溉水费支付意愿及影响因素研究：基于绵阳市 207 户农户的调查[J]．四川农业大学学报．2019，37（1）：134-142.
　　③ 陈永福，于法稳．农户意愿灌溉水价影响因素的实证分析：以内蒙古河套灌区为例[J]．中国农村观察，2006（4）：42-47+80.
　　④ 唐增．张掖市农户对灌溉水价承受力分析[J]．人民黄河．2010，32（7）：86-88.
　　⑤ 胡珊，吴泽宁，赵云．济源市农业水价分析及其调整策略[J]．节水灌溉，2012（2）：81-85.
　　⑥ 王西琴，王建浩，高佳，等．陕西关中地区农民对水价上涨承受能力研究[J]．中国物价，2016（8）：70-72+91.
　　⑦ 杜丽永，张旭青．农业水价综合改革与农户承受能力研究：以江苏省苏北灌区为例[J]．新疆农垦经济，2020（9）：9-17.
　　⑧ 胡林辉，朱作霖，钟新华，等．南方季节性缺水灌区农户水价承受力评估：基于江西省某灌区的调查[J]江西农业．2019（20）：100-102.
　　⑨ 陈菁，陈丹，褚琳琳，等．灌溉水价与农民承受能力研究进展[J]．水利水电科技进展，2008，28（6）：79-82.
　　⑩ 程献国，王军涛．保定市农业井灌区适宜节水技术分析[J]．现代农业科技，2010（13）：283-284.

认为，农户支付灌溉水费的负担较重，对水价的承受能力弱，不主张提高水价，所以农户对灌溉水费的承受力也应由当地的实际情况判断而不能以偏概全。

基于此，本书通过对内蒙古自治区河套灌区乌拉特前旗灌域的实地调研分析农户灌溉水费客观经济承受力和主观心理承受力。

二、调研数据描述

本书数据来源于 2018 年 7~9 月对河套灌区乌拉特前旗农户的实地调查，调研范围涉及 12 个村，共发放问卷 225 份，收回 214 份有效问卷。

(一) 被调研样本基本特征描述

被调研者受教育水平情况：初中及以下的被调研者占被调研样本总数的 89.72%，其中小学及以下的占 35.05%；中专及以上的 11.68%。

被调研者年龄分布情况：60 岁以上的被调研者占被调研样本总数的 16.36%，51~60 岁的占 28.97%，41~50 岁的占 36.92%，31~40 岁的占 14.02%，30 岁以下的仅占 3.74%。

被调研者从事农业生产累积年份情况：从事农业生产年份在 11~20 年的被调研者占被调研样本总数的 17.76%，21~30 年的占 32.24%，31~40 年的占 23.36%，41 年以上的占 17.76%。

在调研样本随机选取的条件下，总体上农户偏老龄化。同时，农户的受教育年限较低，使得从事农业生产累积年份较长。

(二) 被调研样本区域农业实际灌溉水费情况

由于灌区内种植结构、地埂高低、渠道条件均不同，而且村社间灌溉水分配、测量、管理方式和灌溉效果等也不尽相同，导致不同村社实际灌溉水费存在差异。调研的 12 个村社(分为六个研究单元)实际灌溉水费分别为 107 元/亩、100 元/亩、93 元/亩、80 元/亩、65 元/亩和 53 元/亩，包含的样本量分别为 24 个、74 个、29 个、42 个、19 个和 26 个，如表 3-14 所示。

表 3-14　研究单元划分及样本量分布

项目	研究单元					
	第一单元	第二单元	第三单元	第四单元	第五单元	第六单元
实际水费 (元/亩)	107	100	93	80	65	53
样本分布(个)	24	74	29	42	19	26

资料来源：根据调研资料整理。

(三)被调研样本种植结构

被调研样本主要耕种的农作物有葵花、玉米、葫芦、瓜类、番茄、小麦等，种植的比例如表 3-15 所示。

表 3-15　被调研样本各单元每户平均农作物面积占总面积的比值

单位：%

农作物	研究单元					
	第一单元	第二单元	第三单元	第四单元	第五单元	第六单元
葵花	49.75	62.33	69.48	77.37	52.63	43.67
葫芦	20.42	8.95	11.20	11.51	18.78	16.81
瓜类	8.23	4.58	1.49	1.80	8.18	11.29
番茄	4.27	3.95	2.21	1.38	2.58	10.45
玉米	17.33	19.41	15.62	7.80	17.83	17.13
小麦	0.00	0.60	0.00	0.00	0.00	0.65
其他	0.00	0.16	0.00	0.00	0.00	0.00

资料来源：笔者根据调研资料整理。

由表 3-15 可知，被调研农户种植经济作物较多，粮食作物少许。受自然条件、经济因素和传统习惯的影响，该区域葵花种植面积占比较大。第二单元、第三单元、第四单元和第五单元的葵花种植面积占总种植面积的比重高于50%。

(四)被调研样本灌溉现状满意度

被调研样本主要的灌溉方式为漫灌，只有第一单元部分耕地使用了滴灌，当前的灌溉方式未能满足农户的期望。由调查可知，农户期望灌溉方式包括漫灌、滴灌及混合使用，对黄河水漫灌的期望比例小于实际比例。不同的灌溉方式和条件会使农户对灌溉的满意程度有所变化，在被调研样本中，第一单元的灌溉满意度最高，第二单元的最低，其他单元均存在不太满意的方面，如表3-16所示。

表3-16 被调研样本灌溉方式满意度评价

单位：%

满意程度	研究单元					
	第一单元	第二单元	第三单元	第四单元	第五单元	第六单元
很满意	45.83	0.00	20.69	4.76	10.53	73.08
满意	12.50	0.00	41.38	54.76	73.68	26.92
一般	25.00	72.97	37.93	33.33	15.79	0.00
不满意	16.67	27.03	0.00	2.38	0.00	0.00
很不满意	0.00	0.00	0.00	4.76	0.00	0.00

资料来源：笔者根据调研资料整理。

被调研样本对灌溉渠系及当前灌溉方式的评价如表3-17所示。

表3-17 被调研样本对灌溉渠系及当前灌溉方式的评价

项目	研究单元					
	第一单元	第二单元	第三单元	第四单元	第五单元	第六单元
灌溉渠系	无	渠水闸体系不完善，斗渠闸门损坏严重，渠道年久失修，排水系统不完善	无	渠道太浅，排水系统不完善	斗渠闸门损坏严重，渠道年久，排水系统不完善	部分排水系统不完善
灌溉方式	无	浪费水资源，灌溉时间无法统一，村社之间难以协调灌溉量和时间	无	无	浪费水资源，灌溉时间无法统一	无滴灌设施

资料来源：笔者根据调研资料整理。

(五)被调研样本水费征收方式

被调研地以村社为单位成立农民用水者协会，负责调节村社之间的用水管理。农户农业用水的组织形式是农户集体经济组织，主要以旗县、镇、村的科层制形式对农业用水进行管理。目前灌区内只能在供水单位及其设定的主要灌溉渠道计量水量，从而算出水费，以渠道上的耕地面积将水费分配给各村社，各村社在不区分各农作物差异化需水量的条件下，按亩将水费总额平均分配给所有社员。在被调研农户中，均认为该征收方式是公平的，该现象存在"人情水价"，即农户认为村民间不需要准确计算，而且村民耕种的种类都会不断更换，跨期的用水量会达到平衡，即使有一定的差别也不计较。

三、农户灌溉水费客观经济承受力分析

农户灌溉水费客观经济承受力主要凸显农户在客观上缴纳灌溉水费的能力，即在其自身生产所得上体现的支付能力，要基于农户农业生产过程中的投入成本、收入对其进行分析。由实地调研得出农户的经济情况，如图 3-1 和图 3-2 所示。

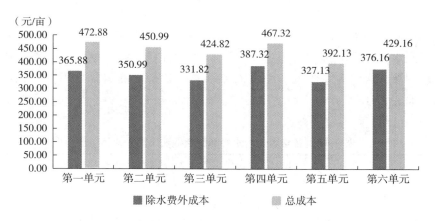

图 3-1　各单元农业生产除水费外成本及总成本

资料来源：笔者根据调研资料整理。

图 3-1 中，按实际灌溉水费划分的六个单元中除灌溉水费外的生产成本，第四单元的值最大，第五单元的值最小。考虑灌溉水费之后，总生产成本值最小的是第五单元，其次是第三单元；总生产成本值最大的是第一单元。由此可以看出，较低的灌溉水费未明显提高农业生产效率。

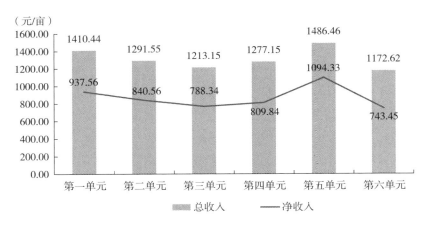

图3-2 各单元农业生产总收入及净收入

资料来源：笔者根据调研资料整理。

图3-2中，实际灌溉水费未与总收入和净收入呈现明显的相关关系。各单元的总收入中第五单元最大，第六单元最小；第五单元的净收入最大，为1094.33元/亩，第六单元净收入最小，为43.45元/亩。

本书依据被调研样本农业生产成本-收益，采用水费承受指数法估算农户灌溉水费客观经济承受力。在以往学者的研究中调研地区对水费承受指数法中灌溉水费占总收入、净收入和总成本各指标确定的合理范围各不相同，如表3-18所示。

表3-18 各学者运用水费承受指数法确定各比值范围

文献	研究范围	水费/总收入	水费/净收入	水费/总成本
《中国水利报》	中国	5%~15%	14%~20%	20%~30%
赵立娟等[1]	内蒙古自治区巴彦淖尔市临河区、呼和浩特市土默特左旗和托克托县	5%~15%	10%~20%	20%~30%
杜俊平和叶得明[2]	甘肃民勤县(干旱区)	—	10%~20%	—
马占宝和杨晶[3]	新疆维吾尔自治区玛纳斯河灌区	5.2%~6.67%	17.78%~23%	7.3%~9.4%
王密侠等[4]	陕西关中七大灌区	5%~15%	10%~20%	—
张霞等[5]	黄河下游引黄灌区	—	5%~10%	15%~20%

续表

文献	研究范围	水费/总收入	水费/净收入	水费/总成本
刘希胜等[6]	青海都兰县、贵德、大通回族土族自治县	—	10%~20%	5%~10%
高兰仲[7]	镫口扬水灌区	—	6.48%~10.38%	—
马延亮[8]	新疆维吾尔自治区	5%~10%	10%~15%	10%~15%
许朗和陈燕[9]	山东临沂市蒙阴县	5%~15%	10%~20%	15%~25%
卓汉文等[10]	河南人民胜利渠区	—	—	10%~20%

资料来源：①赵立娟，乔光华，韩树清. 农业用水与农户水费承受能力的实证分析：基于参与式灌溉管理模式的分析[J]. 价格理论与实践，2009(7)：37-38.

②杜俊平，叶得明. 干旱区农民农业灌溉水价承受能力及其影响因素研究：以甘肃省民勤县为例[J]. 贵州商学院学报，2018，31(4)：64-70.

③马占宝，杨晶. 新疆玛纳斯河灌区农业水价承受力调查[J]. 中国水利，2005(16)：22-24.

④王密侠，汪志农，尚虎军，等. 关中灌区农户生产投资与水费承受力研究[J]. 自然资源学报，2007(1)：114-120.

⑤张霞，程献国，胡亚伟. 黄河下游引黄灌区农民用水户终端水价分析[J]. 水利科技与经济，2007(11)：803-806.

⑥刘希胜，贾绍凤，李润杰，等. 青海省农民对灌溉水管理的认知与评价调查：以都兰、贵德、大通三县为例[J]. 首都师范大学学报(自然科学版)，2009，30(2)：62-67.

⑦高兰仲. 镫口扬水灌区农业用水水价承受能力分析[J]. 内蒙古水利，2012(3)：150-151.

⑧马延亮. 新疆农业用水户水价承受能力分析[J]. 农村经济与科技，2015，26(2)：84-86.

⑨许朗，陈燕. 农业水价综合改革现状、问题及对策：以安徽六安市农业水价综合改革试点为例[J]. 节水灌溉，2016(5)：89-90，96.

⑩卓汉文，王卫民，宋实，等. 农民对农业水价承受能力研究[J]. 中国农村水利水电，2005(11)：1-5.

　　有学者基于内蒙古自治区巴彦淖尔市临河区、呼和浩特市土默特左旗和托克托县进行农户水费承受力的实证分析，依据水费承受指数法将5%~15%、10%~20%及20%~30%分别作为水费占总收入、净收入和总成本的合理范围，分析农户灌溉水费承受力。以往的学者不仅通过水费承受指数法确定的范围或指标说明农户是否可承受实际灌溉水费，还有学者依据研究地的实际情况通过确定水费承受指数法内的各比值反向测算农户灌溉水费客观经济承受力。①

——————————

①　杜杰. 开都河上游灌区农业水价改革与农民承受能力分析[J]. 水利发展研究，2009，9(3)：33-34，42.

在行为经济学损失厌恶的价值表现下，"失去"与"获得"相比，人们对"失去"更加敏感，即人们面对同样数量的收益和损失时，感到损失会令他们产生更大的情绪。同样的损失带来的负效应为同样收益正效应的 2.5倍。① 在其影响下使农户更多的是关注水费是否上涨了，很少会考虑其家庭实际收入也是在增长的。因为对生产成本增长率的敏感度高于收入增长率的敏感度，所以即使农业收入增长率高于农业灌溉水费的增长率，也无法使正效应的"喜悦、获得"感弥补负效应的"伤害、失去"感。因此，会形成一种规避损失的心理。此外，也有学者认为衡量农民农业灌溉水价经济承受能力以灌溉水费支出占农业净收益的比重比较合理。②

综合上述分析，本书把灌溉水费占总成本 20%～30%作为估算农户灌溉水费客观经济承受力合理范围的指标，推算在该范围下各单元被调研样本农户灌溉水费客观经济承受力。基于此得到各单元农户灌溉水费客观经济承受力范围，如表 3-19 所示。

表 3-19　灌溉水费占总成本 20%~30%的灌溉水费客观经济承受力范围

水费占比（%）	研究单元（元/亩）					
	第一单元	第二单元	第三单元	第四单元	第五单元	第六单元
20	94.58	90.20	84.96	93.46	78.43	85.83
30	141.86	135.30	127.44	140.19	117.64	128.75

资料来源：笔者根据调研资料整理。

表 3-19 将各单元灌溉水费占总成本 30%时作为农户灌溉水费客观经济承受力的上限，由于总成本之间的差异导致其灌溉水费客观经济承受力间也存在差异。其中，第一单元在各单元农户最高水费条件下，所得农户灌溉水费客观经济承受力最大；而第四单元实际灌溉水费虽处于较低水平，但其农户灌溉水费客观经济承受力仅与第一单元相差 1.67 元/亩；第六单元实际灌溉水费处于各单元的最低水平，而其农户灌溉水费客观经济承受力仅高于第三单元和第五单元；第三单元实际灌溉水费处于偏高水平，农户灌溉

---

① 金雪军，杨晓兰. 行为经济学[M]. 北京：首都经济贸易大学出版社，2009.
② 杜俊平，叶得明. 干旱区农民农业灌溉水价承受能力及其影响因素研究：以甘肃省民勤县为例[J]. 贵州商学院学报，2018，31(4)：64-70.

水费客观经济承受力却处于偏低水平，仅高于第五单元。综上，农户灌溉水费客观经济承受力与其实际灌溉水费无显著的相关关系，故无法单一地以提高实际灌溉水费的方法达到提升农户灌溉水费客观经济承受力的目的。

四、农户灌溉水费主观心理承受力分析

(一)农户灌溉水费主观心理承受力分布及范围

基于以往学者通过实地调研对农户直接询问获得其对灌溉水费愿意支付的水平作为农户灌溉水费主观心理承受力，[1] 本书把通过调研所得农户期望水费作为其灌溉水费主观心理承受力。依据河套灌区按亩收取灌溉水费的特点，问卷中以 31~40 元/亩、41~50 元/亩…91~100 元/亩以及 101 元/亩以上的各灌溉水费范围供农户选择，每个选项以 10 元/亩为间距。把农户所选期望水费范围的中位数作为其灌溉水费主观心理承受力，由各单元期望水费加权平均值得出各单元农户实际灌溉水费主观心理承受力的范围，如表 3-20 所示。

表 3-20　各单元被调研样本农户灌溉水费主观心理承受力上限

单位：元/亩

单元					
第一单元	第二单元	第三单元	第四单元	第五单元	第六单元
66.25	63.11	61.21	58.81	55.00	55.00

资料来源：笔者根据调研资料整理。

由表 3-20 可知，总体上农户灌溉水费主观心理承受力较低，不同实际灌溉水费下，农户灌溉水费主观心理承受力也不同，各单元之间差距较小。第五单元和第六单元在低水平灌溉水费条件下，灌溉水费主观心理承受力相同。调研中发现，农户在确定其对灌溉水费的心理承受力时，不仅受农业生产效益、历史经验、预期等的影响，也受其他区域实际灌溉水费的影响。

---

[1] 于法稳，屈忠义，冯兆忠. 灌溉水价对农户行为的影响分析：以内蒙古河套灌区为例[J]. 中国农村观察，2005(1)：40-44+79.

(二)农户灌溉水费主观心理承受力影响因素的实证分析

基于调研样本特征,本书采用多元有序 Logistic 模型将农户灌溉水费心理承受力作为被解释变量,受教育水平、年龄、耕种累积年份、耕种面积、每亩平均成本、人均每亩净收益、实际灌溉水费、灌溉条件满意度等作为解释变量进行实证分析,研究各因素对农户灌溉水费主观心理承受力的影响。

在实证分析之前,需利用 SPSS 26.0 检验调研数据是否可以利用多元有序 Logistic 模型,如表 3-21 所示,平行性检验的显著性为 0.775 明显大于 0.05,说明可以使用多元有序 Logistic 模型实证分析农户灌溉水费主观心理承受力的影响因素。模型拟合的似然比卡方检验的结果显示 $\chi^2 = 85.605$,$P = 0.000$,拟合优度中偏差检验,$P > 0.05$,综合说明模型有统计学意义。

表 3-21　检验结果

项目	-2 对数似然	偏差	平行性检验
卡方	85.605	496.738	49.315
显著性	0.000	1.000	0.775

资料来源:笔者根据调研资料整理。

通过检验后,运用 Stata 15.0 对 214 个实地调查样本数据进行多元有序 Logistic 模型处理,结果如表 3-22 所示。在回归过程中,首先将所有可能会对农户灌溉水费主观心理承受力产生影响的自变量引入模型进行显著性检验(模型一)。再对模型一的结果进行逐步回归,重新拟合回归结果(模型二)。其 LR chi2(5)为 56.27,Prob>chi2 接近于 0,表明模型模拟效果良好,估计结果整体显著,可拒绝回归系数均为 0 的假设。

表 3-22　多元有序 Logistic 模型估计结果

变量名称	模型一		模型二	
	Coef.	Odds Ratio	Coef.	Odds Ratio
受教育水平	0.2804	1.3236		
年龄(年)	-0.0108	0.9893		
耕种累积年份(年)	-0.0186	0.9815	-0.0311 ***	0.9694 ***

续表

变量名称	模型一		模型二	
	Coef.	Odds Ratio	Coef.	Odds Ratio
耕种面积(亩)	−0.0008	0.9992		
平均生产成本(元/亩)	−0.0042 ***	0.9958 ***	−0.0041 ***	0.9959 ***
每户人均净收入(元/亩)自然对数	−0.0020	0.9980	−0.0021 *	0.9980 *
实际灌溉水费(元/亩)	0.0525 ***	1.0539 ***	0.0501 ***	1.0514 ***
灌溉次数	−0.1309	0.8773		
灌溉条件满意度	−0.6843	0.5044		
是否能正常灌溉	0.2804 *	1.3236 *	−0.7435 **	0.4754 **
/cut1	−4.20562	−4.20562	−4.425193	−4.425193
/cut2	−1.999012	−1.999012	−2.201018	−2.201018
/cut3	0.4645516	0.4645516	0.2544382	0.2544382
/cut4	1.909806	1.909806	1.680286	1.680286
Log likelihood	−261.82862	−261.82862	−263.03741	−263.03741
LR chi2(9)/LR chi2(5)	58.69	58.69	56.27	56.27
Prob > chi2	0.000	0.0000	0.0000	0.0000
Pseudo R2	0.1008	0.1008	0.0966	0.0966

注：* 表示在10%水平下显著；** 表示在5%水平下显著；*** 表示在1%水平下显著。
资料来源：笔者根据调研资料整理。

　　由模型估计结果可知：①农户灌溉水费主观心理承受力与其受教育水平呈正相关关系但不显著，因为一般而言农户有较高受教育水平，有利于对水资源价值和农业灌溉水价政策形成正确认知，有助于提升使用机械和劳作的技能，增强对水费的适应性，增加农业生产的收益。这表明在农户经济可承受的范围之内，受教育水平高的农户会更有缴纳水费的意愿和积极性。然而在调研样本中农户受教育水平主要集中在较低水平，仅有较少数农户的受教育水平较高，使较高受教育水平对农户灌溉水费主观心理承受力的正向促进作用不能充分凸显。②农户灌溉水费主观心理承受力与其年龄及耕种累积年份呈负相关关系且在1%的显著水平下，耕种累积年份每增加一年时，农户灌溉水费主观心理承受力变为上一年的96.94%。呈现如此关系一是因为农户灌溉水费主观心理承受力会受历史、预期等的影响，长期低价灌溉水费使农户对低水价形成了较为稳定的预期，当水费提高后心理抵触情绪明显。从事农业生产年份越长的农户，与之前较低灌溉水费甚至无偿用水的对比越明显，对灌溉水费上涨的厌恶情绪越强烈，灌溉水费主观心理承受力越低，使农户灌溉水费主观心理承受力与其耕种累积年份呈显著的负相关关系。二是因为农户受教育水平不同或其成长环境不同等多种因素导致其开始从事农业生产的年龄不同，使相同年龄的农户开始从事农业的年龄存在差异，进而导致年龄与农户灌溉水费主观心理承受力的关系不显著。耕种年份可以充分反映农户从事农业生产的时间，无论其是否为"经济人"，农户均具有"干中学"倾向，在逐年实践中积累经验、优化耕种方式及种类等，使其对灌溉水费心理承受力相对稳定，两者也有较稳定的相关关系。③农户灌溉水费主观心理承受力与耕种面积的关系不显著，一方面，按亩计征灌溉水费的情形下，耕种亩数越多的农户所需缴纳实际灌溉水费越多，一次性缴纳大额灌溉水费会对农户产生一定程度的资金负担，使其对实际灌溉水费更加敏感，厌恶情绪更加激烈。另一方面，耕种面积越多的农户总收入越多，其经济承受力越高，对灌溉水费的承受力也越高。但是基于上述两方面，农户心理上对此赋予的权重难以判断且不稳定，使两者的关系不显著。④农户灌溉水费主观心理承受力与每亩平均生产成本在1%的水平上呈显著负相关关系，且 Odds Ratio 值为0.9959，说明生产成本增加1单位时，农户灌溉水费心理承受力会成为原来的99.59%。其原因在于：当生产成本越高，种植收益越小；水费在收益中的占比就越大，导致农户支付灌溉水费的抵触心理越强烈，灌溉水费主观心理承受力越低。⑤农户灌溉水费主观心理承受力与每户人均净收入自然对数呈显著的负相关关系，是因为农户人均净收入的增加很大程度上取决于政府财政转移支付与补贴增加和税费减免等，这种情况与农业水费征收形成鲜明对比。此外，自然环境和市场因素等生产环境的不确定性导致农业生产收入不具稳定性，使农户即使人均净收入增加也不愿意负担更多的灌溉水费和其他生产成本。⑥农户灌溉水费主观心理承受力与实际灌溉水费在1%水平下显著正相关，即在农户可承受范围之内，实际灌溉水费每增加1单位时，主观心理承受力相应变化为1.0514倍。其原因在于消费者预期的灌溉水费主观心理承受力会以过去支付水费为参照点，使农户灌溉水费主观心理承受力在过去实际灌溉水费的基础上形成灌溉水费心理承受力，农户过去缴纳的水费较多，其对水费的主观心理承受力也会较高。⑦农户灌溉水费主观心理承受力与灌溉次数之间的相关关系不显著，是因为灌溉次数虽可以在一定程度上反映出农户的种植结构和用水便利性。但是在调研地农户的灌溉水费是按亩征收，未能明确农户每次灌溉的用水量及进行该次灌溉的农户数量，导致农户灌溉水费主观心理承受力与灌溉次数的关系难以显现。⑧农户灌溉水费主观心理承受力与灌溉条件满意度未呈现出显著的相关关系，是因为不同村社灌溉设施存在的问题不同，使农户对灌溉条件判断的标准也不同，最终导致农户对灌溉条件满意度的标准不同。使农户对灌溉条件的满意度与灌溉水费心理承受力不能显著相关。⑨农户灌溉水费主观心理承受力与是否能正常灌溉呈负相关关系，是因为农户不能正常灌溉，表明灌溉条件尚未达到农户预期，更容易降低农户对灌溉水费的心理承受力。

五、基于农户灌溉水费客观经济和主观心理与农户灌溉水费的对比分析

农户实际灌溉水费的合理性不仅要依赖政府及供水单位相关政策的制定，还要依据农户的承受力。通过实地调研及对调研数据的分析，获得农户灌溉水费客观经济承受力和主观心理承受力与实际灌溉水费的比较，说明三者间的关系，如图3-3所示。

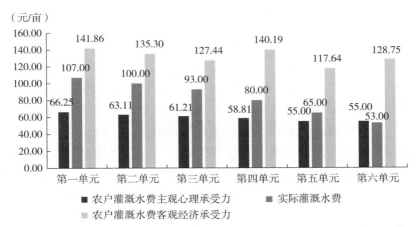

图3-3　农户灌溉水费客观经济承受力与主观心理承受力以及实际灌溉水费
资料来源：笔者根据调研资料整理。

由图3-3可得：第一，比较各单元实际灌溉水费与农户灌溉水费客观经济承受力可以发现，农户灌溉水费客观经济承受力均高于实际灌溉水费，说明农户在经济水平上完全可以承受实际灌溉水费，且实际灌溉水费有较大的上升空间。例如，在第六单元，以农户灌溉水费客观经济承受力为基准，可将水费提高为原灌溉水费2.43倍。两者间最小差值为第三单元中的34.44元/亩。第二，比较实际灌溉水费与农户主观心理承受力可以发现，随着实际灌溉水费的增加，农户灌溉水费主观心理承受力有小幅度提升，且只有第六单元的实际灌溉水费在期望水费范围内。第六单元实际灌溉水费是各单元中的最小值，当该单元农户以其他单元农户灌溉水费作为参照点时，综合经济因素等使其基于参考点与历史经验对该灌溉水费在主观心理上是可承受的。其他单元农户灌溉水费均高于农户灌溉水费主观心理承受力，当其他单元农户以第六单元农户灌溉水费为参照点时，综合经济因素等使其基于参考点对其灌溉水费在主观心理上是不可承受的。第三，农户灌溉水费主观心理承受力均小于其客观经济承受力。由此可以反映出，农户对其经济承受力的认识不足，且主观上存在，水费越低越好的倾向。农户作为灌溉水费的承受主体，灌溉水费的制定不仅要依据其客观经济承受力，还要考虑其主观心理承受力，要在两者的综合条件下实施农业水价改革。

六、结论及启示

（一）结论

通过以上分析可以得出以下结论：①农户实际灌溉水费介于农户灌溉水费客观经济承受力和主观心理承受力。灌溉水费的变动要依据两者共同决定。②农户灌溉水费主观心理承受力与客观经济承受力差距较大，一方面是由于农户对灌溉水资源欠缺正确认知；另一方面是由于农户对其经济承受力的认识不足。③通过提升农户受教育水平、适当提高实际灌溉水费、降低生产成本及保证农户正常灌溉可以改善农户灌溉水费主观心理承受力。

（二）启示

第一，农户受教育水平难以在短期内改变，可通过开展针对性的培训，邀请专业人员讲解、解答，提高农户对农业灌溉和农业水价及其相关政策的认知度。注重在农户中讲授灌溉知识，引导其积极采取节水灌溉技术。

第二，基于灌溉农户对客观经济承受力以及灌溉水资源商品性缺乏全面的认识，需通过灌溉水费的调节增强其节约用水的积极性及动机，可实施"一提一补"的水价政策，将亩均实际用水量作为平均用水量，超过该用水量的农户受罚，低于该用水量的获奖。提价多收的资金和财政补贴的资金按耕地面积平均发放。提价后用水越多的农户交的水费越多，反之则越少，以达到"节奖超罚"的目的。[①]

第三，目前对灌溉水价的"暗补"达到的预期效果有限，可将对灌溉水价的"暗补"转变为"明补"，使农户对水资源实际价值有更准确的认识。

第四，所有政策实施的基础条件是完善的灌溉设施，只有完善的灌溉设施才可使农户有更加满意的态度，才能有节约用水的现实条件，才能在国家补贴的条件下，通过提高灌溉效率减少用水量进而降低实际灌溉水费。结合被调研地区灌溉方面存在的主要问题，应着力解决：①积极发展节水灌溉。节水灌溉可以提高灌溉保证率，有效促进农户增产增收。被调研灌区因地制宜发展喷灌、微灌和管道输水灌溉等节水灌溉方式。②重视灌溉渠道衬砌和维护。被调研地区存在灌溉渠系欠缺维护现象，导致灌溉水利用系数较低。因此灌区应提高渠道衬砌覆盖率并定期检查渠系，积极修缮渠系。③发挥农民用水者协会的作用，协调村社之间的用水顺序，明确用水时间且有灵活的备选方案，使农户不会有灌溉时间不合适、浇水量不足等困扰，提升灌溉满意度。

第五，农业水费承受能力是农户支付能力和支付意愿的统一，并非一个简单的水费支出占农业收入的比重问题，更重要的是一个心理承受能力问题。农户的心理承受能力受多种因素影响，如棘轮效应，即以前缴纳水费的水平；示范效应，即周围人缴纳水费的绝对水平；家庭总收入、国家涉农政策等。如果农户的支付能力和支付意愿的缺口太大，政府为了可以利用农业水价补贴协调两者的关系。[②]

---

① 刘静，陆秋臻，罗良国．"一提一补"水价改革节水效果研究[J]．农业技术经济，2018(4)：126-135.

② 王建平，姜文来，刘洋，等．农民用水户农业水价承受能力研究[J]．中国农业资源与区划，2012(4)：40-44.

第四章

我国传统农业水价补贴政策激励相容性评析

在对国外农业水价补贴的主要方式进行梳理的基础上，说明农业水价补贴是世界各国通用做法。介绍我国传统农业水价"暗补"的具体模式，阐释其激励相容缺陷；对传统农业水价补贴与农业用水效率的关系进行实证分析，对传统农业水价补贴政策的运行进行研判评析，为激励相容农业水价补贴政策的构建提供依据和参考。

第一节 国外农业水价补贴政策概览

农业灌溉供水涉及多个利益相关者，根据受益原则，农业灌溉供水最直接的使用者和受益者是用水农户，所以用水农户理应承担农业水价。

农业生产具有基础性和战略性特征，且属于弱质产业，农业灌溉供水可以改善气候、维护生态、补充地下水等，因此政府作为公共利益的代表也应承担部分农业水价。另外，由于农户水价承受能力有限，既要不增加农户用水负担又要进行农业用水全成本核算，需要政府参与农业水价分担。

农业水价政府补贴是世界各国通用做法，本书根据高媛媛等[1]、王冠军等[2]、邱书钦[3]的研究成果，对国外农业水价补贴情况进行了总结。

---

① 高媛媛，姜文来，殷小琳. 典型国家农业水价分担及对我国的启示[J]. 水利经济，2012，30(1)：5-10+71.
② 王冠军，柳长顺，王健宇. 农业水价综合改革面临的形势和国内外经验借鉴[J]. 中国水利，2015(18)：14-17.
③ 邱书钦. 我国农业水价分担模式比较及选择：兼析国际农业水价分担模式经验借鉴[J]. 价格理论与实践，2016(12)：52-55.

一、美国的农业水价分担及补贴政策

（1）农业水价分担及补贴的法律依据。1902 年颁布的《垦务法》和 1982 年、1992 年的《农垦改革法》。

（2）农业水价制定原则。不以营利为目的，但要偿还部分工程投资及部分工程维护管理、更新改造所需开支。

（3）农业用水成本构成。水利工程的投资费用、水利工程最低运行维护费用、输水工程可变费用，农业水价中不包括投资利息。

（4）政府的农业水价补贴。政府提供政策倾斜及工程建设的一部分成本。农民通过无利息偿还水利工程建设成本，依据农民的经济水平、偿还能力和特定情况减少偿还义务等方式获得农业用水补贴。

二、日本的农业水价分担及补贴政策

（1）农业水价分担及补贴的法律依据。1949 年颁布的《土地改良法》。

（2）农业水价制定原则。收回水利工程的成本支出。

（3）农业水价成本构成。投资成本的回收、运营维修成本、水利设施的管理成本。

（4）政府的农业水价补贴。体现政府在对水利设施的投资方面，规定中央政府投资和都、道、府、县投资在水利工程投资中的比例。

三、法国的农业水价分担及补贴政策

（1）农业水价分担及补贴的法律依据。2006 年颁布实施的《法国水法》。

（2）农业水价制定原则。通过改革水价和融资政策，实现农业用水成本的全回收。

（3）农业水价成本构成及定价模式。偿还贷款及利息成本、运行管理及维修费、设备更新改造费、水资源费和污染费等。灌溉用水采用"全成本+用户承受能力"模式定价。

（4）政府对农业水价的补贴。法国对农业用水的补贴较少，政府为农业灌溉领域的水利设施提供适当补贴，法国创办家庭扶持基金对水价进行补贴和分担，该基金为贫困的个人和家庭提供救济。

四、澳大利亚的农业水价分担及补贴政策

（1）农业水价分担及补贴的法律依据。1994年各州签署的关于水改革的协议和2004年《国家水法案》。

（2）农业水价制定原则。供水工程及农村蓄水工程遵循定价透明、用水户自付的原则核定水价，实现水的规划和管理成本的回收等。

（3）农业水价成本构成及征收模式。依据全成本核算原则核算水价，主要包括运行资产成本、管理费、财务费用、投资回报、税收和资产的机会成本等，不计利润。采取两部制水价政策，基本水费加计量水费的水价政策，收取的水费收入主要用于运行开支和工程维护。

（4）政府对农业水价的补贴。政府投资兴建斗渠以上的灌溉工程，并对渠系输水工程运行维护费进行补贴，农民可向政府专门机构申请节水灌溉工程兴建优惠贷款。政府鼓励农业用水技术和用水设备更新，以提高农业投资节水灌溉设备的能力。

五、以色列的农业水价分担及补贴政策

（1）农业水价分担及补贴的法律依据。1959年颁布实施了《水法》。

（2）农业水价制定原则。收回供水运行维护费用，平等原则和促进水资源高效利用原则。

（3）农业水价征收方式。农户负担灌溉用水供水系统的运行维护费用。农业水价实行配水定额管理，若用水量低于定额额度，水价就比较低；若用水量超过定额额度，超过部分价格就高，用水越多价格越高。农业用水价格因季节的不同而不同。

（4）政府对农业水价的补贴。建立补偿基金，缩小不同地区间水费的差别；对配额以内的水费，使用较低的费率；国家供水工程投资全部由政府分担，政府负担少量供水系统的运行维护费用；农场内部节水灌溉设施由农场主建设，经费困难时，可向政府申请补助或政府担保低息贷款；政府给国有水管组织补贴。

六、印度的农业水价分担及补贴政策

（1）农业水价分担及补贴的法律依据。印度颁布的《国家水政策》。

（2）农业水价制定原则。回收水利设施的运营和维修成本，以及一定比例的工程投资成本。

（3）农业水价成本构成及征收模式。印度的农业用水成本主要由水利设施的运营维修成本和部分投资成本构成。印度法律规定水费占农民净收入的比重一般控制在5%~12%，最高不超过50%。印度由于农业用水计量设施不完善，农业水费以作物面积及作物种类为基础进行征收。

（4）政府对农业水价的补贴。对灌溉水利工程的投资；对大型工程运营和维修成本的补贴；给自己抽水的农户政府对柴油、灌溉用电等进行补贴；鼓励银行以低利息向水利工程提供贷款。

第二节　我国传统农业水价补贴政策激励相容缺陷

一、我国传统农业水价补贴的主要方式

农业水价补贴方式与农业水价分担客体有密切关系，农业水价分担的客体理论上为农业供水全成本，主要包括工程成本、资源成本和环境成本。2003年颁布的《水利工程供水价格管理办法》规定，农业用水价格按补偿供水生产成本和费用的原则核定，不包括利润和税金，所以目前我国农业供水成本主要包括资源成本和工程成本。当前我国终端水价制度逐渐在全国范围推进，农业终端水价由国有供水水价和末级渠系水价组成。

结合农业水价构成的实际，农业水价补贴的模式可以进行如下分类：按照补贴方式对受体的明晰程度可以将农业水价补贴分为暗补与明补；按照收费额度与补贴额度之间的关系，可以将农业水价补贴分为全额补贴与部分补贴。暗补是指财政直接补贴灌区水管组织，明补是指财政直接补贴用水农户。我国传统农业水价补贴主要是财政全额补贴及财政部分补贴的暗补模式。

(一)财政全额补贴

财政全额补贴是指政府是农业水费的唯一承担主体，承担全部农业水价成本农业水费，用水农户免费用水。新中国成立之后的较长时间内（1949～1965年），我国没有农业水价政策，农业灌溉用水处于无偿用水阶段，这段时期基本上就属于农业水价财政全额补贴阶段。1965年，国务院批准颁发了水利电力部制定的《水利工程水费征收、使用和管理试行办法》，该办法是我国农业水费改革的起点，尽管其没有在全国范围内实施。此后我国开始了长达数十年的农业水费核定的历程。[1] 目前在一些财政状况较好的地区，实行农业水费免除政策，由政府财政将农业水费直接补贴给灌区。

农业水价财政全额补贴的优点：有助于减轻农户农业生产成本，有效解决灌区水管组织水费收缴困难、费用难以保障的局面，能够通过财政资金全额支撑维系灌区水管组织的正常运行。该补贴方式的局限：农户节水意识淡薄，水资源经济价值难以通过市场机制反映，不利于水资源优化合理配置；同时在该种制度下灌区水管组织的收益来自政府补贴，导致其自身强化用水管理的动机不强。

财政全额补贴农业水费的选用应该在农民自觉节水意识强、水资源管理体系健全和地方财政充足的地区进行实践。

(二)财政直接补贴灌区水管组织——暗补

财政直接补贴灌区水管组织的农业水价补贴模式被称为农业水价的暗补模式，该补贴模式是我国较为普遍的农业水价分担模式。该种模式下财政补贴的范围包括国有工程水价、工程折旧和设备更新改造部分。

财政直接补贴灌区水管组织的补贴模式可以分为三种情况：①财政负担基本水价+农户负担计量水价。该模式适用于实行两部制水价的灌区。《水利工程供水价格管理办法》规定，水利工程供水应该逐步实行两部制水价，即逐步实行基本水价和计量水价相结合的水价制度。采取两部制水价的灌区，由财政负担基本水价以保障灌区基本收入，减轻农户负担；由农户负担计量水价，促进节水。其中基本水价应补偿哪些费用、计量水价主

---

① 胡继连，崔海峰. 我国农业水价改革的历史进程与限制因素[J]. 山东农业大学学报（社会科学版），2017，19(4)：22-29.

要补偿哪些费用，其比例划分原则可根据各地自身实际进行确定。②财政负担全部国有工程水价+农户分担末级渠系水价。该模式的出发点是通过财政资金保障国有供水工程的健康运行，减轻农户用水负担。考虑到我国农业灌溉用水执行水价普遍低于成本水价，且实际水费收入低于应收水费收入的现状，财政资金分担国有工程水费可以通过以下方式实施：一是按照当前水费实际收入直接补贴灌区水管组织。二是按照当前执行的国有工程水价和供水量直补灌区水管组织。三是按照权威部门核定的国有工程供水成本和供水量直接补贴灌区水管组织。上述方式中，第一种和第二种方式都无法保障灌区国有工程供水成本得到全额补偿，第三种方式会保障全区国有工程运行成本得到全额补偿，水管组织的收入也会得到有效增加，灌区运行状况也将得到改善。③财政分担折旧费和工程更新改造费等部分国有工程水价+农户承担剩余国有工程水费和末级渠系水价。

财政直接补贴灌区水管组织的补贴方式，即农业水价暗补形式，有助于保障灌区水管组织的良性运行，有助于降低农户承担的水费价格，有助于减轻农户用水负担。但是在这种机制下，农户承担的水价较低，容易造成水资源的浪费，不利于激励农业节水。

二、我国传统农业水价补贴激励相容缺陷的表现

激励不相容与激励相容相对应，其焦点在于目标的不一致性。在利益相关者的利益存在不一致的情况下，机制设计中所包含的激励合同如果不能完全发挥效用，甚至产生相反效果，这种情况就是激励相容性低甚至激励不相容。根据前文的分析，农业水价精准补贴中的主要利益相关者包括政府、灌区水管组织和农户。我国传统农业水价补贴机制激励不相容的表现如下：

(一) 政府追求水资源高效利用与农户节水意识塑造之间激励不相容

政府作为公共利益的代表者，在水资源开发利用中追求的重要目标是保障水资源的可持续利用，提高用水效率。我国农业用水在各类用水类型中占比最大，在农业水资源开发利用中，政府追求的重要目标之一就是提升农业用水效率。我国传统的农业水价补贴实行的是农业水价暗补政策，虽然一定程度上有助于降低农户水费负担，但这种补贴方式导致农户承担

的水费负担很低，与受补主体的行为规律不适应，甚至与受补主体的行为规律相悖，对农户的节水行为形成反向激励，导致农户节水意识淡薄，对节约用水的杠杆作用发挥不明显，农业水资源浪费严重。农业水价暗补导致用水多补贴多，用水少补贴少，挫伤了节水积极性，其实质是鼓励浪费，最终形成"灌溉水费低—灌溉用水浪费严重—水资源短缺"的恶性循环。

(二)政府考虑农户用水负担与灌区水利设施正常运行维护激励不相容

灌区水管组织或灌区供水组织是灌区水利设施运行维护的主要主体，向农户收取的水费是灌区水利设施运行维护经费的主要来源。农业水价形成是否合理的重要标准之一就是水费收入加国家适当补贴能否维护农田水利健康运行。长期以来，我国多数地区考虑到农户的经济承受能力，以低水价的方式配置农业水资源，采取农业水价暗补方式。农业水价暗补的设计初衷是通过财政补贴保障灌区水管组织的良性运行，但在农业水价暗补政策执行过程中时常会出现政府补贴难以足额到位、相关费用得不到公共财政应有补偿的情况。20世纪80年代我国进行了水管组织企业化和市场化改革，考虑到农业灌溉用水的公益性和农户经济负担等实际情况，国家在综合考虑各种因素下对农业灌溉用水实行政府行政指导价，远低于水管组织供水服务的市场价格。① 根据王冠军等的研究成果来看，目前，全国农业供水成本 0.2589 元/立方米，农业水价 0.0919 元/立方米，农业水价约占供水成本的 35%，约占运行维护成本的 50%，运行维护费用（不计折旧）缺口约 340 亿元。② 农业水价低于供水成本导致灌区水管组织入不敷出，农田水利设施得不到有效维护，灌区供水单位无法也无积极性去提供优质农田灌溉供水服务，水资源使用效率难以得到有效提升。全国已建大型灌区骨干建筑物的劳损率达 70% 以上、工程配套率不足 70%、完好率不足 40%，全国 85% 的斗渠和 95% 的农渠为土渠。农田水利设施运行维护得不到有效保障将直接影响粮食安全。以内蒙古自治区河套灌区为例，河套灌区的主要收入来源为农业水费，长期执行水价标准为 1998 年自治

① 毛绵逵，徐科. 农业水费征收中的政府、市场、社会三重失灵困境[J]. 水利经济，2013，31(1)：22-24+42.
② 王冠军，柳长顺，王健宇. 农业水价综合改革面临的形势和国内外经验借鉴[J]. 中国水利，2015(18)：14-17.

区批复的 53 厘/立方米·斗口，2014 年自治区人民政府批复河套灌区水价为 103 厘/立方米·斗口，据内蒙古自治区发展改革委的初步成本监审结果，河套灌区国管农业水价成本已达 127 厘/立方米·斗口，灌区长期处于低于成本运行的亏损状态。依据水利部、财政部《水利工程管理单位定岗标准（试点）》（水办〔2004〕307 号）规定测算，河套灌区公益性水利工程年需维修养护经费 2000 万元，但由于巴彦淖尔市财力有限，维修养护经费难以落实。

（三）用水者对农业水价补贴程序的诉求与暗补不规范运行激励不相容

农业水价补贴政策属于典型的政府公共政策，要求公平、公正、公开。长期以来，由于我国农业用水计量管理不完善，特别是末级渠系的配套和计量设施落后，农业用水终端计量无法有效实施，通过行政手段实行按亩征收水费的方式在很多地区仍然非常普遍，农户用了多少水自己心里也不清楚，导致农户在农业水费征收方面存在较大抵触情绪。若计量设施完善，且实行按方征收水价的方式，农户用多少水清清楚楚，这样就容易实施关于农业用水的相关管理政策。农业用水计量设施落后，加之传统的农业水价暗补政策补贴隐含在水价中，水价补贴的额度对用水者来说不透明，补贴程序也不规范，补贴多少，如何发放补贴没有明确的规定。[①] 这样就导致农户对农业水价公平、公正、公开补贴与传统农业水价补贴政策不规范、不透明之间存在矛盾。

传统农业水价补贴政策的激励相容性较差，政府追求在农户水费负担基本稳定前提下的农业水资源高效利用目标和农户在农业用水低价政策下的低效用水行为之间存在矛盾，即政府长期保障用水安全战略目标与农民短期图利行为之间错位，造成财政资源和水资源的双重效率损失。

"成本水价+用户承受能力+政府适量补贴"模式是世界多数国家农业水价政策的基本框架。根据资源价格改革的方向与思路，完善农业水价价格形成机制，逐步提高农业灌溉用水的供水价格，合理补偿灌溉供水成本费用，并对农户农业灌溉用水实施节水补贴是农业水价改革的大趋势。

---

① 刘鹏. 以"三要水"为指导全面建设节水型社会[C]//北京市水务局. 北京水资源可持续利用国际研讨会论文集. 北京：中国水利水电出版社，2007.

第三节 传统农业水价补贴与农业灌溉用水全要素生产率关系的实证分析

有关我国农业用水效率和传统农业水价补贴政策的激励相容性，本书用超效率SBM模型对中国14个省份2003~2018年的农业全要素用水效率进行测算，并对各地区农业全要素用水效率进行分析。以各省份农业全要素用水效率为被解释变量，以水资源禀赋水平、自然条件、供水结构、农田水利基础建设、节水技术、农业生产布局、经济因素和制度因素为解释变量，分析农业全要素用水效率的影响因素。在制度因素中，把中央农业灌溉投资完成额作为传统农业水价补贴的替代变量，分析其对农业用水效率的影响，进而分析传统农业水价补贴政策的激励相容性。

一、农业全要素用水效率测算

农业一直是耗水量最大的部门，尽管近年来农业用水在全社会总用水中的占比有所下降，但还是最主要的耗水主体，农业用水占总用水量的比重达60%以上，而在农业总用水量中，灌溉用水量占了90%以上。与此同时，中国水资源的地区分布不均、低效使用问题长期以来一直制约着农业的发展，加之农业面源污染的环境约束，都导致了农业水资源供需矛盾的不断恶化，所以提高农业全要素用水效率尤为重要。根据资料占有情况和省份地域分布，本书选取了东部、中部、西部和东北14个省份为研究对象，对其农业全要素用水效率进行测算，并对其影响因素进行分析，目的在于分析传统农业水价补贴对农业全要素用水效率的影响。

(一)相关文献回顾

现有文献关于农业全要素用水效率及其影响因素的研究较为丰富。就研究领域的层次而言，对农业全要素用水效率的测算及影响因素的分析主要采用微观调研数据和宏观省级数据两个层级的数据。就研究对象而言，主要集中在两个层面：一是对于具体农作物灌溉效率的微观研究；二是对于农业区域用水效率的宏观研究。就研究方法而言，学者采用了多种方法探究全要素用水效率及其影响因素。对此，测算方法包括Min DW 模型、Malmquist 生产率指数、随机前沿生产函数模型及 DEA 模型的各类模型，即权重约束 DEA 模型、三阶 DEA 模型、超效率 SBM 模型及具体到在 CRS 条件下运用基于投入导向的超效率 SBM 模型等。由于用水效率结果的特殊性，即数值均大于 0，大多学者使用 Tobit 模型分析其影响因素。本书依据农业用水效率的众多测算方法，对以往学者的研究成果进行回顾。

采用 Min DW 模型和 Malmquist 生产率指数的学者：李静和徐德钰基于Min DW 模型考察不同农业区域农业用水效率及规模波动，使用 Tobit 模型对农业用水效率的决定因素进行了计量检验。结果表明，全国综合用水效率仍有较大节水潜力，且具有空间、时间波动大的特点。[①] 屈晓娟和方兰通过建立农业水资源利用效率和全要素生产率评价模型，研究发现，西部地区个别省份具有较高的节水潜力。在现有的技术水平下，西部地区较好地节约了农业水资源，但部分省份农业水资源的节约并未建立在技术水平提高的前提下。[②]

采用随机前沿生产函数模型的学者：Karagiannis 等利用超越对数随机前沿生产函数方程对希腊的反季节蔬菜灌溉用水效率进行了测算。[③] 王晓娟和李周运用超越对数随机前沿生产函数方程对河北省石津灌区农户冬小麦生产技术效率和灌溉用水效率进行了测算，并分析了其影响因素。[④] 刘七军和李昭楠运用超越对数随机前沿生产函数方程对甘肃省玉米生产技术效率和灌溉用水效率进行了测算，并对其影响因素进行了研究。[⑤] 耿献辉等利用"一步法"随机前沿生产函数模型，对新疆维吾尔自治区 806 户棉农的棉花生产技术效率及其影响因素进行了测算和研究，在此基础上借助 Tobit 模型，采用单要素效率测算方法，得出棉花技术效率与灌溉用水效率之间存在较

---

① 李静，徐德钰. 中国农业的用水效率及其影响因素：基于 Min DW 模型的分析[J]. 环境经济研究，2018，3(3)：56-74.

② 屈晓娟，方兰. 西部地区农业用水效率实证分析[J]. 统计与决策，2017(11)：97-100.

③ Karagiannis G, Tzouvelekas V, Xepapadeas A. Measuring Irrigation Water Efficiency with a Stochastic Production Frontier [J]. Environmental and Resource Economics, 2003, 26(1): 57-72.

④ 王晓娟，李周. 灌溉用水效率及影响因素分析[J]. 中国农村经济，2005(7)：11-18.

⑤ 刘七军，李昭楠. 不同规模农户生产技术效率及灌溉用水效率差异研究：基于内陆干旱区农户微观调查数据[J]. 中国生态农业学报，2012，20(10)：1375-1381.

高的相关性。[1] 刘维哲等基于陕西关中地区小麦种植户实地调研数据，选取 C-D 生产函数，通过构建随机前沿（SFA）模型测算小麦种植中的灌溉用水效率，并在此基础上采用 Tobit 模型对灌溉用水效率的影响因素进行了分析，结果表明：家庭经济水平、农户受教育水平、用水紧缺程度、灌渠完好程度和节水灌溉技术等对灌溉用水效率具有显著的正向影响，家庭非农收入比例和农户非农就业为负向影响，灌溉水价、农户年龄、耕地块数和经营规模等与灌溉用水效率无明显相关性。[2]

采用 DEA 模型的学者较多，如陈洪斌运用三阶段 DEA 模型及空间计量模型对我国各省份农业用水效率及溢出效应进行了评估分析，得出了绝大多数省份农业用水效率较低和用水效率有待提升的结论。[3] 俞雅乖和刘玲燕利用超效率 DEA-Tobit 两阶段模型进行水资源效率评价，结果显示用水效率存在明显区域差异，建议从提升科技水平、加大科技投入及优化产业用水结构等角度提升用水效率。[4] 梁静溪等运用基于权重约束 DEA 和 Tobit 模型测算了黑龙江省 13 个地区的农业灌溉用水效率，并对其影响因素进行了分析，认为可以通过引入水价制度和采取相应技术措施来提高灌溉效率。[5] 赵姜等运用超效率 SBM 模型对 2000~2013 年京津冀地区农业全要素用水效率进行估算，并采用面板 Tobit 模型对京津冀地区农业全要素用水效率的影响因素进行分析，发现地下水占供水结构比例和农业生产资料价格指数对农业全要素用水效率有显著的正向影响，水库容量、牧渔业占农业总产值比例、户均耕地面积、农村家庭人均纯收入和农村劳动力素质对其有显著的负向影响。[6] 金巍等采用非期望产出的超效率 SBM 模型测度 1998~2015 年中国 30 个省份的农业生产效率，认为降低农业用水量的有效途径是提高农

① 耿献辉，张晓恒，宋玉兰. 农业灌溉用水效率及其影响因素实证分析：基于随机前沿生产函数和新疆棉农调研数据[J]. 自然资源学报，2014，29（6）：934-943.

② 刘维哲，常明，王西琴. 基于随机前沿的灌溉用水效率及影响因素研究：以陕西关中地区小麦为例[J]. 中国生态农业学报，2018，26（9）：1407-1414.

③ 陈洪斌. 我国省际农业用水效率测评与空间溢出效应研究[J]. 干旱区资源与环境，2017，31（2）：85-90.

④ 俞雅乖，刘玲燕. 中国水资源效率的区域差异及影响因素分析[J]. 经济地理，2017，37（7）：12-19.

⑤ 梁静溪，张安康，李彩凤. 基于权重约束 DEA 和 Tobit 模型农业灌溉用水效率实证研究：以黑龙江省为例[J]. 节水灌溉，2018（4）：62-68.

⑥ 赵姜，孟鹤，龚晶. 京津冀地区农业全要素用水效率及影响因素分析[J]. 中国农业大学学报，2017，22（3）：76-84.

业生产效率。[1] 杜根和王保乾选取 2004~2013 年新疆维吾尔自治区 14 个地州市际面板数据在 CRS 条件下运用基于投入导向的超效率 SBM 模型测度农业用水效率，利用 Tobit 模型分析得出年均日照时间、农田水利建设、农业生产布局和灌溉费用对于提升新疆农业用水效率具有双向影响，经济水平具有显著的正向影响，年均降水量、水资源禀赋水平和产业结构则具有显著的负向影响。[2] 佟金萍等运用超效率 DEA 模型和 Tobit 模型展开农业全要素用水效率的测度及影响因素分析，研究发现：全国农业全要素用水效率呈先降后升再回落走势，东部、中部、西部呈递减格局，且西部显著低于东部和中部；年降水量、农产品进出口及供水结构中地下水所占比例与农业用水效率均呈较显著的正向关系；人均水资源量与用水效率呈负向关系；在灌溉费与农业全要素用水效率关系上，全国、东部和中部模型结果与西部模型结果表现不同。[3]

　　综上，目前对于农业用水效率或农业灌溉效率的研究文献较多。相关研究因使用传统 DEA 模型及计量方法的局限性会有测算误差，难以更加准确地反映出农业全要素用水效率。目前国内关于农业用水效率或农业灌溉效率影响因素的相关研究中，对资源禀赋、经济发展水平、气候条件考量较多，但对制度因素的考量较少。

(二) 农业全要素用水效率测度方法与数据

1. 农业全要素用水效率测度方法

Wang 等认为，在评估用水效率时需要考虑其他投入要素在产出中的贡献，所以在多要素投入生产框架下提出了全要素用水效率。[4] 农业全要素用水效率 (TFAWE) 被界定为在农业多要素生产框架下，达到最优技术效率所需的潜在 (最少) 农业用水投入量 (TAWI) 与实际农业用水投入量 (AAWI) 的比值。农业全要素用水效率可表示为：

---

[1]　金巍，刘双双，张可，等. 农业生产效率对农业用水量的影响[J]. 自然资源学报，2018，33(8)：1326-1339.

[2]　杜根，王保乾. 新疆农业全要素用水效率动态演进及影响因素分析[J]. 河北工业科技，2017，34(2)：96-102.

[3]　佟金萍，马剑锋，王慧敏，等. 中国农业全要素用水效率及其影响因素分析[J]. 经济问题，2014 (6)：101-106.

[4]　Wang S C，Yeh F Y，Eggert R G. Total-Factor Water Efficiency of Regions in China[J]. Resources Policy，2006，31(4)：217-230.

$$TFAWE_{i,t} = \frac{TAWI_{i,t}}{AAWI_{i,t}} = \frac{AAWI_{i,t} - EAWI_{i,t}}{AAWI_{i,t}} \tag{4-1}$$

式（4-1）中：$TFAWE$ 为农业全要素用水效率；i 为第 i 个地区，t 为年份；$TAWI$ 为潜在农业用水投入量，$AAWI$ 为实际的农业用水投入量；$EAWI$ 为过多的农业用水投入量，$TAWI = AAWI - EAWI$。

从上述农业全要素用水效率测度方法可以看出，农业全要素用水效率测度的关键是既定产出下损失农业用水投入量的确定。一些学者曾采用传统 DEA 模型测度农业用水效率，但其评价结果往往存在偏差，因为传统的 DEA 模型包括 CCR 和 BCC 两个模型，分别表示不变规模报酬和可变规模报酬条件的效率模型，两者的不同之处在于 BCC 模型有一个凸性约束条件用来考虑规模收益差别。传统 DEA 模型多从径向和角度两个方面衡量效率，导致模型不能同时将投入与产出的松弛变量纳入效率评测之中，另外由于存在不能对有效决策单元的效率进行比较的问题，因而在实际应用中存在一些缺陷。

可将计算投入导向的技术效率归纳为求解下面的线性规划问题：

假设有 n 个决策单元，其中投入和产出向量：$X = (x_{ij}) \in R^{m \times n}$，$Y = (y_{ij}) \in R^{s \times n}$，令 $x > 0$，$y > 0$，则生产可能性集 $p = \{(x, y) \mid x \geq X\Lambda,\ y \leq Y\Lambda,\ \Lambda \geq 0\}$，其中 $\Lambda = [\lambda_1, \lambda_2, \cdots, \lambda_n] \in R^n$ 表示权重系数向量，则决策单元 $DMU(x_0, y_0)$ 为：

$$\min \rho = \frac{1 - \dfrac{1}{m} \sum_{i=1}^{m} \dfrac{s_i^x}{x_{i0}}}{1 + \dfrac{1}{s} \sum_{k=1}^{s} \dfrac{s_k^y}{y_{k0}}}$$

$$s.t. \begin{cases} x_{i0} = \sum_{j=1}^{n} \lambda_j x_j + s_i^x, & \forall i; \\[2mm] y_{k0} = \sum_{j=1}^{n} \lambda_j y_j - s_k^y, & \forall k; \\[2mm] s_i^x \geq 0,\ s_k^y \geq 0,\ \lambda_j \geq 0, & \forall i, j, k \end{cases} \tag{4-2}$$

式（4-2）中，ρ 的值为 DMU 的效率值，$s^x \in R^m$、$s^y \in R^s$ 分别为投入冗余量和产出不足量，i 为第 i 个投入指标，k 为第 k 个产出指标，j 为第 j 个决策单元，m、s 分别为投入和产出变量个数，s_i^x 为第 i 个投入指标的投入冗余量，x_{i0} 为第 0 个决策单元的第 i 个投入指标，s_k^y 为第 k 个产出指标的产出不足量，y_{k0} 为第 0 个决策单元的第 k 个产出指标。一般 $\rho \leqslant 1$，若 $\rho = 1$ 意味着决策单元 DMU 位于生产前沿之上，是技术有效的。

按照此测度思路，可以根据农业用水投入松弛量和模型得到 ρ 的值和进一步求解各决策单元的农业全要素用水效率(TFAWE)。但由于无法区分多个有效决策单元($\rho = 1$)的用水效率，导致评价结果不能反映效率值等于 1 的多个相对有效决策单元的差别，无法排列所有决策单元的效率，造成评价结果的不准确。

鉴于此，应采用 SBM 模型和超效率 SBM 模型，可避免投入要素同比例缩减问题，将松弛变量加入目标函数中，同时考虑投入和产出两个方面，消除了因径向和角度选择差异所带来的偏差和影响，解决了在效率测算时容易出现多个决策单元同为完全效率并无法对这些决策单元进行有效评价和排序的问题。[①] 超效率 SBM 模型中，DMU 进行效率评价时，当存在多余 1 个的 DMU 呈现有效状态时，可以进一步鉴别有效 DMU 间效率大小的问题。对于决策单元 $DMU(x_0, y_0)$ 超效率 SBM 模型非角度表示如下：

$$\rho = \min \frac{1 + \dfrac{1}{m} \displaystyle\sum_{i=1}^{m} \dfrac{s_i^x}{x_{i0}}}{1 - \dfrac{1}{s} \displaystyle\sum_{k=1}^{s} \dfrac{s_k^y}{y_{k0}}}$$

$$s.t. \begin{cases} x_{i0} \geqslant \displaystyle\sum_{j=1, \neq 0}^{n} \lambda_j x_j - s_i^x, \quad \forall i; \\ y_{k0} \leqslant \displaystyle\sum_{j=1, \neq 0}^{n} \lambda_j y_j + s_k^y, \quad \forall k; \\ s_i^x \geqslant 0, \ s_k^y \geqslant 0, \ \lambda_j \geqslant 0, \quad \forall i, j, k \end{cases} \quad (4-3)$$

式(4-3)中 ρ 为效率值，s 为产出指标总数，m 为投入指标总数；x_{i0} 为第 0 个单元的第 i 种投入指标的投入量，y_{k0} 为第 0 个单元的第 k 种产出指标的产出量；S_i^x 和 S_k^y 分别为产出和投入的松弛量，λ_j 为权重向量。当目标函数 $\rho \geqslant 1$ 时，被评价的决策单元相对有效；当 $\rho < 1$ 时，被评价的决策单元

① Tone K. A slacks-based measure of super-efficiency in data envelopment analysis [J]. European Journal of Operational Research, 2002, 143(1): 32-41.

相对无效，需要对投入产出进行改进。另式中的分子代表投入，分母代表产出，即当模型为投入角度时，分母值为1；模型为产出角度时，分子值为1。

因此依据研究问题、测算方法的合理性及已有研究，本书在式（4-1）的基础上采用规模报酬不变（CRS）假设下使用基于投入导向的超效率SBM模型，在技术效率最优条件下获取农业用水投入松弛量，测算各省份2003～2018年农业全要素用水效率。

2. 变量选取与数据来源

根据学者以往的研究和超效率DEA模型测算变量的需求，本书选取产出和投入两类变量，用于估算农业全要素用水效率，如表4-1所示。

表4-1　投入–产出变量说明

变量种类	变量	变量说明
产出	第一产业总产值	2002年为基期处理的不变价的增加值
投入	农业机械总动力	代表农业资本投入
	农业化肥使用量	代表农业中间投入
	农业用水量	代表农业水资源投入
	第一产业就业人数	代表劳动力投入

资料来源：笔者整理。

（1）产出。本书采用地区第一产业总产值作为农业产出要素的基本指标，以2002年不变价为基期对2003～2018年的数据进行调整。

（2）投入。在投入方面，以农业机械、化肥、年农作物总播种面积、农业用水和农业就业人数为投入要素。农业机械总动力代表农业资本投入，化肥使用量和播种面积代表中间投入，农业用水量和农业就业人数分别代表水资源投入和劳动投入。

本章数据源于《中国农村统计年鉴》（2004～2019）、《中国统计年鉴》（2004～2019），各地农业用水量数据来自《中国水资源公报》（2003～2018）。

3. 研究单元的选取

基于数据的可获得性变量间的关系，本书选取我国四个区域（东部、中部、西部、东北部）的部分省份作为研究单元进行深入的研究。各研究单元如表4-2所示。

表 4-2 研究单元基本情况

东部	中部	西部	东北部
北京市	江西省	内蒙古自治区	辽宁省
江苏省	河南省	广西壮族自治区	
浙江省	湖南省	贵州省	
山东省		云南省	
		陕西省	
		新疆维吾尔自治区	

资料来源：笔者整理。

(三) 中国农业全要素用水效率的测算结果及其分析

利用 DEA-Slover 软件，运用超效率 DEA（SBM-DEA）模型测算本书所选的 14 个省份 2003~2018 年的农业全要素用水效率，测算结果如表 4-3 所示。

表 4-3 2003~2018 年各研究单元农业全要素用水效率

年份	东部				中部		
	北京市	江苏省	浙江省	山东省	江西省	河南省	湖南省
2003	1.188	0.764	1.098	0.969	0.738	0.934	0.614
2004	1.110	0.856	1.095	0.959	0.723	0.938	0.700
2005	1.105	0.921	1.116	0.968	0.623	0.968	0.705
2006	1.052	0.881	1.098	0.952	0.575	0.890	0.640
2007	1.021	0.934	1.084	0.995	0.556	0.703	0.683
2008	1.040	0.958	1.066	1.024	0.551	0.601	0.709
2009	0.975	0.985	1.115	1.119	0.543	0.694	0.707
2010	0.932	0.939	1.166	0.985	0.478	0.950	0.719
2011	0.908	0.946	1.189	0.968	0.453	0.866	0.712
2012	1.100	0.975	1.171	0.977	0.446	0.759	0.717
2013	1.097	0.942	1.191	0.982	0.529	0.674	0.662
2014	1.103	0.933	1.207	0.978	0.518	0.855	0.622
2015	1.196	0.987	1.233	0.976	0.502	0.662	0.612
2016	1.222	0.959	1.216	0.943	0.472	0.604	0.586
2017	1.375	0.981	0.997	0.953	0.441	0.562	0.413
2018	1.505	0.985	0.995	0.941	0.425	0.561	0.396

续表

年份	西部						东北部
	内蒙古自治区	广西壮族自治区	贵州省	云南省	陕西省	新疆维吾尔自治区	辽宁省
2003	0.594	0.513	0.568	0.527	0.507	0.815	0.975
2004	0.538	0.545	0.530	0.538	0.483	0.544	0.978
2005	0.533	0.529	0.514	0.531	0.476	0.543	0.898
2006	0.501	0.524	0.478	0.518	0.465	0.470	0.837
2007	0.501	0.550	0.479	0.496	0.489	0.458	0.931
2008	0.484	0.543	0.478	0.494	0.500	0.403	0.839
2009	0.477	0.529	0.488	0.505	0.514	0.419	0.982
2010	0.452	0.504	0.469	0.442	0.546	0.497	0.850
2011	0.440	0.512	0.466	0.457	0.556	0.408	0.800
2012	0.433	0.469	0.501	0.446	0.524	0.396	0.803
2013	0.416	0.460	0.501	0.454	0.526	0.372	0.759
2014	0.392	0.450	0.548	0.435	0.504	0.348	0.720
2015	0.357	0.436	0.596	0.397	0.456	0.307	0.688
2016	0.323	0.426	0.599	0.356	0.443	0.267	0.647
2017	0.318	0.425	0.623	0.360	0.436	0.239	0.557
2018	0.314	0.405	0.581	0.387	0.424	0.227	0.555

资料来源：笔者整理。

我国地域辽阔，各省份地理位置、气候特征差别较大。自然条件、水资源禀赋、农业发展程度、技术水平及经济发展水平等差异导致不同省份农业全要素用水效率也存在着较大的差别。在该模型下，各省份2003~2018年的农业全要素用水效率均值如图4-1所示。并基于农业全要素用水效率的测算结果对各区域的省份进行如下分析。

在东部所选的各省份中，仅有北京市和浙江省在2003~2018年平均农业全要素用水效率大于1，分别为1.12和1.13，且部分年份的要素投入存在非有效的情形，即在现有产出下，要素投入比目标值小，说明已有投入要素已充分利用，尚且可以增加投入。总体而言，其全要素用水效率值的

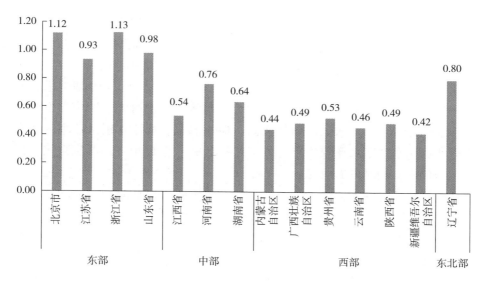

图 4-1　14 个省份 2003~2018 年农业全要素用水效率均值

资料来源：笔者整理。

均值处于前沿。在此期间，北京市全要素用水效率在 2003~2011 年呈递减的趋势，2011~2018 年呈递增的趋势，且仅在 2009~2011 年北京市农业全要素用水效率小于 1。在其当期生产投入产出水平的条件下，测算模型的结果中实际投入量与目标投入值相比，在这三年内均存在农业机械投入冗余的问题，2009~2011 年农业机械总动力投入量分别需减少 9.85%、22.68%、28.65%。2010 年农业化肥投入量需减少 4.45%，2011 年农业化肥投入量需减少 5.61%，第一产业就业人员需减少 2.54%。浙江省农业全要素用水效率在 2003~2016 年均大于 1，且总体呈上升的趋势，但在 2017 年和 2018 年农业全要素用水效率下降明显，且低于 1。这两年内农用化肥、农用机械总动力和农业用水量存在投入冗余，冗余率较低。江苏省和山东省在 2003~2018 年的农业全要素用水效率均值虽小于该区域选择的其他省份，但均接近于 1。江苏省农业全要素用水效率总体呈递增的趋势。化肥使用量在研究期间存在投入过多的问题，2003 年的冗余率最大为 36.47%；农机总动力的冗余率在 2003~2009 年逐年递减，2010~2013 年为 0，之后冗余率波动式增加；第一产业就业人数仅在 2010 年、2013 年和 2014 年存在较小的冗余。山东省农业全要素用水效率呈现先增后减的趋势，2009 年农业全要素用水效率达到最大值，2009 年之前呈现增长趋势，2009 年之后呈现下降趋势。

山东省各投入指标的投入情况如下：农业化肥使用量在研究期间内除 2008 年和 2009 年外均存在冗余问题。在 2008 年之前，其冗余率在逐年减少，在 2009 年之后冗余率呈波动式上升；农业用水量仅在 2009 年投入过少，其余年份冗余率均为 0；第一产业就业人数的冗余主要发生在 2012 年之后，冗余程度较小。北京市农业全要素用水效率及其标准差均居于四个省份的首位，说明北京市虽用水效率整体较高，但不稳定。浙江省用水效率的标准差较小，用水效率水平较为稳定。山东省的标准差最小，江苏省次之，用水效率的水平相对更加稳定。

在中部所选的各省份中，农业全要素用水效率值在此期间的均值均小于 1。河南省农业全要素用水效率均值最大，湖南省次之，江西省最小。河南省农业全要素用水效率的波动较大，标准差在三个省份中最大，且在 2010 年和 2014 年发生过较大浮动的变动；在各投入要素中，化肥使用量、农业机械总动力和第一产业就业人数存在较小的冗余。湖南省农业全要素用水效率在 2003~2018 年呈下降的趋势，2017 年开始农业全要素用水效率低于 0.5；在 2017 年和 2018 年，农业用水量的冗余率约为 50%，其余投入指标的冗余率均大于 60%。江西省农业全要素用水效率较低，低于 0.5 的年份占 37.5%，且各投入要素的冗余率大多大于 50%。

在西部所选的各省份中，农业全要素用水效率大多低于 0.6。其中，新疆维吾尔自治区的农业全要素用水效率均值最低，内蒙古自治区次之。在 2003 年，新疆维吾尔自治区农业全要素用水效率是研究期间的最高值，为 0.815，但在此之后逐年递减，到 2018 年农业全要素用水效率仅为 0.227；农业全要素用水效率的变化是源于各投入要素的数量及其之间的关系，2003 年，除农用化肥使用量和第一产业就业人员数冗余率为 0 之外，其他投入要素都存在冗余问题，且基本呈现逐年增长的趋势，其中农业用水量的冗余率在 2003 年之后均高于 86%，2014 年之后，所有投入要素冗余率均高于 50%。2003~2018 年，内蒙古自治区农业全要素用水效率呈下降的趋势，从 0.594 下降到 0.314，均值仅为 0.44；所有投入要素都存在冗余的问题，其中农用化肥使用量和第一产业就业人数的冗余率呈逐年递增的趋势，农用化肥使用量冗余率的增长率最高，由约 20% 增长到 80%；农用机械总动力和农业用水量的冗余率的变动幅度较小，但两者在研究期间的冗余率均大于 50%。贵州省农业全要素用水效率均值在西部所选的地区中最高，为 0.53，呈现先下降后上升的趋势，最高达 0.623；其投入要素中农用化肥使用量、农用机械总动力和农业用水量冗余率均呈现先增后减的趋势，第一产业就业人数的冗余率在研究期间均大于 70%。陕西省农业全要素用水效率在 2003～2014 年在 0.5 附近波动，2015 年开始逐年递减，到 2018 年变为 0.424；在各投入要素中，农业用水量的冗余率最小。云南省农业全要素用水效率在 2003～2018 年内呈逐渐递减趋势，其农用化肥使用量和农业用水量的冗余率逐渐递增，第一产业就业人员的冗余率最高，均大于 68%。

在东北部，辽宁省农业全要素用水效率整体水平较高，2003～2018 年的农业全要素用水效率均值为 0.80，但在此期间呈递减的趋势，从 0.975 变为 0.555；在各投入要素中，农用化肥使用量的冗余率逐年增加；农业用水量在 2011 年开始出现冗余现象且冗余率逐年递增；第一产业就业人数在 2010 年之前基本没有冗余，而在此之后冗余率呈持续增加的趋势。

农业全要素用水效率偏低，说明在既定产出水平下，每种投入都有减少的空间。就资源禀赋而言，土地和水资源越丰富的地区，越有利于农业的发展。若水资源充足，但其发挥的积极作用十分有限，存在水资源的低效利用，并未因为丰裕的水资源而增加农业产量。过多的要素投入会导致资源配置不当、资源浪费和增加成本的情况。例如，农业用水量和化肥使用量过多不仅浪费资源、污染环境，也增加农业生产投入量。过多的劳动力投入使得生产效率较低，而且会加剧隐藏性失业，使就业情况更不乐观。

二、农业全要素用水效率的影响因素研究

(一) 变量说明与模型设定

上述研究利用超效率 SBM 模型计算了 14 个省份 2003～2018 年的农业全要素用水效率，分析了省际差异及年际趋势，阐述研究农业水资源实际利用状态与有效配置理想状态之间的差距。为进一步探究产生差距的原因，特别是为分析农业水价传统补贴和农业用水效率之间的内在关系，本书基于已有文献资料，系统考察水资源禀赋水平、自然条件、供水结构、农田水利基础建设、节水技术、农业生产布局、经济因素和制度因素对农业全要素用水效率的影响。其中，农业水价传统补贴在制度因素中予以考察，由于我国农业水价补贴长期实施暗补的方式，为分析这种传统农业水价补

贴的效果，本书选用灌溉投资额作为农业水价补贴的替代变量。

1. 水资源禀赋水平

我国国土面积辽阔，东西跨度和南北跨度都很大，水资源分布存在明显差异。将人均水资源量作为水资源禀赋水平的替代变量，既考虑了资源总量，又考虑了人口因素，可以更加全面、真实地刻画地区水资源的相对情况。

2. 自然条件

不同气候类型导致不同地区间降水量存在较大的差异，我国共有五种气候类型，不同气候类型导致各地的降水量不同。降水量为自然条件，其与农业生产及其过程息息相关，故引入年降水量作为自然条件的替代变量。

3. 供水结构

农业用水效率会受到供水结构的影响，以供水总量中地下水占比作为供水结构的代理变量来考察其对用水效率的影响。

4. 农田水利基础建设

我国水资源存在时间和空间上分布不均衡的问题，基础设施的修建有利于缓解水资源时空分布不均衡，在不同季节或者地区利用基础设施来实现储水、用水和调水，因而地区的基础设施情况也是重要的影响因素之一。[①]同时，水库数量和农业有效灌溉面积的增加可体现其基础设施建设水平的提升。本书采用地区的水库数量和有效灌溉面积占总耕种面积的百分比来代表地区的基础设施水平。

5. 节水技术

节水技术的重要性在一些灌溉发达国家（地区）和我国一些灌溉发达地区的实践中得到印证，本书选择节水灌溉面积占总灌溉面积的百分比衡量各地区节水技术应用情况。

6. 农业生产布局

不同作物在生长过程中对水资源的需求量不同，使得不同的农业生产布局对农业用水量的影响不同。将农作物划分为经济作物和粮食作物，其农业用水量不同，本书将经济作物种植面积占农作物总耕种面积作为农业生产布局的代理变量。

7. 经济发展水平

经济发展水平会影响农业投入数量和质量，进而会影响农业产出。本

---

① 李静，徐德钰. 中国农业的用水效率及其影响因素：基于 Min DW 模型的分析［J］. 环境经济研究，2018，3（3）：56-74.

书选择农村居民人均收入作为经济因素的代理变量。

8. 制度因素

制度变迁是影响农业全要素生产率的重要因素。以农业所有制结构和农业水利投资来体现制度因素,选取国有农场产值占农业产值的比重作为农业所有制结构的代理变量,中央农业灌溉投资完成额作为传统农业水价补贴的代理变量。

上述农业全要素用水效率影响因素代理变量的有关描述和说明如表4-4所示。

表4-4　农业全要素用水效率影响因素的变量说明

变量	变量说明	数据来源
$MW_{i,t}$	i 省份在时间 t 的人均水资源量,衡量各地区水资源丰裕程度	《中国水利年鉴》(2004~2019)
$AJ_{i,t}$	i 省份在时间 t 的年降水量,衡量各地区水资源丰裕度	《中国水资源公报》(2003~2018)
$UA_{i,t}$	i 省份在时间 t 的地下水资源量与水资源总量的百分比	《中国水资源公报》(2003~2018)、《中国统计年鉴》(2004~2019)
$R_{i,t}$	i 省份在时间 t 的水库数量,体现水资源管理的基础建设水平	《中国统计年鉴》(2004~2019)
$EIA_{i,t}$	i 省份在时间 t 的有效灌溉面积占农作物总耕种面积的百分比,体现水资源管理的基础建设水平	《中国农村统计年鉴》(2004~2019)、《中国水利年鉴》(2004~2019)
$EA_{i,t}$	i 省份在时间 t 的经济作物种植面积占农作物总种植面积的百分比,反映各地区的生产布局	《中国农村统计年鉴》(2004~2019)
$LMW_{i,t}$	i 省份在时间 t 的节水灌溉面积占总灌溉面积的百分比,衡量各地区农业节水灌溉技术的应用情况	《中国水利年鉴》(2004~2019)
$MI_{i,t}$	i 省份在时间 t 的农村居民家庭人均可支配收入,衡量各地区农户经济水平	《中国农村统计年鉴》(2004~2019)
$PF_{i,t}$	i 省份在时间 t 的国有农场种植面积占农作物总种植面积的百分比,衡量各地区农业所有制的结构情况	《中国农村统计年鉴》(2004~2019)、《中国粮食年鉴》(2004~2019)
$GI_{i,t}$	i 省份在时间 t 的中央农业灌溉投资完成额,反映各地区传统农业水价补贴情况	《中国水利年鉴》(2004~2019)

资料来源:笔者整理。

利用超效率 DEA 模型测算农业全要素用水效率的值均大于 0，故其为受限因变量，属于部分连续分布或部分离散分布的状况。如果将效率值作为因变量，则因变量可视为切割值或删失数据，且农业全要素用水效率的值为左删失数据。若对其采用普通最小二乘法（OLS），则过程中可能出现较大的偏误，所以要采用适用于受限因变量模型的面板 Tobit 模型。

基于所选变量及超效率 DEA 模型测算的农业全要素用水效率得出农业全要素用水效率影响因素的回归方程，如公式（4-4）所示。

$$
\begin{aligned}
TFAWE_{i,t} &= \alpha + \beta^T X_{i,t} + \varepsilon_{i,t} \\
&= \alpha + \beta_1 MW_{i,t} + \beta_2 AJ_{i,t} + \beta_3 UA_{i,t} + \beta_4 R_{i,t} + \beta_5 EIA_{i,t} + \\
&\quad \beta_6 LMW_{i,t} + \beta_7 LMW_{i,t} + \beta_8 MI_{i,t} + \beta_9 PF_{i,t} + \beta_{10} GI_{i,t} + \varepsilon_{i,t}
\end{aligned}
$$

$$(4-4)$$

式（4-4）中：$TFAWE_{i,t}$ 为 i 省份在时间 t 的农业全要素用水效率；$X_{i,t}$ 为解释变量。具体各影响因素的变量说明如表 4-4 所示，β^T 表示解释变量的参数向量。其中，影响因素的变量中的 $EIA_{i,t}$、$EA_{i,t}$、$LMW_{i,t}$ 和 $PF_{i,t}$ 的数据为百分数，因此对因变量乘以 100 进行处理，使其数值在 0~100，右端限制为 100。

（二）Tobit 模型计量结果分析

将本书所选的 14 个省份按东部、中部、西部和东北部 4 个区域划分得出 2003~2018 年面板 Tobit 模型的估计结果。通过 LR 检验可知，各省份的面板 Tobit 模型均为随机效应面板 Tobit 模型。

东部的北京市、江苏省、浙江省和山东省 2003~2018 年农业全要素用水效率影响因素的面板 Tobit 模型估计结果如表 4-5 所示。

表 4-5　东部部分省份 2003~2018 年农业全要素用水效率影响因素的
面板 Tobit 模型估计结果

影响因素	北京市	江苏省	浙江省	山东省
人均水资源量（立方米/年）	0.0019	-0.0002	-0.0002 ***	-0.0022 ***
年降水量（亿立方米）	-0.0003	0.0003 *	0.0004 ***	0.0019 ***
地下水占总水量百分比（%）	0.0220	0.0259	0.0867	0.0057
水库数量（个）	0.0004	-0.0003 *	0.0003 ***	0.00013 ***
有效灌溉面积占农作物总耕种面积百分比（%）	-0.0031 **	-0.0173 *	-0.0099 **	-0.0144 *

影响因素	北京市	江苏省	浙江省	山东省
节水灌溉面积占总灌溉面积百分比(%)	0.0069 ***	−0.0213 ***	−0.0085 **	−0.0143 ***
经济作物面积占农作物总面积百分比(%)	0.0016 ***	0.0108 *	−0.0063 *	0.0056
农村居民家庭人均可支配收入(元)	0.0000005	−0.00002 **	0.00000	−0.00005 ***
国有农场种植面积占总种植面积百分比(%)	0.5458 ***	−0.1883	−0.8375	0.2452
中央农业灌溉投资完成额(万元)自然对数	0.0211 ***	0.01886	0.0448 ***	0.0233
_cons	0.2425	2.2776 ***	0.4513	0.5668

注："***"、"**"和"*"分别表示在1%、5%和10%的水平上显著。

资料来源：笔者整理。

浙江省和山东省的人均水资源量同其农业全要素用水效率呈现显著负相关关系；江苏省人均资源量同农业全要素用水效率呈现负相关关系，但不显著；北京市人均水资源量同其农业全要素用水效率呈正相关关系，但不显著。

江苏省、浙江省和山东省的年降水量与农业全要素用水效率呈现显著正相关关系；北京市年降水量与农业全要素用水效率呈现负相关关系，但不显著。

北京市、江苏省、浙江省和山东省的地下水占总水量百分比同农业全要素用水效率呈现正相关关系，但不显著。

江苏省的水库数量同农业全要素用水效率呈现显著负相关关系；浙江省和山东省的水库数量同农业全要素用水效率呈现显著正相关关系；在北京市呈现正相关关系，但不显著。

北京市、江苏省、浙江省和山东省的有效灌溉面积占农作物总耕种面积百分比同农业全要素用水效率呈现显著负相关关系。

北京市节水灌溉面积占总灌溉面积的百分比同农业全要素用水效率呈现显著正相关关系；江苏省、浙江省和山东省两者为显著负相关关系。

北京市和江苏省经济作物面积占农作物总面积百分比同农业全要素呈现显著的正相关关系；浙江省呈现为显著的负相关关系；在山东省呈现正相关关系，但不显著。

江苏省和山东省的农村居民家庭人均可支配收入同农业全要素用水效率呈现显著的负相关关系。

北京市的国有农场种植面积占总种植面积的百分比同农业全要素用水效率呈现显著正相关关系，山东省国有农场种植面积占总种植面积的百分比同农业全要素水效率呈现正相关关系，但不显著。江苏省和浙江省国有农场种植面积占总种植面积的百分比同农业全要素用水效率呈现负相关关系，但不显著。

北京市、江苏省、浙江省和山东省的中央农业灌溉投资完成额与农业全要素用水效率均呈现正相关关系；在北京和浙江显著，在江苏和山东不显著。

中部的江西省、河南省和湖南省 2003~2018 年农业全要素用水效率影响因素的面板 Tobit 模型估计结果如表 4-6 所示。

表 4-6　中部部分省份 2003~2018 年农业全要素用水效率影响因素的面板 Tobit 模型估计结果

影响因素	江西省	河南省	湖南省
人均水资源量（立方米/年）	−0.00009 ***	−0.0003151	0.0001038
年降水量（亿立方米）	0.00021 ***	−0.0012 ***	−0.0001556
地下水占总水量百分比（%）	−0.9611 ***	−2.9299 ***	2.5233 ***
水库数量（个）	−0.00012 **	0.00161 ***	−0.00009 ***
有效灌溉面积占农作物总耕种面积百分比（%）	0.0327 ***	−0.0961 **	−0.0388 ***
节水灌溉面积占总灌溉面积百分比（%）	0.0276 ***	0.1035 ***	0.01217
经济作物面积占农作物总面积百分比（%）	−0.03499 ***	0.0401 ***	−0.0608 **
农村居民家庭人均可支配收入（元）	9.87E−06	−0.00006 *	0.000032 **
国有农场种植面积占总种植面积百分比（%）	0.4471 ***	0.1709	0.1602
中央农业灌溉投资完成额（万元）自然对数	0.0294 ***	0.3088 ***	−0.0902 ***
_cons	−0.3637	−1.5781	2.4012 **

注："***"、"**"和"*"分别表示在 1%、5% 和 10% 的水平上显著。

资料来源：笔者整理。

江西省人均水资源量与农业全要素用水效率呈现显著负相关关系；河

南省人均水资源量与农业全要素用水效率呈现负相关关系，但不显著；湖南省人均水资源量与农业全要素用水效率呈现正相关关系，但不显著。

江西省年降水量与农业全要素用水效率呈现显著正相关关系；河南省年降水量与农业全要素用水效率呈现显著负相关关系；湖南省年降水量与农业全要素用水效率呈现负相关关系，但不显著。

江西省和河南省地下水占总水量百分比与农业全要素用水效率呈现显著负相关关系；湖南省地下水占总水量百分比与农业全要素用水效率呈现显著正相关关系。

江西省水库数量与农业全要素用水效率呈现显著负相关关系；河南省和湖南省水库数量与农业全要素用水效率呈现显著正相关关系。

江西省有效灌溉面积占农作物总耕种面积百分比与农业全要素呈现显著正相关关系；河南省和湖南省有效灌溉面积占农作物总耕种面积百分比用水效率呈现显著负相关关系。

江西省和河南省的节水灌溉面积占总灌溉面积的百分比与农业全要素用水效率呈现显著正相关关系。湖南省的节水灌溉面积占总灌溉面积的百分比与农业全要素生产用水效率呈正相关但不显著。

河南省经济作物面积占农作物总面积百分比与农业全要素用水效率呈现显著正相关关系；江西省和湖南省经济作物面积占农作物总面积百分比与农业全要素用水效率呈现显著负相关关系。

河南省农村居民家庭人均可支配收入与农业全要素用水效率呈现显著负相关关系；湖南省农村居民家庭人均可支配收入与农业全要素用水效率呈现正相关关系；江西省农村居民家庭人均可支配收入与农业全要素用水效率呈现正相关关系，但不显著。

江西省国有农场种植面积占总种植面积百分比与农业全要素用水效率呈现显著正相关关系；河南省和湖南省国有农场种植面积占总种植面积百分比与农业全要素用水效率呈现正相关关系，但不显著。

江西省和河南省中央农业灌溉投资完成额与农业全要素用水效率呈现显著正相关关系；湖南省中央农业灌溉投资完成额与农业全要素用水效率呈现显著负相关关系。

西部的内蒙古自治区、广西壮族自治区、贵州省、云南省、陕西省和新疆维吾尔自治区 2003~2018 年农业全要素用水效率影响因素的面板 Tobit 模型估计结果如表 4-7 所示。

表 4-7　西部部分省份 2003~2018 年农业全要素用水效率
影响因素的面板 Tobit 模型估计结果

影响因素	内蒙古自治区	广西壮族自治区	贵州省	云南省	陕西省	新疆维吾尔自治区
人均水资源量（立方米/年）	-0.00002	-6.48E-06	-1.31E-06	0.0001***	-0.0002**	0.0002***
年降水量（亿立方米）	0.0003**	0.00002	-0.0003**	-0.0005***	0.0008***	-0.00095
地下水占总水量百分比（%）	-0.1751*	-0.179***	-1.303***	-0.1387	-0.4691*	1.3147***
水库数量（个）	-0.001***	-0.0001**	-0.0002**	0.0002***	-0.003***	-0.001**
有效灌溉面积占农作物总耕种面积百分比（%）	-0.0003	0.0050°	-0.0098***	0.0092**	-0.0698***	-0.0198***
节水灌溉面积占总灌溉面积百分比（%）	-0.0015	-0.0012	-0.0319***	0.0101**	0.0155***	-0.0169***
经济作物面积占农作物总面积百分比（%）	-0.0027***	0.0035**	-0.0002	-0.0094***	-0.0009	-0.0296***
农村居民家庭人均可支配收入（元）	-0.00002**	-0.00002***	0.0001***	-0.00004	-2.85E-06	0.0001***
国有农场种植面积占总种植面积百分比（%）	-0.0423*	0.0305	-4.5471**	-3.6213***	2.4325***	-0.0063
中央农业灌溉投资完成额（万元）自然对数	0.024***	-0.0087***	-0.0009	-0.0069	-0.0106	-0.1540***
_cons	1.310***	0.713***	2.9468***	0.2118	4.1917***	4.227***

注：" *** "、" ** "和" * "分别表示在 1%、5%和 10%的水平上显著。
资料来源：笔者整理。

云南省和新疆维吾尔自治区人均水资源量与农业全要素用水效率呈现显著正相关关系；陕西省人均水资源量与农业全要素用水效率呈现显著负相关关系；内蒙古自治区、广西壮族自治区、贵州省人均水资源量与农业全要素用水效率呈现负相关关系，但不显著。

内蒙古自治区和陕西省年降水量与农业全要素用水效率呈现显著正相关关系；贵州省、云南省年降水量与农业全要素用水效率呈现显著负相关关系；广西壮族自治区年降水量与农业全要素用水效率呈现正相关关系，但不显著；新疆维吾尔自治区年降水量与农业全要素用水效率呈现负相关关系，但不显著。

新疆维吾尔自治区地下水占总水量百分比与农业全要素用水效率呈现显著正相关关系；内蒙古自治区、广西壮族自治区、贵州省、陕西省地下水占总水量百分比与农业全要素用水效率呈现显著负相关关系。云南省地下水占总用水量百分比与农业全要素用水效率呈现负相关，但不显著。

云南省水库数量与农业全要素用水效率呈现显著正相关关系；内蒙古自治区、广西壮族自治区、贵州省、陕西省和新疆维吾尔自治区水库数量与农业全要素用水效率呈现显著负相关关系。

广西壮族自治区和云南省有效灌溉面积占农作物总耕种面积百分比与农业全要素用水效率呈现显著正相关关系；贵州省、陕西省和新疆维吾尔自治区有效灌溉面积占农作物总耕种面积百分比与农业全要素用水效率呈现显著负相关关系。内蒙古自治区有效灌溉面积占农作物总耕种面积百分比与农业全要素用水效率呈现负相关，但不显著。

云南省和陕西省节水灌溉面积占总灌溉面积百分比与农业全要素用水效率呈现显著正相关关系；内蒙古自治区和广西壮族自治区节水灌溉面积占总灌溉面积百分比与农业全要素用水效率呈现负相关关系，但不显著；贵州省和新疆维吾尔自治区节水灌溉面积占总灌溉面积百分比与农业全要素用水效率呈现显著负相关关系。

广西壮族自治区经济作物面积占农作物总面积百分比与农业全要素用水效率呈现显著正相关关系；云南省、陕西省、内蒙古自治区和新疆维吾尔自治区经济作物面积占农作物总面积百分比与农业全要素用水效率呈现显著负相关关系。贵州省经济作物面积占农作物总面积百分比与农业全要素用水效率呈现负相关，但不显著。

贵州省和新疆维吾尔自治区农村居民家庭人均可支配收入与农业全要素用水效率呈现显著正相关关系；内蒙古自治区、广西壮族自治区、云南省农村居民家庭人均可支配收入与农业全要素用水效率呈现显著负相关关系；陕西省农村居民家庭人均可支配收入与农业全要素用水效率呈现负相关关系但不显著。

陕西省国有农场种植面积占总种植面积百分比与农业全要素用水效率呈现显著正相关关系；内蒙古自治区、贵州省和云南省国有农场种植面积占总种植面积百分比与农业全要素用水效率呈现显著负相关关系；广西壮族自治区国有农场种植面积占总种植面积百分比与农业全要素用水效率呈现正相关关系，但不显著；新疆维吾尔自治区国有农场种植面积占总种植面积百分比与农业全要素用水效率呈现负相关关系，但不显著。

内蒙古自治区中央农业灌溉投资完成额与农业全要素用水效率呈现显著正相关关系；广西壮族自治区和新疆维吾尔自治区中央农业灌溉投资完成额与农业全要素用水效率呈现显著负相关关系；贵州省、云南省和陕西省中央农业灌溉投资完成额与农业全要素用水效率呈现负相关关系，但不显著。

东北部的辽宁省 2003~2018 年农业全要素用水效率影响因素的面板 Tobit 模型估计结果如表 4-8 所示：

表 4-8　东北部部分省份 2003~2018 年农业全要素用水效率影响因素的
面板 Tobit 模型估计结果

影响因素	辽宁省
人均水资源量（立方米/年）	-0.00037^{**}
年降水量（亿立方米）	0.0006^{**}
地下水占总水量百分比（%）	-0.0646
水库数量（个）	0.0013^{***}
有效灌溉面积占农作物总耕种面积百分比（%）	-0.0117
节水灌溉面积占总灌溉面积百分比（%）	0.0015
经济作物面积占农作物总面积百分比（%）	0.0045
农村居民家庭人均可支配收入（元）	-0.00004^{***}
国有农场种植面积占总种植面积百分比（%）	0.0218
中央农业灌溉投资完成额（万元）自然对数	0.0277
_cons	-0.2096

注："***"、"**"分别表示在 1%、5%的水平上显著。

资料来源：笔者整理。

2003~2018 年，辽宁省农业全要素用水效率与人均水资源量呈现显著负相关关系；年降水量在与农业全要素用水效率呈现显著正相关关系；地下水占总水量百分比与农业全要素用水效率呈现负相关关系，但不显著；水库数量与农业全要素用水效率呈现显著正相关关系；有效灌溉面积占农作物总耕种面积百分比与农业全要素用水效率呈现负相关关系，但不显著；节水灌溉面积占总灌溉面积百分比与农业全要素用水效率呈现正相关关系，但不显著；经济作物面积占农作物总面积百分比与农业全要素用水效率呈现正相关关系，但不显著；农村居民家庭人均可支配收入与农业全要素用水效率呈现显著负相关关系；国有农场种植面积占总种植面积百分比与农业全要素用水效率呈现正相关关系，但不显著；中央农业灌溉投资完成额与农业全要素用水效率呈现正相关关系，但不显著。

通过上述分析可知，人均水资源量、年降水量、地下水占总水量百分比、水库数量、有效灌溉面积占农作物总耕种面积百分比、节水灌溉面积占总灌溉面积百分比、经济作物面积占农作物总面积百分比、农村居民家庭人均可支配收入、国有农场种植面积占总种植面积百分比、中央农业灌溉投资完成额等因素对各区域和各区域内的不同省（区、市）的农业全要素用水效率的影响方向和影响程度是存在差异的。其原因在于各变量与农业全要素用水效率之间并非存在确定的关系。

人均水资源量是衡量水资源禀赋程度的替代变量，一些研究文献认为，资源诅咒效应不仅作用于区域经济发展上，同样作用于资源利用效率上，资源禀赋对资源利用效率存在逆向影响，而且资源禀赋与资源利用效率之间的这种负相关在分散型资源上表现得更加明显。[1] 本书的实证分析结果也表明，在所选择的省（区、市）中，多数省（区、市）人均水资源量与其农业全要素用水效率之间存在负相关，说明在水资源相对丰裕的地区农业节水意识较为淡薄，倾向于在农业灌溉中使用更多的水资源。年降水量作为衡量气候类型的替代变量，其对农业全要素用水效率的影响较为复杂，一方面，在降水量充足的地区，农户节水意识可能较差，可能导致用水浪费行为；另一方面，充足丰沛的降水量有利于农作物生长，提高农业效益；再者，降水量与灌溉水量之间存在一定程度的替代关系，有助于间接提高灌

---

① 张力小，梁竞. 区域资源禀赋对资源利用效率影响研究[J]. 自然资源学报，2010，25(8)：1237-1247.

溉用水效率。故年降水量与农业全要素用水效率的相关关系在不同区域的不同省(区、市)的表现不同。地下水占总水量的比重作为衡量供水结构的替代变量,一些观点认为地下水灌溉可以减少输水时间和输水损失,提高灌溉效益,因此供水总量中地下水所占比例与农业用水效率正相关。[①] 但是,不完善的井灌管理方式难以准确计量用水,有些农户自行挖井粗放灌溉并不会促进农业全要素用水效率的提升。水库数量作为衡量水利基础设施建设的替代变量之一,其建设数量和建设水平对农业全要素用水效率会有促进作用,但同时水库数量也会反映水资源禀赋程度,其隐含的资源诅咒效应会对农业全要素用水效率产生负面影响;有效灌溉面积占农作物总耕种面积百分比作为衡量水利基础设施建设的另一重要替代变量,其对农业全要素用水效率的影响是不确定的,要看新增有效灌溉面积的农业全要素用水效率是低于还是高于地区平均农业全要素用水效率。节水灌溉面积占总灌溉面积百分比作为衡量节水技术的替代指标,其对区域和区域内各省(区、市)农业全要素用水效率的影响要考虑短期和长期影响,长期而言,节水技术的采用会提升农业全要素用水效率,但短期中农业节水技术采用的成本效应和时滞效应会使其对农业全要素用水效率的影响并非显著正向。经济作物种植面积占农作物总耕种面积百分比作为衡量农业生产布局和结构的替代变量,会由于经济作物与粮食作物耗水量及其产生的收益对农业全要素用水效率产生影响,研究发现提高粮食作物种植比例能有效抑制农业用水量增加,同理,粮食作物对水资源的消耗远低于经济作物,[②] 但是,一般经济作物单位收益高于粮食作物,使其对农业全要素用水效率难以确定。农村居民家庭人均可支配收入对农业全要素用水效率的影响是双向的,一方面,收入水平的提高会使用水农户有能力采取先进的节水设施和节水技术;另一方面,收入水平的提高会使农户不重视用水费用,诱发低效用水行为。国有农场种植面积占总种植面积百分比作为衡量制度因素的变量之一,其对农业全要素用水效率的影响通过两方面发挥作用,一方面是节水采用能力,另一方面是对水价的反应弹性,这两方面的影响作用往往是反向的,国有农场通常节水采用能力较强,但对水价的反应弹性较低。中

① 佟金萍,马剑锋,王圣,秦腾,王倩.长江流域农业用水效率研究:基于超效率 DEA 和 Tobit 模型[J].长江流域资源与环境,2015,24(4):603-608.
② 高明杰,罗其友.水资源约束地区种植结构优化研究——以华北地区为例[J].自然资源学报,2008(2):204-210.

央农业灌溉投资完成额作为制度因素的另一重要替代变量，其对农业全要素用水效率的影响也是不确定的，一方面会通过改善农田灌溉水利设施影响农业全要素用水效率，另一方面会通过水价进而影响农户用水行为从而影响农业全要素用水效率；中央农业灌溉投资完成额作为农业水价"暗补"的方式降低灌溉用水价格，会在一定程度上刺激粗放用水，不利于节水和农业全要素用水效率的提高，所以政府资金应该在激励节约用水方面发挥更大作用，提升用水补贴的精准性，实施节水补贴和奖励。

第五章

利益博弈与农业水价精准补贴
诱致激励相容性改进的机理

从农业补贴主要利益相关者的利益关系出发，分析农业水价补贴中的利益博弈关系，阐释农业水价补贴中激励相容的重要性，以期为科学农业水价补贴政策的构建提供理论支撑。在对农业水价精准补贴和农业水价补贴激励相容性改进的基本内涵进行界定的基础上，从农业水价精准补贴促进激励相容农业水价政策形成、农业水价精准补贴兼顾农业节水与农户用水负担、农业水价精准补贴兼顾农业节水和灌区水利设施良性运行、农业水价精准补贴的前置制度有助于促进农业水价补贴利益相关者利益激励相容等角度分析农业水价精准补贴诱致激励相容性改进的机理。

第一节　农业水价补贴中的利益博弈

农业水价补贴涉及多方利益主体，各级政府、灌区水管组织和农户是农业水价补贴中的直接利益主体，它们之间存在利益博弈。能否实现激励相容是农业水价补贴政策是否科学合理的重要衡量标准。

一、中央政府和地方政府之间的博弈

中央政府和地方政府存在委托-代理关系，中央政府代表国家，其目标是社会福利最大化，约束条件是财政资金的有限性；地方政府是国家的代理人，既代表中央政府对辖区进行管理，又代表本地区的非政府主体争取中央政府的支持。

在农业水价补贴中，中央政府和地方政府存在利益博弈，农业灌溉和粮食生产具有正外部性，不仅地方政府是受益主体，中央政府也是受益主体，特别是一些大中型灌区更是如此。因此，是否对农业水价进行补贴就成了中央政府和地方政府的博弈焦点。中央政府和地方政府作为参与者，在博弈中都有两种策略选择：补贴或不补贴。假设中央政府和地方政府是农业水价补贴的参与者，对农业水价补贴需要支出 4 个单位，收益为 8 个单位。在 8 个单位的收益中，中央政府获益 5 个单位，地方政府获益 3 个单位。如果中央政府和地方政府都进行补贴，那么两者将平均 4 个单位的补贴支出，博弈的结果是地方政府收益小于成本，中央政府收益大于成本。两者的博弈收益矩阵如表 5-1 所示。

表 5-1　中央政府和地方政府补贴博弈收益矩阵

政府补贴博弈收益矩阵		地方政府（下级政府）	
		补贴	不补贴
中央政府（上级政府）	补贴	3，1	1，3
	不补贴	5，-1	0，0

资料来源：笔者整理。

如表 5-1 所示，这个博弈没有占优战略均衡，中央政府（上级政府）补贴、地方政府（下级政府）不补贴是该博弈的博弈均衡解。无论中央政府（上级政府）补贴还是不补贴，地方政府（下级政府）的占优战略总是不补贴。这样的博弈模型，可以解释传统的水利建设为什么主要依靠中央政府（上级政府）投资的机制。

在农业水价补贴中，中央政府（上级政府）和地方政府（下级政府）是一个不完全信息动态博弈，由于存在信息不对称，地方政府为了获得更多的补贴资金，可能会存在"道德风险"，夸大本地区农业水价补贴面临的资金缺口，以获取中央财政（上级财政）的支持，从而规避自身的补贴责任。中央政府若要了解地方政府的"夸大"倾向，会面临高昂的信息成本，但如果满足地方政府的要求，势必造成巨大的财政负担。在这种情况下，中央政府（上级政府）多数会选择收回财权，下放事权，造成农业水价补贴资金供给不足，落实不到位，导致农业灌溉设施难以良性运行和维护。

在中央政府（上级政府）和地方政府（下级政府）的委托-代理链中，由于中央政府缺乏激励或监督地方政府执行农业水价补贴的制度安排（委托代理合同），最终会导致农业水价补贴资金不足。中央政府（上级政府/委托人）面临的问题就是如何从地方政府（下级政府/代理人）的参与约束下设计出一个具有参与约束和激励相容的制度，激励代理人选择对委托人最有利的行为，最大化委托人的期望效用，实现农业水价补贴的既定目标。这种激励相容的制度设计通常也被称为"激励机制设计"。

二、政府与农户之间的博弈

此博弈参与人为政府和农户，政府和农户进行成本－收益估算以做出决策；博弈的策略集为政府可以选择高水价和低水价(政府实施农业水价暗补政策，农业水价暗补的基本逻辑为政府补贴灌区水管组织进而以较低的水价补贴用水者，将对农户的补贴隐含于农业低价用水之中，其实质是价格补贴。农业水价暗补造成农户承担的水价低于供水成本)，农户可以选择节水和不节水；此博弈的收益分为政府收益和农户收益，政府收益用 R_G，农户收益为 R_F，面对政府的低水价和高水价政策，农户均可以采取节水或不节水策略，都有各自对应的收益，如表5-2所示。

表5-2　政府与农户的博弈收益矩阵

农户	政府	
	低水价(P_L)	高水价(P_H)
不节水	(R_G^1, R_F^1)	(R_G^3, R_F^3)
节水	(R_G^2, R_F^2)	(R_G^4, R_F^4)

资料来源：笔者整理。

表5-2中，R_G^1、R_G^2、R_G^3、R_G^4 为政府收益，由于主要分析政府不同水价下的农户用水行为且政府追求节约用水目标，故假设 $R_G^1 < R_G^2 < R_G^3 < R_G^4$；$R_F^1$、$R_F^2$、$R_F^3$、$R_F^4$ 为农户收益。农户生产函数为 $q = f(W, X)$，W 为农业灌溉水量，X 为灌溉水之外的其他农业生产资料。若 P 为农户种植农作物的单价，q_1 和 q_2 为节水前后农作物的产量，P_L 和 P_H 为低水价水平和高水价水平，W_1 为农户节水前用水量，W_2 为农户节水后用水量，P_X 为其他生产要素单价，X_1 为节水前其他生产要素投入量，X_2 为节水后其他生产要素投入量，C_F 为采用农户节水灌溉技术投入的成本。

$$R_F^1 = Pq_1 - P_L W_1 - P_X X_1 \qquad (5-1)$$

$$R_F^2 = Pq_2 - P_L W_2 - P_X X_2 - C_F \tag{5-2}$$

$$R_F^3 = Pq_1 - P_H W_1 - P_X X_1 \tag{5-3}$$

$$R_F^4 = Pq_2 - P_H W_2 - P_X X_2 - C_F \tag{5-4}$$

经验表明，节水灌溉和传统灌溉相比具有明显的增产效果，且节水灌溉具有明显的节地、节能、节工及其他收益特征，所以节水收益和节水成本之间的关系就成为决定(节水，不节水)博弈结果的关键因素。令 $\Delta q = q_2 - q_1$，$\Delta W = W_1 - W_2$，$\Delta X = X_1 - X_2$，节水收益为 $P_{水}\Delta W + P\Delta q + P_X \Delta X$，节水成本为 C。令 $(P\Delta q + P_X \Delta X) = K$，根据费用效益比原则，可以进行如下分析：

（1）当水价较低时，即当 $P_L < \dfrac{C_F - K}{W_1 - W_2}$ 时，

农户选择不节水的收益：

$$R_F^1 = Pq_1 - PW_1 - P_X X_1 \tag{5-5}$$

农户选择节水的收益：

$$R_F^2 = Pq_2 - PW_2 - P_X X_2 - C_F \tag{5-6}$$

两者的差额：

$$R_F^2 - R_F^1 = P_L(W_1 - W_2) - (C_F - K) < 0 \tag{5-7}$$

以上分析表明农户实施节水后的收益小于实施节水前的收益，农户选择不节水。此时，节水工作只有在政府主导下才可以进行，若政府不进行节水投入，推动节水工作，灌溉节水就会陷入停滞。农业灌溉水价偏低，造成水价不能反映水资源稀缺程度，助长了农业水资源利用中的浪费行为，影响了节水农业的效益和高效节水农业的发展，所以构建关系协调、自主动力、有效激励和控制有序的农业价格运行机制至关重要。

（2）当水价较高时，即当 $P_H > \dfrac{C_F - K}{W_1 - W_2}$ 时，

农户选择不节水的收益：

$$R_F^3 = Pq_1 - P_H W_1 - P_X X_1 \tag{5-8}$$

农户选择节水的收益：

$$R_F^4 = Pq_2 - P_H W_2 - P_X X_2 - C_F \tag{5-9}$$

两者的差额：

$$R_F^4 - R_F^3 = P_H(W_1 - W_2) - (C_F - K) > 0 \tag{5-10}$$

表明农户实施节水后的收益大于实施节水前的收益，农户选择节水。但提高节水意识，提升农业用水效率不能单纯依靠提高农业用水价格，农

业水价改革必须考虑农业生产成本、收益和收入情况。在提高水价的同时要加大对农业供水、节水等一系列支持农业和农村发展基础建设的投入力度，要考虑对农业水价实施明补，特别要构建农业水价精准补贴机制，即实施"提补水价"政策具有合理性。

三、灌区水管组织与农户之间的博弈

假设灌区水管组织可以对农户用水行为进行管理，政府给灌区水管组织补贴，灌区水管组织可以给用水农户节水奖励。在不同的水价补贴机制设计下，灌区水管组织的管理努力程度是不同的。设 Y 为灌区水管组织因为农户节约用水获得的收益（如出让水权获得的收益），L 为灌区水管组织对农户用水行为监管的成本，S 为政府对灌区用水在政府核定的用水总量控制指标之内给予灌区的补贴，t 为政府补贴的概率。假设农户在用水过程中会选择节约用水和非节约用水两种行为；其中 R 为农户农业生产的正常收入，C_1 为农户选择节水灌溉所产生的成本，C_2 为农户不选择节水灌溉所产生的成本，P 为农户选择节约用水的概率；假设 M 为农户选择节水行为后从灌区水管组织得到的奖励，F 为农户不节水被灌区水管组织发现后得到的惩罚，该奖励和惩罚在灌区水管组织发现其行为后实施，设灌区水管组织发现其的概率与政府给灌区水管组织补贴的概率一致，都为 t。

在上述假设条件下，灌区水管组织和农户之间的博弈支付矩阵如表5-3所示。

表5-3　灌区水管组织和农户行为博弈的支付矩阵

农户	灌区水管组织	
	强化管理(t)	不强化管理($1-t$)
节水(P)	$R-C_1+M$，$Y-L+S-M$	$R-C_1$，$Y-L$
不节水($1-P$)	$R-C_2-F$，$-L+F$	$R-C_2$，$-L$

资料来源：笔者整理。

农户选取节水灌溉的期望收益：

$$U_{C_1}=t(R-C_1+M)+(1-t)(R-C_1) \qquad (5-11)$$

农户不选取节水灌溉的期望收益：

$$U_{C_2} = t(R - C_2 - F) + (1-t)(R - C_2) \qquad (5\text{-}12)$$

农户选择节水行为的净收益：

$$\Delta U = U_{C_1} - U_{C_2} = tF + tM - C_1 + C_2 \qquad (5\text{-}13)$$

当 $\Delta U > 0$ 时，农户选择节水灌溉的期望收益大于不节水灌溉的期望收益。此时，农户就有选择节水灌溉的动机，而且机会收益越大，农户选择节水灌溉的动机越强烈。

$$\frac{\partial \Delta U}{\partial t} = F + M > 0 \qquad (5\text{-}14)$$

式(5-14)表示政府节水补贴的概率越大，农民节水收益越大，节水动机越强，农户不节水被发现的概率越大。

$$\frac{\partial \Delta U}{\partial M} = t > 0 \qquad (5\text{-}15)$$

式(5-15)表示农户从灌区水管组织那里得到的节水奖励越大，其节水收益越大，节水动机越强。

$$\frac{\partial \Delta U}{\partial F} = t > 0 \qquad (5\text{-}16)$$

式(5-16)表示农户浪费用水得到的惩罚越大，其节水收益越大，节水动机越强。

$$\frac{\partial \Delta U}{\partial C_1} = -1 < 0 \qquad (5\text{-}17)$$

式(5-17)表示节水灌溉的成本越高，农户节水收益越小，节水动机越低。

$$\frac{\partial \Delta U}{\partial C_2} = 1 > 0 \qquad (5\text{-}18)$$

式(5-18)表示不选择节水灌溉的成本越高，农户节水收益越大，节水动机越强。

结论：政府对灌区水管组织的激励政策会影响灌区水管组织的管理努力程度和管理创新，进而影响农户的节水行为。补贴和奖励机制的科学设置对于灌区水管组织管理的努力程度和农户节水行为有非常重要的影响。

四、农户与农户之间的博弈

若将农业水价作为主要考虑因素，博弈的参与人为农户 A 和农户 B，博弈的策略集为两个农户均可以选择进行节水投入和不进行节水投入，双方都根据成本-收益做出自己的决策。假设农户A和农户B规模相似，两者共同使用节水灌溉技术。两者都不进行节水投入时其各自利润函数均为 $\dot{R}_F^1 = Pq_1 - P_M W_1 - P_X X_1$；当两者平均进行节水投入时其各自的利润函数均为 $\dot{R}_F^2 = Pq_2 - P_M W_2 - P_X X_2 - C_F/2$；当一方进行节水投入另一方不进行节水投入时，进行节水投入的一方的利润函数为 $\dot{R}_F^3 = Pq_3 - P_M W_3 - P_X X_3 - C_F/2$，不进行节水投入一方的利润函数为 $\dot{R}_F^4 = Pq_3 - P_M W_3 - P_X X_3$。上面各式中满足 $q_1 < q_3 < q_2$，$W_2 < W_3 < W_1$，$X_1 < X_3 < X_2$。农户之间的博弈收益矩阵如表5-4所示。

表5-4　农户与农户的博弈收益矩阵

农户A	农户B	
	进行节水投入	不进行节水投入
进行节水投入	$(\dot{R}_F^2,\ \dot{R}_F^2)$	$(\dot{R}_F^3,\ \dot{R}_F^4)$
不进行节水投入	$(\dot{R}_F^4,\ \dot{R}_F^3)$	$(\dot{R}_F^1,\ \dot{R}_F^1)$

资料来源：笔者整理。

当 $P_M = P_L$ 为低水价时，$\dot{R}_F^4 > \dot{R}_F^3$，$\dot{R}_F^4 > \dot{R}_F^1$，当农业灌溉水价很低，节水投入成本较高时，农户节水导致的收益不足以弥补节水灌溉投入，所以有 $\dot{R}_F^4 > \dot{R}_F^2$。农户A和农户B从自身成本-收益核算的角度出发，双方都会选择不进行节水投入的"囚徒困境"，导致农户节水行为供给不足的状态。

当 $P_M = P_H$ 为高水价时，农户选择进行节水相当于得到奖励或受到惩罚，在这种奖励或惩罚力度不断加大时，$\dot{R}_F^2 > \dot{R}_F^4 > \dot{R}_F^3$。且 $\dot{R}_F^2 > \dot{R}_F^1$。农户A和农户B从自身成本—收益核算的角度出发，双方都会选择进行节水投入，使农户节水供给行为增加。

上述博弈分析解释了在农业水价较低，节水工程建设存在"搭便车"行为时，农户通常不愿意投资节水改造，导致节水工程建设和节水技术改造面临"囚徒困境"。"囚徒困境"是个体理性导致了集体非理性，消除这种行为除了提升水价、提升节水收益，政府还可以设计一种长效激励机制，满足个体理性并实现集体理性。奖励采用节水技术或节水措施的农户，惩罚粗放式灌溉用水造成水资源严重浪费的农户就属于一种有效的鼓励节水的激励。

假设还是农户 A 和农户 B，若新的制度安排可以实现鼓励节水投入和消除水资源浪费，若农户采用节水技术或节水措施得到一部分补贴为 M，且 $M>(\dot{R}_F^1-\dot{R}_F^3)$，农户不采用节水技术造成水资源浪费受到的惩罚为 F，且 $-F<(\dot{R}_F^2-\dot{R}_F^4)$，完善制度后促进了农户合作意识的提升，农户合作进行节水技术或节水措施采用的收益为 $\dot{R}_F^2$，$\dot{R}_F^2>\dot{R}_F^2$。引入激励机制后的博弈收益矩阵如表 5-5 所示。

表 5-5　引入激励机制后的博弈收益矩阵

农户 A	农户 B	
	进行节水投入	不进行节水投入
进行节水投入	$(\overline{\dot{R}_F^2}$，$\overline{\dot{R}_F^2})$	$(\dot{R}_F^3+M)$，$(\dot{R}_F^4-F)$
不进行节水投入	$(\dot{R}_F^4-F)$，$(\dot{R}_F^3+M)$	$(\dot{R}_F^1$，$\dot{R}_F^1)$

资料来源：笔者整理。

$(\dot{R}_F^2$，$\dot{R}_F^2)$ 为新制度下的纳什均衡，通过对节水农户的补贴，对浪费用水农户的惩罚，实现了个人目标与集体目标的一致。此博弈模型及外界激励措施可以扩展到更多农户参与灌溉的节水合作情形，最终实现节水合作组织及农民用水者协会良性运行的目标。

五、政府—灌区水管组织—农户之间的博弈

政府、灌区水管组织和农户在农业水价补贴中的利益关系博弈可用表 5-6 表示。

表 5-6　农业水价补贴直接利益相关主体的利益博弈

主要内容构成	博弈要素参与者		
	政府	灌区水管组织	农户
行动	补贴或不补贴/如何进行补贴	建设维护或不建设维护/强化管理或不强化管理	节水或不节水

主要内容构成	博弈要素参与者		
	政府	灌区水管组织	农户
策略	在补贴资金既定下，通过设计合理补贴方式实现农业节水和保障粮食安全	灌区会由于农业水费收缴数量和政府对灌区是否进行补贴做决策，如农业水费收缴数量充足、政府对灌区水管组织进行节水补贴或节水奖励，便加强水资源管理和节水工程建设，否则采取观望态度	农户依据自身收益做出用水行为，若节水划算则选择节水，否则节水不积极或拒绝节水
支付函数	在促进农业节水、保障粮食安全和不增加甚至减轻农户水费负担等约束下，最大化社会福利函数	成本-收益分析，其净收益等于水费总收入加政府补贴或者奖励收入减去灌溉设施运行维护费用、节水工程建设维护费用和相关管理成本	成本-收益分析，其净收益等于节水的边际收益与节水边际成本之差

资料来源：笔者整理。

政府、灌区水管组织和农户之间的利益关系并不一致，政府追求的目标是提升水资源使用效率，并保障粮食安全。灌区水管组织和农户的目标是在成本-收益分析的基础上实现自身利益的最大化。在用水计量设施不完善的情况下，用水过程由于存在信息不对称而容易出现道德风险，用水农户倾向采取大水漫灌的方式。

农业水价补贴机制中的上述组织的利益博弈可以分为三种基本情形。

第一种基本情形：政府对灌区水管组织进行补贴，灌区水管组织进行节水工程建设或不进行节水工程建设，农户根据成本收益选择节水或不节水；政府对灌区水管组织不进行补贴，灌区水管组织根据自身财力状况选择进行或不进行节水工程建设，农户根据自身成本收益选择节水或不节水。具体利益博弈如图5-1所示。通常而言，灌区水管组织对于争取政府财政补贴的积极性较高，通过争取政府财政补贴可以提高其财政能力并促进灌区固定资产的形成，但灌区水管组织是否鼓励农户节水其态度不明朗，其原因在于水费收入是灌区水管组织的主要收入来源，农户节水可能导致灌区水管组织收入减少。由此可见，若制度设计不合理可能导致政府目标和灌区水管组织目标的不一致。农户是否选择节水主要取决于节水成本和收益的比较分析。

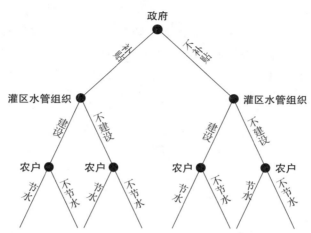

图5-1　政府是否补贴—灌区水管组织是否进行节水工程建设—农户是否选择节水的博弈树
资料来源：笔者根据调研资料整理。

　　第二种基本情形：政府在提高农业水价时，选择是否对农户进行水价补贴，农户根据成本-收益分析选择是否节水；政府在不提高水价时，选择是否对农户进行水价补贴，农户根据成本—收益分析选择是否节水（见图5-2）。政府提高农业水价对农业用水行为的影响既要考虑农户用水负担，又要考虑粮食总产量稳定。

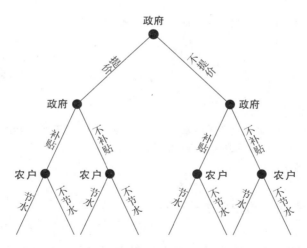

图5-2　政府是否提高水价—政府是否对农业水价补贴—农户是否选择节水的博弈树
资料来源：笔者整理。

第三种基本情形：政府选择提高农业水价时，可以选择是否对灌区水管组织进行考核和奖补，灌区水管组织选择是否强化用水管理，农户根据成本-收益分析选择是否节水；政府选择不提高农业水价时，可以选择是否对灌区水管组织进行考核和奖补，灌区水管组织选择是否强化用水管理，农户根据成本—收益分析选择是否节水（见图5-3）。

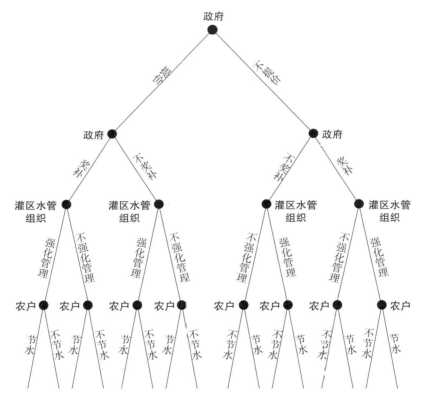

图5-3　政府是否提高水价—政府是否奖补—灌区水管组织是否强化管理—农户是否节水的博弈树

资料来源：笔者整理。

上述三种基本情形中，按补贴对象分，涉及两种补贴方式，第一种财政直接补贴对象是灌区水管组织，第二种财政直接补贴对象是用水农户。

两种补贴机制及其具体设计对农户用水行为的影响不同，对节水效果和水资源使用效率的影响也不同。

第二节　农业水价精准补贴的内涵与构成要素

一、农业水价精准补贴的内涵

改革财政支农投入机制，优化农业补贴政策，提高农业补贴的精准性和指向性，进而提高农业资源配置效率，是新时代农业补贴政策的发展方向。

2014 年以来，我国连续四年的"中央一号文件"均提出提升农业补贴的精准性和指向性，提高农业财政补贴资金绩效的问题。

精准补贴的基本要求是目标精准、对象精准、管理精准、措施精准，其核心是对象精准。精准补贴的目的是"把好钢用在刀刃上"，将补贴资金的效能发挥到最大。

根据我国农业水价长期"暗补"的实际，立足我国农业水价的现实运行情况，本书将农业水价精准补贴定义如下：农业水价精准补贴是农业水价综合改革奖补的组成部分，与传统的均等化、低水平、普惠制农业水价暗补（不分定额内用水还是定额外用水，不分粮食作物用水还是其他类型用水，不分用水主体是否足额缴纳水费，不分供水组织是否收回成本，不分供水组织是否积极开展节水管理和节水改造）相对应，主要对用水主体或供水组织农田灌溉设施运行维护成本给予部分补贴，其目的是提高农业水价补贴的精准性和指向性，提升农业水价补贴绩效，促进农业节水，农业水价精准补贴要求补贴对象明确、补贴标准清晰、补贴程序规范、群众认可。

农业水价精准补贴和节水奖励同属于农业水价综合改革奖补的构成部分，都是促进农业节水的重要机制，但农业水价精准补贴主要是对用水主体或供水组织农田灌溉设施运行维护成本给予补贴，而节水奖励主要是对用水主体或供水组织实施农业节水取得的成效给予奖励。这里所讲的用水主体是指不同用水规模的农户、农民用水者协会以及依法设立的新型农业经营主体，这里所讲的供水组织主要指末级渠系及小型农田水利工程管理单位、管护组织及供水经营组织。

二、农业水价精准补贴的构成要素

农业水价精准补贴机制的主要构成要素包括补贴对象、补贴标准、补贴方式和补贴程序等。补贴监督考核机制和补贴保障制度保障补贴有效顺利进行，其相互关系如图5-4所示。补贴主体在多元利益偏好约束下根据补贴目标确定补贴对象，选择补贴方式、补贴措施和补贴标准，安排补贴资金。补贴监督考核机制对补贴对象识别确定、补贴措施实施、补贴资金使用和补贴实施效果等进行监督和考核。补贴保障制度是精准补贴机制构建的外部条件。

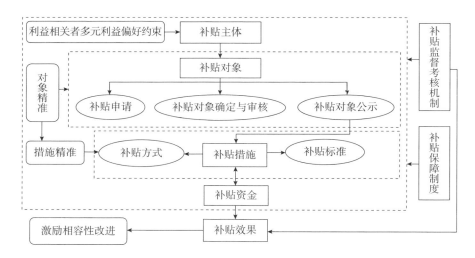

图5-4 农业水价精准补贴机制

资料来源：笔者整理。

(一) 补贴主体

农业水价精准补贴的受益群体应当是农业水价精准补贴的补贴主体。农业水价精准补贴的目的是保障粮食安全、促进节约用水和减轻农户负担，其受益主体是社会大众，不仅包含用水农户，还包含城镇居民。按照"谁受益、谁付费"的补贴原则，农业水价精准补贴的受益群体应作为"补贴主体"，即补贴主体应是社会大众。由于集体行动所造成的免费"搭便车"现象，导致农业水价补贴领域存在市场机制的缺失，可由政府作为受益群体的代表对补贴客体实施补贴，并作为补贴主体出现。

（二）补贴对象

从保障国家粮食安全和维护农田水利工程良性运行的角度来考虑，农业水价精准补贴的对象侧重采取节水工程技术措施、调整农业种植结构、全额缴纳水费、加强田间管理、节水效果明显、种植主要粮食作物的用水农户，适度适时考虑种植经济作物的用水主体。当前我国农业水价精准补贴中存在补贴对象类型多样，适用条件各异的状况。例如，《张掖市甘州区人民政府关于印发甘州区农业用水精准补贴资金使用管理办法（试行）的通知》（甘区政发〔2016〕158 号）中规定农业水价精准补贴的对象为农民用水者合作组织、新型农业经营主体和用水农户；又如，《汕头市农业水价综合改革精准补贴及节水奖励办法（试行）》（汕市财农〔2019〕114 号）规定，农业用水精准补贴的对象为地表水定额灌溉的种植粮食作物（包括水稻、小麦、玉米、马铃薯、番薯）和蔬菜、香蕉、茶叶、柑橘、柚、橙、林檎、桑葚、杨梅、番石榴、荔枝、青梅、龙眼、葡萄、火龙果等经济作物的节水农户，包括家庭农场、种植大户等新型农业经营组织；再如，《宁阳县农业水价综合改革农业节水精准补贴和节水奖励实施细则》（宁政办发〔2017〕88 号）规定，农业水价精准补贴对象为各乡镇水利管理站、各村及用水农户；还如，新疆维吾尔自治区焉耆回族自治县农业水价精准补贴的对象为国有水管组织。

（三）补贴标准

补贴标准的确定是农业水价精准补贴的核心要素。各地农业水价补贴标准要综合考虑用水成本、农户水价承受能力、农业水价调整幅度和当地财政能力等实际情况制定，重点对使用地表水灌溉给予补贴。农业水价精准补贴作为我国农业水价综合改革的重要组成部分，往往和农业水价综合改革绩效挂钩。例如，《汕头市农业水价综合改革精准补贴及节水奖励办法（试行）》（汕市财农〔2019〕114 号）规定，根据农业水价综合改革工作考评结果，对合格者进行精准补贴，其中：大中型灌区末级渠系补贴标准为 0.018元/立方米，小型灌区补贴标准为 0.012 元/立方米，超定额部分不享受政府补贴，种植花卉等其他经济作物的和利用地下水灌溉的暂不予补贴。考核不合格者，不补贴。《张掖市甘州区人民政府关于印发甘州区农业用水精准补贴资金使用管理办法（试行）的通知》（甘区政发〔2016〕158号）中规定在核定水权面积内自筹资金，采用高效节水技术，发展设施农业的每亩补贴10元；在核定水权面积内自筹资金推行河水滴灌技术的每亩补贴10元。《宁阳县农业水价综合改革农业节水精准补贴和节水奖励实施细则》（宁政办发〔2017〕88号）规定，自流片以斗渠为计量单元，泵站提水片以泵站为计量单元，年用水总量在控制范围内的，按照定额用水量补贴0.06元/立方米；超出的，不予补贴。总体而言，我国农业水价精准补贴标准各地不一，且存在补贴标准分类不够细化的问题。

（四）补贴方式

农业水价精准补贴可以采取直接和间接的方式进行，可以直接按标准补贴到用水主体，也可以采取按标准补贴给供水组织，相应抵顶部分应收水费。农业水价精准补贴方式也应当充分考虑当地节水工程建设、维护和农业生产情况。各地农业水价精准补贴方式各异，如《张掖市甘州区人民政府关于印发甘州区农业用水精准补贴资金使用管理办法（试行）的通知》（甘区政发〔2016〕158号）中规定，农业水价精准补贴以现金方式直接拨付补贴对象，由水管部门代为统筹监管实施；对全额完成水费收缴任务的，补贴资金直接拨付补贴对象，对完不成水费收缴任务的，不得享受精准补贴。

（五）补贴程序

农业水价精准补贴程序由当地相关主管部门制定，通常经过申请、审核、公示、批准和兑付等程序。一般而言，在当年末或灌溉期末，由用水主体或供水组织向乡镇人民政府提出申请，乡镇进行审核并依据补贴资金额度等情况确定补贴方案；审核结果在村镇两级公示，公示无异议后，由县级水行政主管部门批准，财政部门兑付。对于管理范围跨乡镇的用水组织或供水组织，也可以直接向县级水行政主管部门提出申请。农业水价精准补贴程序强调公平、公正、公开。在实践中，各地农业水价精准补贴大体遵循上述程序，如贺州市《八步区农业水价综合改革精准补贴及节水奖励办法（试行）》规定，每年灌溉周期结束后，由农民用水者协会、新型农业经营组织等向工程所有权人提出申请，附农业水价调整、作物种植面积、用水定额、用水量、水费缴纳等材料。由工程所有权人汇总整理，提请八步区农业水价综合改革工作领导小组办公室审核通过后按年度发放补贴资金。

三、农业水价精准补贴的具体要求

农业用水在我国各类用水中占比最大。长期以来，受我国福利用水的影响，加之水资源管理的落后以及农户用水支付能力较低，我国农业水价长期低位运行，无法弥补供水成本。按照习近平总书记"节水优先、空间均衡、系统治理、两手发力"的新时期治水思路，推进农业水价进行综合改革已经刻不容缓。2016年国务院办公厅印发了《关于推进农业水价综合改革的意见》，该意见明确了我国农业水价综合改革的总体要求、任务举措和保障措施。该意见要求在完善水价形成机制的基础上，建立与财力状况、节水成效、调价幅度等相匹配的农业用水精准补贴机制。补贴标准根据定额内用水成本与运行维护成本的差额确定，重点补贴种粮农户或新型农业合作组织定额内用水。补贴的对象、方式、环节、标准、程序及资金使用管理等，由各地自行确定。

从上述官方文件表述可以总结我国农业水价精准补贴的具体要求：

（1）灌溉用水总量控制和定额管理制度的落实是农业水价精准补贴的前提。农业水价精准补贴是在农业灌溉用水总量控制和定额管理基础上的补贴，其前提是农业用水总量控制和定额管理制度的落实，补贴定额内用水，超出用水定额的灌溉用水不进行补贴。

（2）农业水价精准补贴要与节水成效挂钩。农业水价精准补贴是与节水成效挂钩的补贴，当地水资源行政主管部门要对节水成效进行评估验收，确保补贴绩效，真正促进节约用水。

（3）农业水价精准补贴要充分考虑农户水价承受能力。农业水价改革的重要方向是规范农业用水管理，收回供水成本，这在某种程度上会增加用水成本。农业水价综合改革要求总体上不增加用户负担，农业水价补贴标准原则上应根据定额内用水成本与运行维护成本的差额确定，会因各地水价提价幅度的不同而有所差别，是充分考虑农户水价承受能力的补贴。

（4）农业水价精准补贴要与当地财力状况相适应。农业水价精准补贴的资金来源主要是政府财政资金，水权交易收益的部分资金等可以作为农业水价补贴资金的重要补充来源，但目前尚不能成为主要资金来源。因此，农业水价补贴标准要充分考虑地方的财政情况，要与各地财力状况相适应。

(5)农业水价精准补贴要动态调整。农业水价精准补贴要有弹性，补贴标准要随改革的推进逐步调整，要有退出机制。

(6)农业水价精准补贴申请主体应具备良好的用水管理能力。农业水价精准补贴要求申请主体建立用水管理台账、水费收支台账、维修养护支出台账等反映用水管理主体的基本台账。

(7)农业水价精准补贴要求程序规范、群众认可。一般按照申请、审核、公示、批准和兑付等程序实施。

第三节　农业水价补贴绩效偏差与精准补贴激励相容性改进机理

一、农业水价补贴政策绩效偏差的界定

农业水价补贴政策属于典型的公共政策，公共政策是对政府为解决社会问题、增进社会福利和进行社会管理的重要手段。公共政策绩效评价是对公共政策制定和实施后进行的评价。公共政策绩效包含"量"和"质"两个维度，强调某项政策在某段时间内取得的成绩和效益。在公共政策的实际运转和政策层级下达落实的过程中，导致政策结果与政策预期在多种因素的扰动下出现不一致甚至相反，形成政策应然和实然之间的偏差，这便是通常所讲的公共政策绩效偏差。对公共政策绩效偏差的研究不但有助于我们分析公共政策的执行效果，而且有助于我们探究影响公共政策偏差的原因，并提出改进思路。

根据对公共政策绩效偏差的界定，我们可以对农业水价补贴绩效偏差进行分析。农业水价补贴政策的机制设计应该使政府、灌区水管组织(灌区供水组织)和农户的行动目标趋于一致，应该实现激励节约用水、兼顾用水负担和维护灌区水利设施良性运行之间的相互协调，使各利益相关方较为满意。若农业水价补贴政策的理想绩效和现实绩效有差距，甚至出现了激励节约用水、兼顾用水负担和维护灌区水利设施良性运行的矛盾，则表明农业水价补贴政策出现了绩效偏离。因此，我们可以对农业水价补贴政策

绩效偏离进行界定：农业水价补贴绩效偏离是指政策实施后出现问题，偏离政策目标，利益相关方对政策实施意见较大，激励节约用水、兼顾用水负担和维护灌区水利设施良性运行达成度不高，出现上述问题表明政策机制设计出现问题，需要对造成绩效偏差的原因进行深入分析，并提出改进和完善思路。另外需要说明的是公共政策绩效评估具有历史性，不同时期对政策绩效的理解可能存在差别，如水资源丰富的时期或地区可能对节水目标的关注度就相对较低。因此，公共政策绩效分析应是动态研究的，公共政策也应是不断演进和完善的。

二、农业水价补贴激励相容性改进的内涵

激励相容和激励不相容聚焦两个方面的核心问题：一方面是个体收益与成本之间的关系；另一方面是由此关系所带来的活动目标的一致性。如果机制设计可以使追求个人利益的行为与集体价值最大化的目标从不一致逐渐趋于一致，就可以理解为政策从激励不相容逐渐趋向激励相容，我们可以理解为激励相容性改进。

农业水价补贴涉及多个利益相关者，其中主要利益相关者包括政府、灌区水管组织（灌区供水组织）和农户。农业水价补贴激励相容性改进就是针对传统农业水价补贴造成的政府目标、灌区供水组织目标和农户目标的不一致甚至相互矛盾，逐渐通过机制设计实现三者目标的一致，改变传统农业水价补贴造成的财政资源和水资源的双重效率损失。农业水价补贴激励相容性改进的关键是政府通过合理的机制设计，使灌区水管组织和农户的目标与政府所期望的目标相一致，其核心是三者在节水目标和行动上相一致。在促进节水问题上，灌区水管组织和用水农户是节水的实际行动者，它们比政府掌握更多的节水信息，即政府与灌区水管组织和农户之间在节水问题上存在信息不对称。由于信息不对称，政府与灌区水管组织政府与农户之间构成两条委托—代理关系，政府为委托人，灌区水管组织和用水农户为代理人。因此政府在进行农业水价财政补贴时，有必要设计一套激励机制，防止逆向选择，实现节约用水、用水负担和灌区供水设施良性运行目标之间的协调一致。农业水价补贴机制的设计由原来的节约用水、用水负担和灌区供水设施良性运行目标之间的不一致到协调一致，就称为农业水价补贴实现了激励相容性改进。

关于农业水价补贴政策实施的复杂性和艰巨性并非在最初就显现出来，政策设计者也是在探索中前行。我国农业水价补贴经历了财政全额补贴、财政直补灌区水管组织和向精准补贴发展三个阶段。新中国成立之后的较长时间（1949~1964年）内，我国农业灌溉用水处于无偿用水阶段，没有农业水价政策，这段时期基本上就属于农业水价财政全额补贴阶段。1965年颁布的《水利工程水费征收使用和管理试行办法》，虽然开启了我国农业水费改革，但由于水费核订迟迟没有落实到位，1965~1984年我国农业用水基本上处于无偿用水阶段，由政府财政全额负担。政府财政全额负担农业水价虽然有助于减轻农户负担，但容易造成农户水商品意识淡薄，不利于农业节水和农业水资源使用效率的提升，同时容易造成政府财政负担加重。

为促进农业节水，保障农村灌溉水利设施正常运营维护，我国对农业灌溉逐步从无偿用水转变到收取水费阶段。1985年7月，国务院颁布《水利工程水费核订、计收和管理办法》，提出凡水利工程都应该实行有偿供水，并在供水成本基础上对各类用水价格分别进行核订；1988年新中国第一部《水法》明确规定："使用供水工程供应的水，应当按照规定向供水单位缴纳水费。"从此我国农业灌溉用水逐步进入收费阶段。但考虑到农户的支付能力和经济负担，国家对农业水价进行暗补，即财政直接补贴灌区水管组织。农业水价暗补的方式包括"政府财政负担全部国有工程水价+农户分担末级渠系水价"模式和"政府财政分担折旧费和工程更新改造费等部分国有工程水价+农户承担剩余国有工程水费和末级渠系水价"。农业水价暗补形式，其设计初衷是通过财政补贴保障灌区水管组织的良性运行，同时减轻农户用水负担。但这种机制在运行实践中却形成了如下困境：第一，农户承担的水价较低，容易造成水资源浪费；第二，执行水价低于成本水价，且政府补贴往往难以足额到位，相关费用得不到公共财政应有补偿的情况时有发生，灌区水利设施难以正常运营维护，灌区灌溉工程老化、效益下降、水管组织收不抵支问题突出；第三，农户对政府是否进行了农业水价补贴、补贴标准和补贴程序如何等存在信息不对称。

2016年开始，我国农业水价补贴逐步进入精准补贴探索实施阶段。这一时期农业水价补贴特征是补贴政策完善方向逐渐明确并强调引入绩效管理模式。2016年，《国务院办公厅关于推进农业水价综合改革的意见》（国办发〔2016〕2号）提出构建农业水价精准补贴机制，打造"多用水多花钱，少用水少花钱，不用水得补贴"的农业水价制度和农业水价精准补贴制度。逐步引导建立以水价调节机制为核心，总量控制和定额管理相结合的节水制度，同时降低农户负担。由此我国农业水价补贴进入精准补贴探索实施阶段。

农业水价政策和农业水价补贴政策涉及节约用水、农户用水负担和灌区水利设施运行维护，是一个综合性和系统性工程，农业水价补贴不是简单的政府分担水费的问题，而是要统筹考虑激励节约用水、兼顾用水农户水费负担和保障灌区水利设施良性运行的机制设计问题。

三、农业水价精准补贴激励相容性改进的机理

（一）农业水价精准补贴是促进激励相容农业水价形成的关键

2016 年颁布的《国务院办公厅关于推进农业水价综合改革的意见》（国发〔2016〕2 号）指出，农业是我国用水大户，也是我国节水潜力所在。我国农田水利基础设施薄弱，运行维护经费不足，农业用水管理不到位，农业水价形成机制不健全，价格水平总体偏低，不能有效反映水资源稀缺程度和生态环境成本，价格杠杆对促进节水的作用未能得到有效发挥，不仅造成农业用水方式粗放，而且难以保障农田水利工程良性运行，因此，需要建立健全农业水价形成机制。我国农业水价形成机制中存在的突出问题是农业水价偏低，水价杠杆对促进节水的作用不充分；农业水价难以保障农田水利工程良性运行。我国农业水价政策存在的问题本质上是激励不相容，即节水、灌区农田水利设施良性运行和用水农户水费负担之间激励不相容。

无论是经济学还是管理学，都以行为人的心理状况与行为模式为出发点考虑激励问题，激励可以视为利益相关主体的心理与行为过程，外界的环境刺激或制度作用于利益相关者的动机系统，使行为人产生意愿与行动倾向，并逐步转化为行为，从而实现某个目标的过程。就农业用水而言，政府从全社会福利最大化考虑，需要制定一系列行为准则和奖惩制度，引导和激励灌区水管组织、用水农户和农民用水者协会等产生内在节水动机，将其转化为现实的节水行为，并且在不增加农户用水负担的基础上实现灌区灌溉设施良性运行。2016 年《国务院办公厅关于推进农业水价综合改革的意见》（国办发〔2016〕2 号）提出完善水价形成机制，其实质就是构建激励相容的农业水价政策。

激励相容的农业水价政策可以借鉴弗鲁姆（Vroom）的"效价-手段-期望"理论来分析，该理论可以简单表述为 $M = \sum V \cdot E \cdot I$。其中，$M$ 为激励动力，即利益相关者行为的积极性（激发行为的动力）；V 为效价，即目标价值（实现目标带给行为主体的效用）；E 为期望值，即实现目标的概率估计值；I 为工具，即促使利益相关主体实现目标的外部激励。根据上述分析，激励相容的农业水价构建框架如图 5-5 所示。

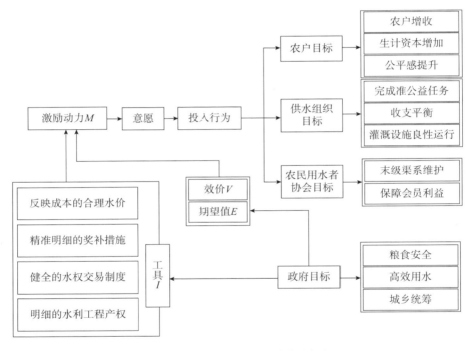

图 5-5　激励相容农业水价构建框架

资料来源：笔者整理。

农业水价精准补贴是农业水价综合改革的重要组成部分，是形成科学农业水价机制的关键，是促使利益相关主体实现目标的重要外部激励。2016年《国务院办公厅关于推进农业水价综合改革的意见》（国办发〔2016〕2 号）指出，各地要建立与财力状况、节水成效、调价幅度相匹配的农业用水精准补贴机制。根据定额内用水成本与运行维护成本的差额确定补贴标准，重点补贴种粮农民定额内用水。各地自行确定补贴的对象、方式、环节、标准、程序及资金使用管理等。农业水价精准补贴机制构建的目的是通过经济手段促进农业节水，提高节水补贴的精准性和指向性，充分调动农民用水合作组织、新型农民经营主体和用水农户节水的主动性。在此基础上构建农田水利工程运行长效机制，解决工程供水能力下降、末级渠系老化失修和水资源浪费严重等问题，同时培育农户节水意识，减轻农户用水负担，保障国家粮食安全。

(二) 农业水价精准补贴是兼顾农业节水与农户用水负担的重要制度安排

农业节水除了通过政府推动水价改革来实现之外，政府部门的财政补贴和激励也是重要手段。长期以来，考虑到征收水费会增加农户经济负担，我国农业水价实施暗补政策，政府直接补贴灌区水管组织，农户负担的水价较低。但农业水价暗补政策最后形成了用水多补贴多，用水少补贴少的状况，造成用水浪费严重、效率低下，且低水价并没有减轻农户用水负担，由于低水价刺激了农户的用水数量，有时农户分摊的水费并没有减少。针对传统农业水价暗补造成的促进节水和用户用水负担之间的激励不相容，我国开始进行农业水价补贴制度的改革，其基本思路是在提高农业水价的同时，对用水农户和供水组织实施精准补贴和节水奖励政策。2016年《国务院办公厅关于推进农业水价综合改革的意见》(国办发〔2016〕2号)指出，加强政府定价成本监审，综合水资源稀缺程度、考虑供水成本和用户承受能力等，合理制定供水工程各环节水价并适时调整。供水价格原则上应逐步提高到或达到运行维护成本水平；水资源紧缺、用户承受能力强的地区，农业水价可提高到完全成本水平；确实有困难的地区尽量提高并采取综合措施保障工程良性运行。因此"提补水价"是我国农业水价改革的重要内容，关于"提补水价"的运行机制如图5-6所示。

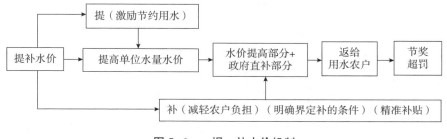

图5-6　一提一补水价机制

资料来源：笔者整理。

提高农业水价将会激励用水农户改变用水习惯，节约用水，在一定程度上降低用水成本。但农户节约用水的收益可能难以抵消水价的上涨对其收益的影响，必须依靠调整外部条件保证农户的效益，激励其节约用水，财政补贴就是重要的制度安排。由于水价改革引起了农户灌溉用水需求的降低，可以诱致等量的灌溉用水创造更大的经济收益。通过财政对用水农户节水投入的精准补贴或对农户定额内用水的精准补贴又进一步增加了节水技术改变前农户的消费者剩余。因此，水价的提高可以激励农户的节水行为，而农业水价精准补贴的水费分担机制又可以促进节水技术的推广，从而进一步促进节水效果的提升，实现促进节水与农户用水负担激励相容的目标。

（三）农业水价精准补贴是兼顾农业节水和灌区水利设施良性运行的重要制度安排

在农业水价改革中，通过实行成本水价政策，可以较好地体现水资源的商品价值，灌区供水单位在较高的水价下也可能有相应的经费保障做好末级渠系的修整，减少水资源的在途损耗，实现节约用水。[①] 但提高水价未必带来灌区供水单位的收益增加，水价提高给供水单位带来的收益增加有时并不能抵销用水户用水量减少所导致的收益减少。供水单位的收益多少直接关系到灌区水利设施能否良性运行，这就需要发挥政府财政补贴的作用。

传统的农业水价暗补政策，其设计初衷是通过政府直接补贴灌区水管组织，从而实现灌区水利设施的良性运行，但在实际操作中政府财政补贴往往不能及时到位，加之农户承担的水价低于灌溉设施运行维护成本，一方面导致农户浪费用水，另一方面灌区水利设施不能及时得到维护，老化失修现象突出，水资源在途损耗严重。

农业水价暗补政策实施中，政府对灌区供水组织缺乏必要的绩效考核，有时即使有考核也与灌区水管组织获取的补贴或与灌区水管组织的收益挂钩不明显。农业水价精准补贴强调与节水成效挂钩，当地水资源行政主管部门要对受补对象的节水成效进行验收，保障补贴绩效，真正做到促进节约用水（见图5-7）。

---

① 徐璇，毛春梅. 我国农业水价分担模式探讨 [J]. 水利经济，2013，31（2）：19-22.

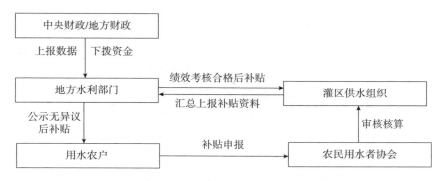

图 5-7　农业水价精准补贴一般流程

资料来源：笔者整理。

2016 年《国务院办公厅关于推进农业水价综合改革的意见》（国办发〔2016〕2 号）指出，在完善水价形成机制的基础上，建立与节水成效、调价幅度、财力状况相匹配的农业用水精准补贴机制，补贴标准根据定额内用水成本与运行维护成本的差额确定；统筹财政安排的水管组织公益性人员基本支出和工程公益性部分维修养护经费、农业灌排工程运行管理费、农田水利工程设施维修养护补助、调水费用补助、高扬程抽水电费补贴、有关农业奖补资金等。农业水价补贴精准要综合考虑用水成本和当地财政能力等实际情况制定，各地补贴标准不同，但根据实地调研和资料整理，很多地区按照规定，根据定额内用水成本与运行维护成本的差额确定补贴标准，以保障灌区灌溉设施良性运行，同时将对灌区的目标考核作为精准补贴的前置条件，以此促进节水。因此，农业水价精准补贴有助于实现节约用水和灌区水利设施良性运行的激励相容。

（四）农业水价精准补贴的前置制度和考核制度是促进利益相关者利益目标激励相容的重要制度支撑

农业水价精准补贴的重要前置制度就是水资源的总量控制和定额管理制度。水资源总量控制和定额管理是农业水资源需求管理的重要组成部分。长期以来，我国农业水资源管理缺乏量化的标准和合理的定额体系，导致水资源分配无原则、管理无标准、用水无节制，加剧了水资源供需矛盾。水资源总量控制和定额管理是水资源需求管理的创新。总量控制是对流域、区域、行业、单位使用水资源总量的分配，各地区、各行业和各用水组织用水总量要控制在总量分配范围，若超出范围需要可在国家许可条件下在水权市场上购买水权。定额管理是对用水过程中的单位产品用水量的控制，属于水资源的微观管理，定额管理是实现水资源总量控制的手段。水资源总量控制和定额管理指标要根据水资源供给状况、地区经济社会发展状况和技术进步状况适时动态调整。农业水价精准补贴并非对任何农业用水都进行补贴，而是在水资源总量控制和定额管理基础上对定额内用水进行补贴，超出用水定额的应该征收高价以促进节水。2016年《国务院办公厅关于推进农业水价综合改革的意见》(国办发〔2016〕2号)指出，补贴标准根据定额内用水成本与运行维护成本的差额确定，重点补贴和粮农民定额内用水。水费补贴能够减轻农户用水负担，针对定额内用水补贴、超定额收取高价的明确规定又进一步激发了农户的节水行为，实现了农户用水负担和促进节水的激励相容。

农业水价精准补贴的考核制度主要是指对受补对象的绩效考核。灌区水管组织和政府之间存在博弈，当政府对灌区水管组织没有绩效考核或绩效考核不规范时，灌区水管组织就会在供水和农户用水管理上偷懒，甚至为了收取更多水费而对农户的浪费用水行为表示默许。农业水价精准补贴强调对申请主体进行资质审核，做到受补对象的精准识别，要求申请主体应具备良好的用水管理能力，建立用水管理台账、水费收支台账、维修养护支出台账等反映用水管理主体的基本台账，对水资源实施规范合理的管理，保障灌区水利设施良性运行和维护。农业水价精准补贴强调与节水成效挂钩，水资源行政主管部门要对节水成效进行验收，保障补贴绩效，灌区水管组织为减少水资源损耗，促进节水，也将不断完善灌区水利设施，保障其良性运行。农业水价精准补贴制度通过对受补对象水资源管理规范性和节水成效等内容进行审核，可以促进灌区水管组织管理水平的提升，激发其管理节水的内在动机，有助于促进灌区水利设施的良性运行和维护，实现节水与灌区水利设施良性运行的激励相容和良性循环。农业水价精准补贴对于灌区水管组织而言，是由于其强化管理，促进水利设施良性运行和维护，提升节水水平，政府才给予补贴；不是由于陷入灌溉设施老化失修、灌区水管组织亏损严重、水资源浪费严重的恶性循环等政府才给予补贴。这是农业水价精准补贴实现激励相容的重要内在机制。

第六章

农业水价精准补贴激励相容性
改进的实践验证与启示

　　以山东省宁津县、浙江省湖州市南浔区、湖南省长沙县和新疆维吾尔自治区焉耆回族自治县为案例，介绍了这些地区农业水价形成和农业水价精准补贴政策的实践内容与实施效果，总结其基本经验，主要包括农业水价精准补贴要以农业水价形成机制的完善为基础，农业水价精准补贴要以农业用水定额管理为保障，农业水价精准补贴要以农业用水科学计量为支撑，农业水价精准补贴要有助于激发社会资本参与农田水利设施建设，农业水价精准补贴要有助于保障基层水管组织和水利设施的良性运行，农业水价精准补贴要因地制宜。

第一节　农业水价精准补贴典型案例的政策实践与实施效果

一、山东省德州市宁津县的案例

(一)宁津县水资源基本状况

　　山东省宁津县位于华北平原南部，鲁北平原东北部，下辖 9 镇、1 乡、2 个街道和 1 个省级经济开发区，总人口约 48.4 万人，其中农村人口约 37.2 万人；耕地面积 5.62 万公顷，其中春小麦耕种面积达 3.69 万公顷，属于典型的农业县，是山东省重要的粮棉生产基地，其农业用水占全县用水总量的 80% 以上。宁津县曾被评为"全国农田水利基本建设先进单位"和"全国小型水利工程管理体制改革示范县"。

　　宁津县属于暖温带半干旱半湿润季风大陆性气候，降水量较少，年内分布不均匀，年际变化大。多年平均降水量约 536 毫米，约为全省多年平均降雨量的 80%，最小降水量 230 毫米，最大降水量 1100.5 毫米。宁津县春季多风少雨，夏季炎热多雨，一般年份秋季干旱少雨，冬季干燥严寒。6~9 月的降水量占全年降水量的近 80%，3~5 月的降水量占全年降水量的 10% 左右，10 月至次年 2 月的降水量占全年降水量的 10% 左右。宁津县多年平均水面蒸发量约为 1318 毫米，是多年平均降水量的 2.4 倍。

宁津县水资源总量约为 0.86 亿立方米，其中地表水约为 0.31 亿立方米，地下水约为 0.55 亿立方米，人均水资源占有量约为 1775 立方米，约为全国的 10%，约为全省的 60%，属于典型的资源性缺水地区。随着宁津县社会经济的快速发展，对水资源的需求超出了全县水资源承载能力，水资源超采现象严重。宁津县是山东省德州市地下水超采最严重的地区之一，特别是在宁津县的小麦种植区，长期以来存在利用地下水灌溉小麦的现象，由此形成了约 833 平方千米的深层承压水超采区和约 470 平方千米的浅层地下水超采区，总超采量约 1116 万立方米，其中深层水超采量约 825 万立方米，浅层水超采量约 291 万立方米。①

宁津县属于海河流域，马颊河和漳卫新河水系，境内有朱家河、宁北河、宁南河、宁津新河和漳卫新河等 5 条河流。有曹塘干沟和李士固干沟等 20 控制流域面积在 30 平方千米以上的排水干沟。宁津县水资源短缺，地下水严重缺乏，引黄来水时间上不协调、保证率低，受季节影响大，利用系数低，主要采取河灌和井灌混用的方式保障作物灌溉。宁津县现有引提水站 130 多座，机井 12000 多眼，灌溉面积达 70.2 万亩。

宁津县地处李家岸引黄灌区和潘庄引黄灌区的最末端，有东西两条引黄输水线路，东线是李家岸北四分干渠，渠道长达 120 千米；西线是宁陵输水渠，渠道长达 150 千米。多年来，宁津县引黄调水面临着引水路线长、上游县市多、用水量大等多重困难，宁津县全年平均引黄水量仅 6000 万立方米左右，引调的黄河水只能基本保障全县居民生活用水需求，远远不能有效满足全县小麦灌溉需要，有 84 万亩农田灌溉很难用上适时水。

(二) 宁津县农业水价形成和水价奖补政策实施状况

为促进节约用水、提高用水效率和保障水利工程良性运行，宁津县积

---

① 祝其顺，周彦瑞，张秀华. 宁津县农田灌溉存在的问题及对策[J]，山东水利，2019(10)：61-62.

极推进包括农业水价精准补贴和节水奖励在内的农业水价综合改革。

1. 完善农业水价形成机制

宁津县选定长官镇和刘营伍乡等地作为农业水价综合改革项目区，出台了项目区农业供水价格文件，明确了农业灌溉水价指导价格，执行水价由农民用水者协会在内部协商的基础上确定。经过测算，项目区运行维护成本供水价格为 0.3 元/立方米，完全成本供水价格为 0.52 元/立方米，最后项目区乡镇农民用水者协会协商后确定水价按运行维护成本执行，即 0.3 元/立方米。为促进节约用水，宁津县建立了累进水价制度，根据《山东省主要农作物灌溉定额》确定宁津县农田灌溉定额为 221 立方米/亩，定额内按照基准水价收取水费，超过定额的水量征收更高水平的水费，具体情况如表 6-1 所示。

表 6-1　宁津县农业水价综合改革项目区灌溉水价情况

单位：元/立方米

基准水价	累进水价	
0.3	超定额20%（含）以内	0.36
	超定额20%~50%（含）	0.45
	超定额50%以上	0.6

资料来源：笔者整理。

2. 建立农业水价精准补贴和节水奖励机制

为保障在提升农业水价促进节水的同时不增加农户用水负担，并鼓励农户节水和保障灌区水利设施的良性运行，宁津县出台了《宁津县农业水价综合改革项目区农业用水精准补贴和节水奖励通知》等文件，明确了农业水价奖补对象、方式、环节、标准和程序等。宁津县农业水价精准补贴主要对用水户、种粮大户和家庭农场等进行补贴，补贴经费主要用于农民用水者协会的管理费用和工程养护费用。农业水价精准补贴保障了水管组织和水利设施的正常运行，对提升管水能力具有重要促进作用。2016 年以来，宁津县每年向长官镇等乡镇发放农业水价精准补贴 20 万元。在开展农业水价精准补贴的同时，宁津县积极推行水权回购方式的节水奖励政策，奖励对象为农民用水者协会、农业用水户和种粮大户等，水权回购按 0.1 元/立方米的标准进行。2016 年以来，宁津县每年用于长官镇等乡镇的节水奖励资金为 3.06 万元。

3. 开展农业水权确权和水权交易

为保障农户用水权益，落实水资源总量控制和定额管理制度，促进农业节水，同时为农业水价补贴和节水奖励筹集资金，宁津县积极推进农业水权确权登记和水权交易。2016 年 4 月，宁津县对农业水价综合改革项目区 3562 户用水户完成用水信息登记，为开展农业水权确权登记奠定了基础。宁津县水利局对全县用水总量进行了测算，明确全县年度用水总量为 13269 万立方米，按照先区域后行业的基本原则，确定长官镇的农业用水总量为 993.6 万立方米，确定刘营伍乡的农业用水总量为 505.3 万立方米。乡镇农民用水者协会预留用水总量的 4%、村级农民用水者协会预留用水总量的 6%，剩余 90% 的用水量分配给农户，并颁发水权证书，用水户凭射频卡取水。[①] 在农户水权确权登记的基础上，宁津县逐步构建水权交易机制，建立"互联网+水权交易平台"，以网上水银行的形式开展农户之间的水权交易。水权交易的开展使农户认识到了水资源的经济价值，有助于节水意识的塑造，也有助于为水价补贴和节水奖励提供资金支持。

4. 强化水资源计量管理

水资源计量设施是水资源管理和农业水价精准补贴、节水奖励等政策实施的前提。为推进农业水价改革的顺利实施，宁津县在农业水价改革项目区安装了水电双控设备并新建了自动观测井和泵站超声波流量计等，用于监测地下水位和计量项目区泵站提水补源情况；"互联网+"功能对项目区原有射频器和观测井进行升级改造，实现灌溉信息适时进入管理平台的功能。新开发了农业水价信息管理平台，新的管理平台具备适时监控、信息录入、数据上传、统计分析、水权交易、超定额累进加价等功能，有力支持了农业灌溉水管理和农业水价综合改革。

(三) 宁津县农业水价改革政策的激励相容效果

宁津县实施的包括农业水价精准补贴和节水奖励在内的农业水价综合改革措施协调了农业节水、农户用水负担和灌区水利设施良性运行，对于促进政府、农户和灌区水管组织的利益诉求的激励相容具有重要意义。从实施效果来看：①宁津县的水价改革激励了农业节水。累进水价、农业水价精准补贴、节水奖励和水权交易的实施，使项目区农户对水资源具有经济价值的意

---

① 张秀华，王晓阳. 宁津县农业水价综合改革主要做法[J]. 山东水利，2018(11)：39-40.

识得到了提升，注重采取节约用水措施，如农户将原来的大畦改为小畦，小畦宽度为原来大畦宽度的2/3，长度一般为15~20米。田畦变窄变短使水流比原来更快，有效促进了灌溉节水，改畦后亩次节水约5立方米。一些家庭农场和部分种粮大户为了节水，购置了半固定式喷灌机和卷盘式喷灌机等设备，亩次用水40~45立方米，比管灌节水5~10立方米。2016年宁津县长官镇和刘营伍乡累计节水79.2万立方米，其中刘营伍乡节水26.7万立方米，长官镇节水52.5万立方米。① ②宁津县农业水价改革减轻了农户用水负担。农业水价综合改革前按照耗电量折算水费，亩次灌溉水价平均20~25元，农业水价综合改革后，实行按方计费方式，亩次灌溉水价平均15~20元，水价改革有效降低农户水费负担，有助于提升农户对农业水价改革的支持力度。③完善了农业用水终端管理。宁津县按照乡镇设立总会，村级设置分会的原则，在刘营伍乡和长官镇成立了农民用水者协会。乡镇级和村级农民用水者协会均建立了灌溉管理、财务管理和工程管理等各项制度，并严格按照制度执行。同时，两个乡镇明晰了已建工程产权和使用权，明确了工程管护主体，向水管组织颁发了"两证一书"（产权证、使用权证和管护协议书）。宁津县成立了润宁水利工程有限公司，开展水利工程专业维修、灌溉服务和日常养护等业务。宁津县"公司+协会"管护体制的建立，有效保障了水利工程的正常运行。

二、浙江省湖州市南浔区的案例

（一）南浔区水资源基本状况

浙江省湖州市南浔区位于太湖南岸，区域面积约702平方千米，其中水域面积约95平方千米，耕地面积约44.16万亩，是浙江省重要的商品粮、油及淡水鱼生产基地。南浔区水网密布，并非资源性缺水地区，但其落后传统的灌溉方式导致水资源浪费严重。南浔区农业用水占比超过其总用水的50%，落后的农业灌溉方式在导致水资源浪费严重的同时也增加了农业生产成本，加重了集体负担。2017年，南浔区被列入浙江省第二批11个农业水价综合改革试点县（区）。

① 王辉，刘春生，盖明强.宁津县农业水价综合改革经验与成效[J].山东水利，2018（3）：25-26.

（二）南浔区农业水价形成和水价精准补贴实施状况

南浔区以农业水价综合改革为契机，围绕加大农业节水力度和加强农田水利设施管护两大目标，不断推进农业水价综合改革，重点加强农业用水终端管理、提升农业用水计量设施建设，建立健全农业水价形成机制和农业精准补贴及节水奖励机制。

1. 完善农业水价形成机制

南浔区在实地调研摸排的基础上对农业灌溉水价成本进行了测算，确定了灌溉用水成本由运行维护费用、管护人工费和灌排电费三项直接费用组成。通过对区内 17 个典型灌区 50 个机埠灌溉用水成本进行的综合测算，制定了《南浔区农业水价综合改革试点区水价价格核定管理办法（试行）》，确定了农业灌溉分类和分档水价。分类水价主要分粮食作物水价、经济作物水价和养殖业水价等。根据灌溉用水成本，南浔区管道灌溉粮食作物基准水价为 7.9 分/立方米，渠道灌溉粮食作物基准水价为 7.5 分/立方米，蔬菜基准水价为 29.6 分/立方米，苗木基准水价为 46.0 分/立方米，水产养殖基准水价为 3.7 分/立方米。南浔区分档水价主要分为定额内用水水价和超定额用水水价。定额内用水按照基准水价执行，定额外灌溉用水价格按累进加价幅度分为三个阶梯，幅度设定为超定额 10% 以内（含）、10%～30%（含）和 30% 以上三个档次，对应水价为成本水价的 1.1 倍、1.3 倍和 1.5 倍，具体情况如表 6-2 所示。

表 6-2　浙江湖州南浔区农业灌溉分类分档水价情况

水价类型		水价
分类水价	管道灌溉粮食作物基准水价	7.9 分/立方米
	渠道灌溉粮食作物基准水价	7.5 分/立方米
	蔬菜基准水价	29.6 分/立方米
	苗木基准水价	46.0 分/立方米
	水产养殖基准水价	3.7 分/立方米
分档水价	超定额 10%（含）以内	基准水价的 1.1 倍
	超定额 10～30%（含）	基准水价的 1.3 倍
	超定额 30% 以上	基准水价的 1.5 倍

资料来源：参见《浙江省水利厅等 4 部门关于 2018 年度全省农业水价综合改革工作绩效评价有关情况的通报》。

南浔区在完善农业水价形成机制的基础上积极推进农业用水定额管理和农业水价奖补机制，激发农户节水动机，探索丰水地区农业节水路径。该区对农业用水进行定额管理，超过定额的用水量收取高价，低于定额的可以拿到政府补贴。同时，南浔区精准补贴粮食作物种植区，相关资金优先用于维修养护小型农田水利工程，实现节水有奖、管护有钱。为配合农业水价综合改革的实施，南浔区强化了农业用水终端管理，安装了超声波取水计量设施，实时监测每日用水量，为农业用水定额管理提供了技术支撑。南浔区在安装水计量设施的基础上，分类计算每度电的灌水量，采取"以电折水"的方式，按定额管理要求实行分档计价超定额累进加价制度，不断完善农业水价调节机制。

2. 推行农业水价精准补贴和节水奖励

南浔区水利局与财政局联合印发了《南浔区农业水价综合改革精准补贴和节水奖励办法》（浔财〔2018〕26 号），该办法规定，节水比例在定额 10%（含）以内的给予 1 元/亩的奖励；节水比例在 10%~20% 给予 3 元/亩的奖励；节水比例在 20% 以上的给予 5 元/亩的奖励。按照节超用水量考核结果，评定绩效等级，考评结果分四档执行，实行差别化补贴政策。2019 年，南浔区共发放了 174.5 万元的精准补贴和 149.02 万元的节水奖励。[①]

与此同时，南浔区印发了《南浔区小型农田水利设施确权发证办法（试行）》等文件，落实了水利工程的管护权和管护人，明确了村级农业用水管理组织，补齐了农田水利工程管护的短板。

(三) 南浔区农业水价改革政策的激励相容效果

南浔区以强化农业用水定额管理、完善农业水价形成机制、优化农业水价奖补政策和健全农田水利设施养护为内容的农业水价综合改革措施，极大地激发了各方节水和农田水利设施管护的积极性，使政府、农户和农田水利设施养护组织在利益诉求上实现了激励相容。

2016 年，南浔区开始农业水价综合改革并实施农业水价精准补贴，经过 3 年的农业水价综合改革探索，南浔区全面完成改革任务 41.27 万亩，节水率达 20%。通过实施包括农业水价精准补贴和节水奖励等措施的农业水价综合改革，南浔区的农业用水效率得到了有效提升，农田灌溉有效利用

---

① 徐鹤群，方睿睿．让每滴水都产出效益［N］．中国水利报，2020-06-08（002）．

系数由原来 0.628 提高到 0.631，其中低压管道灌溉有效利用系数更是提升到 0.9 以上，处于全国先进水平。① 随着灌溉用水效率的提升，灌区用水量有效减少，农户灌溉费用也大幅下降了 10%~15%。南浔区采取将节水奖励资金全部发放到放水员手中的措施，极大地提高了各机埠放水员放水管理的积极性。南浔区对小型农田水利工程进行确权并发放权证，明确了小型农田水利设施的管护权和管护人，使农田水利基础设施运行管理维护得到了极大改善。

浙江省湖州市南浔区实施的包括农业水价精准补贴和节水奖励在内的各项农业水价综合改革措施，基本实现了政府追求的提升用水效率、农户追求的降低用水负担和灌区水管组织追求的农田水利设施良性运行维护之间的激励相容，为其他地区农业水价综合改革提供了有益借鉴。2020 年 5 月 27 日，浙江省湖州市南浔区农业水价综合改革工作经专家评审，成为全国首个通过验收的试点县(市、区)。

三、湖南省长沙县的案例

(一)湖南省长沙县水资源基本状况

湖南省长沙县，属于我国湘江流域，县内共有水库 144 座，其中中型水库 4 座，小型水库 140 座，小型水库中小一型水库 25 座，小二型水库 115 座。总库容 16157.88 万立方米，总灌溉面积 41.87 万亩。全县多年平均水资源总量 13.4 亿立方米，户籍人口 72 万人，人均水资源量 1860 立方米。浏阳河和捞刀河多年平均入长沙县境内水量约 33.79 亿立方米，但由于储水水坝和提水设施较少，导致过境水量利用不足。

2013 年 9 月，长沙县被列入全国第二批农业水价改革试点县名单。2013 年，长沙县桐仁桥灌区被纳入湖南省农业水价综合改革试点，安排中央专项资金 600 万元，配套省级和县级财政各 300 万元，共有 1200 万元专项资金支持该灌区实施农业水价综合改革。2012~2018 年，长沙县投入 3 亿元完成了约 15 万亩高效节水灌溉项目建设，输水和配水设施日益完善，为农业水价综合改革的实施奠定了基础。经过多年的探索和实践，

---

① 杨楠. 让每滴水流过的地方都产出效益[N]. 湖州日报，2020-06-03(A02).

特别是不断提炼桐仁桥灌区的农业水价改革试点经验，长沙县逐步形成了可供参考的农业水价形成和农业水价补贴的经验，农业水价综合改革成效显著。

(二) 桐仁桥灌区农业水价形成和农业水价精准补贴实施状况

长沙县桐仁桥灌区位于长沙县东北部，耕地面积3.2万亩，主要种植水稻等粮食作物和蔬菜、茶叶等经济作物。

桐仁桥灌区农业水价综合改革的重要措施之一就是完善水权分配。灌区通过收集整理水库多年平均径流量数据和多年灌溉供水数据，并结合《湖南省用水定额》中的灌溉用水定额标准，建立了灌溉水权，对农业灌溉用水实行总量控制和定额管理。根据各类型作物的灌溉用水定额标准和耕种面积，每年对各农民用水者协会和农业经营者主体的灌溉水权进行修订，经长沙县水利局批准后分配给各农民用水者协会，协会再将水权分配给农户。未使用或节余的水权指标由桐仁桥水库管理所回购或结转到下一个灌溉期，协会或农户之间可以自由流转节余水权。灌区将农民用水者协会的创建并充分发挥其作用作为农业水价改革的重要抓手，大力倡导农民用水者协会在小农水利工程建后管护中的主体作用，逐步理顺政府、管理部门和农户之间的关系，破解了末级渠系无人管护的难题，减少了用水纠纷。灌区重视农业用水计量设施建设，在主干渠分水口设置自动计量设施，在田间末级管道设置电磁流量计，在田间末级计量点按照作物类型、灌溉方式和供水距离等设置流量监测点，极大提升了农业灌溉用水计量的精确度。

桐仁桥灌区实行"定额供水、计量收费、阶梯计价、节奖超罚、水权交易"的基本原则，改革之前的按亩收费模式，实行按方计量收费模式，用水户定额内用水实行成本水价，超定额用水实行阶梯计价。按照价格管理权限和农业水价改革要求，2018年桐仁桥水库管理所申请核定桐仁桥灌区农业水费征收标准，同年确定0.06元/立方米为该灌区农业水费指导价上限。桐仁桥灌区在该上限指导价基础上，结合灌区供水成本和多年试点成果，经多次召开大会，确定实行0.04元/立方米的农业基准水价。综合考虑灌区内农业种植结构、生产效益和用水需求等因素，桐仁桥灌区实行了分类水价和阶梯计价模式。具体情况如表6-3所示。

表 6-3　湖南省长沙县桐仁桥灌区分类阶梯水价情况

单位：元/立方米

作物种类	定额水价	节约回购水价		超额加收水价	
		0~50 立方米	50~100 立方米	0~50 立方米	50~100 立方米
水稻	0.04	0.06	0.1	0.06	0.1
玉米	0.04	0.06	0.1	0.06	0.1
茶叶	0.08	0.12	0.2	0.12	0.2
蔬菜(混合)	0.08	0.12	0.2	0.12	0.2

资料来源：林梦溪. 长沙县桐仁桥灌区农业水价综合改革试点经验浅析[J]. 湖南水利水电，2019(5)：103-105.

湖南省长沙县桐仁桥灌区在成本核算的基础上，实行了分类分档水价，完善了农业水价形成机制。为鼓励节水，保障灌区水利设施良性运行和维护，长沙县桐仁桥灌区逐步建立和完善农业水价精准补贴和节水奖励机制。在农业水价精准补贴方面，农业终端水价只收取末级渠系运行成本，即 0.04 元/立方米，国管工程运行维护费用由县财政全额负担；根据《长沙县小型水利工程管理养护考核办法》，县水利局对灌区的农民用水者协会进行考核，根据考核结果，将收取的水费按照 90%、85% 和 75% 三个等级返还给农民用水者协会，用于协会水管人员的劳务费用和末级渠系的维修养护费补贴。在节水奖励方面，主要奖励节水效果明显的农民用水者协会，奖励资金主要源于水费返还定额内的部分奖励资金和县级财政补贴。截至 2019 年，长沙县桐仁桥灌区累计返还水费资金 250 多万元，县级财政补贴资金 300 余万元，发放节水补贴 50 余万元。

(三)湖南省长沙县农业水价改革政策的激励相容效果

湖南省长沙县桐仁桥灌区农业水价改革基本实现了农业节水、农户减负和农田小型水利设施管护有力的激励相容。

首先，通过完善农业水价形成机制和夯实农业灌溉基础设施，灌区农业用水效率大幅提升，节水效果显著。以桐仁桥灌区农民用水者协会为例，协会为促进灌溉节水，采用的 PE 管道比原管道每亩节水 50.3 立方米，全灌区农业灌溉年均节水约 122 万立方米(由实施前的灌区年灌溉用水 620 万立方米下降至实施后的 498 万立方米)。

其次，随着农业用水效率的提升，农户的水费负担有所下降。农业水价综合改革，改善了灌溉条件，提升了农业灌溉用水效率和效益。根据桐仁桥灌区的测算，农业水价综合改革项目实施后，亩均产值由项目实施前的 1274 元增加到了 1512 元，亩均增收 238 元；早稻亩均产量由 910 斤增加到了 1080 斤；农业灌溉水费由原来的 11.5 元/亩下降到 7.2 元/亩。①

最后，农民用水者协会的作用得到了充分发挥，小型农田水利设施管护效果明显改善。农民用水者协会作为农业灌溉用水的村民自治社团组织，在农业灌溉水的分配、水费收取和小型农田水利设施管护方面发挥着不可替代的作用。

长沙县制定了《长沙县小型水利工程管理养护考核办法》，由县水利局组织开展对灌区农民用水者协会的考核，根据考核结果，将收取的水费按等级返还给农民用水者协会，用于协会水管人员的劳务费用和末级渠系的维修养护费补贴。这种考核和返还机制调动了农水用水者协会参与农田水利设施管护的积极性，有助于小型农田水利设施的正常运行和维护。

四、新疆维吾尔自治区焉耆回族自治县的案例

(一) 新疆维吾尔自治区焉耆回族自治县水资源基本状况

焉耆回族自治县(简称"焉耆县")位于新疆维吾尔自治区中部，天山中段，焉耆盆地腹心，隶属巴音郭楞蒙古自治州。全县行政区域总面积 2570.88 平方千米，辖 10 个乡镇场，46 个行政村、22 个社区，248 个村民小组，全县总人口 17 万人。焉耆县现有耕地 43 万亩，林地 38.6 万亩，草场 267 万亩。该县地下水资源年可开采量 1.71 亿立方米，流经境内的河流主要有开都河和黄水沟两大水系，年均径流量 33 亿立方米，是主要灌溉水源。焉耆县农业以辣椒、番茄、小麦、甜菜、玉米、小茴香等农作物种植为主。农业灌溉用水在焉耆县用水总量中占比最大，约占全部用水的 70%。焉耆县近 70%的灌溉采用传统的漫灌模式，灌溉水利用效率仅 45%。焉耆县属于新疆传统农业种植密集区域，该区域地表水相对匮乏，难以支持农

---

① 林梦溪. 长沙县桐仁桥灌区农业水价综合改革试点经验浅析[J]. 湖南水利水电，2019(5)：103-105.

业种植需要，地下水资源是该县农业种植生产的主要供水来源。① 焉耆县气候干燥，蒸发量大，造成地下水开发量大，灌溉用水紧张。

(二)新疆维吾尔自治区焉耆回族自治县农业水价形成和农业水价精准补贴实施状况

1. 积极完善农业水价形成机制

焉耆县农业灌溉水价执行终端水价和差别化水价政策，并开征资源水价，实行超定额或超计划累进加价。

焉耆县积极构建"国有水利工程供水价格+末级渠系维护费"的终端水价形成机制，以 2015 年为成本年，按照补偿供水成本、费用的原则，加强政府定价成本监审，强化供水成本核算，科学合理制定并适时调整农业供水价。焉耆县经测算确定 2015 年的终端水价为 17.4 分/立方米，其中水管组织供水成本水价为 15.99 分/立方米、末级水价为 1.41 分/立方米②；焉耆县按照"一次定价、分步到位"的原则，根据农业灌溉水价运行现状，按照优先保障基本农田灌溉，用水定额内享受优惠水价的原则，逐步将基本农田用水水价分别调整到水利工程终端水价水平，确定 2017 年、2019 年和 2020 年执行水价分别达到终端水价的 67%、80% 和 100%，如表 6-4 所示。

表 6-4　焉耆县分年度基本农田用水水价调整情况

年份	终端成本水价(分/立方米)	执行终端水价(分/立方米)	执行比例（%）
2017	17.40	11.66	67
2019	17.40	13.92	80
2020	17.40	17.40	100

资料来源：水利部发展研究中心调研组.新疆农业用水及农业水价综合改革成效、问题及对策建议[J].水利发展研究，2018，18(12)：1-5.

《焉耆县农业水价实施超定额累进加价制度方案》规定，按照供水对象将用水分为 A 类用水和 B 类用水，将水价分为基础水价、综合水价、执行

---

① 祖丽菲耶·亚力坤.新疆焉耆县典型灌区地下水水质评价[J].陕西水利，2020(4)：83-84.

② 水利部发展研究中心调研组.新疆农业用水及农业水价综合改革成效、问题及对策建议[J].水利发展研究，2018(12)：1-5.

水价，基础水价为水利工程供水水价，执行水价为县人民政府批准执行的水价，综合水价包括基础水价、浮动水价、资源水价和环境水价。

焉耆县积极推行超定额累进加价制度，促进节约用水，定额内水价执行新核定的终端水价。对于 A、B 类用水超过计划用水 50%（含）以下的，超额部分按规定水价的 150% 执行；超过计划用水 50%~100%（含）的，超额部分按规定水价的 200% 执行；超过计划用水且大于 100% 的，超过部分按规定水价的 250% 执行，具体情况如表 6-5 所示。对于 B 类用水中特种高耗水行业用水，实行超定额累进加价制度，并拉大高耗水行业于其他行业的累进加价差价。

表 6-5　焉耆县基本农田之外农业用水超计划加价情况

超计划部分	超计划部分水价加价情况
50%（含）以下	超额部分按规定水价的 150% 执行
50%~100%（含）	超额部分按规定水价的 200% 执行
大于 100%	超过部分按规定水价的 250% 执行

资料来源：《焉耆县农业水价实施超定额累进加价制度方案》，焉耆县政府网站，政府信息公开，发布日期：2021-12-23。

焉耆县积极探索实施分类差异化农业水价，焉耆县对农户二轮承包的土地、计划内粮食基地和牧民定居的饲草料地产生的农业用水，按照地表水 17.40 分/立方米、地下水 7.50 分/立方米的水价执行；对其他耕地的农业用水，按照地表水 85.05 分/立方米、地下水 109.05 分/立方米的水价执行（见表 6-6）。

表 6-6　焉耆县分类差异化农业水价情况

耕地类型	水价标准
二轮承包的土地	地表水 17.40 分/立方米　地下水 7.50 分/立方米
计划内粮食基地	
牧民定居的饲草料地	
其他耕地的农业用水	地表水 85.05 分/立方米　地下水 109.05 分/立方米

资料来源：水利部发展研究中心调研组. 新疆农业用水及农业水价综合改革成效、问题及对策建议[J]. 水利发展研究，2018，18(12)：1-5.

2. 探索开展农业水价精准补贴

2021 年 12 月 16 日，焉耆县发展和改革委员会颁布的《焉耆县农业水价实施超定额累进加价制度方案》，明确了该县农业水价精准补贴原则、补贴方向、补贴对象和补贴标准，具体情况如表 6-7 所示。

表 6-7　焉耆县农业用水精准补贴政策的主要内容

补贴政策项目	具体内容
补贴原则	按照总体上不增加农民负担的原则，切实保护农民合理用水权益
	构建与节水成效、调价幅度、财力状况相匹配的农业用水精准补贴机制
	对定额内所用地表水的提价部分由县财政给予补贴
	精准补贴资金主要用于弥补国有供水单位供水成本
补贴方向	重点补贴种粮(小麦)农民定额内用水
补贴对象	主要为国有水管组织
补贴标准	以 2010 年为成本年的水价，定额内用水的执行水价为 11.60 分/立方米
	2018 年，执行终端水价 11.66 分/立方米，补贴标准为 11.66-11.60＝0.06 分/立方米
	2019 年，执行终端水价 13.92 分/立方米，补贴标准为 13.92-11.60＝2.32 分/立方米
	2020 年，执行终端水价为 17.40 分/立方米，补贴标准为 17.40-11.60＝5.80 分/立方米
补贴资金规模	用水定额×补贴标准×粮食作物(小麦)种植面积

资料来源：笔者整理。

3. 积极开展节水奖励和水权回购政策

焉耆县积极开展节水奖励政策，对积极推广应用工程节水、农艺节水、调整优化种植结构等实现农业节水的用水主体给予奖励；对于未发生实际灌溉，因种植面积缩减或转产等非节水因素引起的用水量下降，不予奖励。

焉耆县积极探索构建节余水量政府回购机制，按照 2.62 分/立方米的回购标准，对农民用水者协会、新型农业经营主体和基本农户在二轮承包地定额内节约的水量进行回购，按照水权交易金额，以回购金额的 40% 奖励用水户，以此进一步促进农业节水。①

（三）新疆维吾尔自治区焉耆回族自治县农业水价综合改革激励相容效果

焉耆县通过完善农业水价形成机制，探索农业水价精准补贴、积极开展水权回购和节水奖励，提升了农户的节水意识，降低了水费支出。

第二节　农业水价精准补贴典型案例的经验启示

通过对上述农业水价精准补贴案例的剖析，可以得出农业水价精准补贴的经验启示。

一、农业水价精准补贴要以农业水价形成机制的完善为基础

农业用水具有公益性，决定了农业水价形成机制与一般商品有较大区别，不能完全由市场来配置资源，也不能完全由价值和市场决定价格。② 农业水价既要发挥农业供水市场的市场功能，又要积极发挥财政支持作用，要通过农业用水价格杠杆和农业水价财政补贴"两手发力"，促进农业节水、农户用水负担和农田水利工程良性运行的激励相容。

农业水价精准补贴的目的是促进农业节水、减轻农户用水负担并保障灌区水利设施的良性有序运行。《国务院办公厅关于推进农业水价综合改革的意见》（国办发〔2016〕2号）要求，在完善水价形成机制的基础上，建立相匹配的农业用水精准补贴机制，由此可见，农业水价精准补贴要以完善农业水价形成机制为基础。长期以来，我国农业水价形成机制不合理，主要表现在没有科学核定供水成本；水价运行偏低，水价的成本补偿程度不足，农业水价促进节约用水的动力不强；农户水费缴纳积极性不高；农业水价

① 水利部发展研究中心调研组. 新疆农业用水及农业水价综合改革成效、问题及对策建议[J]. 水利发展研究，2018(12)：1-5.
② 徐成波. 关于农业水价综合改革的一些认识[J]. 水利发展研究，2018，18(7)：4-7+33.

缺乏奖励和惩罚机制等。完善农业水价形成机制，关键是核定供水成本，供水成本和供水价格是差别化水价和分类水价的前提，同时决定了农业水价精准补贴的补贴标准和规模，是农业水价精准补贴实施的基础。农业水价补偿成本是农业水价改革的核心原则，农业水价成本由哪些部分构成都比较清楚，但对于农业水价执行成本存在一定争议，有些学者认为农业水价执行成本主要包括运行维护成本，有些学者认为应该达到完全成本。[①] 农业水价精准补贴标准根据定额内用水成本与运行维护成本的差额确定。在实践中，农业供水成本决定了农业水价精准补贴以什么基准进行。前文分析的山东德州宁津县、浙江湖州南浔区、湖南长沙县桐仁桥灌区和新疆焉耆县等实施农业水价精准补贴的地区，均确定了供水成本或基准水价（基础水价），并在此基础上实施了农业水价精准补贴和超定额累进加价政策。如在新疆焉耆县，该县发改委于 2021 年 12 月颁发的《焉耆县农业水价实施超定额累进加价制度方案》明确规定，基础水价为水利工程供水水价，农业用水精准补贴标准根据定额内用水成本与运行维护成本的差额确定。由此可见，在完善农业水价形成机制的基础上开展农业水价精准补贴，既是农业水价综合改革政策的必然要求，又是农业水价精准补贴实践操作的必然要求。

二、农业水价精准补贴要以农业用水定额管理为保障

《国务院办公厅关于推进农业水价综合改革的意见》（国办发〔2016〕2号）要求，农业水价精准补贴重点补贴种粮农民定额内用水，如果以暗补的方式对农业用水进行补贴，会导致农业用水价格传导机制失效，用水终端价格无法反映供水成本水平，使农业用水户对农业灌溉水价不敏感，不利于激励节约用水。[②] 对定额内用水进行补贴已经成为各地农业水价精准补贴操作的基本规则，决定了农业水价精准补贴要以农业用水定额管理为前提。在对定额内用水进行补贴的同时，也要对超定额用水进行惩罚，很多地区都建立了农业灌溉用水超定额累进加价制度，也有一些地区对节约的水量

---

① 姜文来，冯欣，刘洋，等．合理农业水价形成机制构建研究[J]．中国农业资源与区划，2019，49(10)：1-4.
② 尹红，李尚鑫，马悦．黄河下游引黄灌区农业水价调查分析[J]．中国价格监管与反垄断，2020(4)：59-62.

实行阶梯水价政策进行回购，作为完善农业水价形成机制的重要内容。因此，农业用水定额管理也是完善农业水价形成机制的重要前提。

在实践中，农业用水定额管理中定额数量的确定，要以详细调研测算为基础，以区域农业用水总量为前提，随当地农业节水技术进步和技术推广适时进行调整。各灌区根据水资源配置方案和年度配水计划，严格控制计划内用水，以二轮土地承包范围为基准，各地根据当地主要作物，实施不同的定额内用水精准补贴方案。对超定额用水实行累进加价政策，对承包范围之外的耕地（包括私人农场、非农企业）执行计划外供水价格，充分发挥了水价和水价补贴在促进节约用水和调节水市场中的杠杆功能。前文分析的山东德州宁津县、浙江湖州南浔区、湖南长沙县和新疆焉耆县等实施农业水价精准补贴的地区，都建立了农业水价定额管理制度，并以此制度为保障开展农业水价精准补贴和节水奖励制度并执行超定额累进加价政策。

农业用水定额管理应和农业用水总量控制相结合，不断推进农业水权确权登记，在农业水权确权的基础上，发展水权交易，以水权交易收益充实农业水价精准补贴的资金来源。

三、农业水价精准补贴要以农业用水科学计量为支撑

没有计量就没有管理，精确的计量是有效管理的前提。农业水价精准补贴要以具体的用水数量为依据进行管理，所以农业用水的科学计量是实施农业水价精准补贴的支撑。《国务院办公厅关于推进农业水价综合改革的意见》（国办发〔2016〕2号）要求，要加快供水计量体系建设，并对新建及改扩建工程、尚未配备计量设施的已建工程、严重缺水地区和地下水超采地区、大中型灌区骨干工程、小型灌区和末级渠系、使用地下水灌溉等各种情况的计量设施建设提出了明确要求。只有对农业用水进行科学的计量，才能确定农业用水到底属于定额内用水还是定额外用水，到底应该对其进行补贴还是执行超定额累进加价制度。山东德州宁津县、浙江湖州南浔区、湖南长沙县桐仁桥灌区和新疆焉耆县等实施农业水价精准补贴的地区都注重加强农业用水计量设施建设。例如，山东省宁津县在农业水价改革项目区安装了水电双控设备、新建了自动观测井和泵站超声波流量计等，用于监测地下水位和计量项目区泵站提水补源情况；又如，浙江湖州南浔区强

化了农业用水终端管理，安装了超声波取水计量设施，实时监测每日用水量，为农业用水定额管理提供了技术支撑。因此，农业用水科学计量是开展农业水价精准补贴的硬件条件和技术支撑。

四、农业水价精准补贴要有助于激发社会资本参与农田水利设施建设

农田水利设施建设是国家粮食安全和农业发展的基础，是水利改革发展的重要任务。改善农田水利基础设施建设，加大投资力度，激发社会资本参与农田水利设施建设，是实施水利供给侧结构性改革的重要内容，是农田水利设施建设"补短板"的具体表现，同时也是适应水利需求结构变化的有效举措。[①] 近年来，国家出台了一系列相关政策鼓励社会资本参与农田水利设施建设，社会资本在水利工程中的参与程度不断提高。2016 年颁布实施的《农田水利条例》，以法规的形式进一步明确了农田水利建设实行政府投入和社会投入相结合的机制。《国务院办公厅关于推进农业水价综合改革的意见》（国办发〔2016〕2 号）也明确要求，通过政府购买服务、政府和社会资本合作等方式，鼓励社会资本参与农田水利工程建设与管护。社会资本参与农田水利设施建设，将成为推动农田水利建设良性发展的新动力。从保障国家粮食安全和促进农田水利工程良性运行的角度来考虑，在实践操作中，农业水价精准补贴的对象通常包括普通农户、规模化庄园、种粮大户、农业专业合作社及农业龙头企业等；从事农业灌溉的社会资本投资主体；小型农田水利工程建设的非政府投资主体等；小型农田计量配套设施和水利灌排设施的管护主体。为激发社会资本积极参与农田水利设施建设，有效降低农户水费负担，农业水价精准补贴方式可采取对非政府投资主体按工程建设费用的一定比例给予补贴，或者采取按项补贴、据实报销方式等给予补贴，也可对非政府投资主体采取贷款补贴的方式进行补贴。对社会投资主体进行补贴应该和农田小型水利设施产权制度改革相衔接，按照"谁投资、谁所有"的基本原则，明确界定农田水利设施的所有权和管护主体。通过农田小型水利设施产权制度改革和对社会投资主体的农业水

---

① 严华东，蒋松凯，张迪，等.PPP 模式应用于水利工程的动机和政策建议[J]. 水利发展研究，2016，16(9)：11-15.

价精准补贴政策，可以有效激发社会资本参与农田水利设施建设，增加农田水利设施的有效供给，确保粮食安全。

五、农业水价精准补贴要有助于保障基层水管组织和水利设施的良性运行

《国务院办公厅关于推进农业水价综合改革的意见》（国办发〔2016〕2号）要求，探索创新终端用水管理方式，其重要内容是鼓励发展农民用水者协会的规范组建和创新发展，并充分发挥其在用水管理、水费计收和供水工程建设管理等方面的作用。

长期以来，我国农业灌溉水价运行水平低，难以保障农田水利设施的运行维护。在国家大幅度减免农业税费并不断加大农业补贴的背景下，农业水费支付异化现象突出，农业灌溉水费征收率低。这些都导致农民用水者协会运行困难，群管工程运行维护经费短缺。群管工程中出现的问题往往依靠"一事一议"解决，但单纯依靠"一事一议"也是举步维艰，且"一事一议"有时议而不决，执行艰难，导致农民用水者协会运行管理艰难。

为打破农业水价运行和农民用水者协会运行的恶行循环，国家层面积极推进农业水价综合改革，提倡构建提补水价政策。在提高农业水价逐步达到运行维护成本水平，甚至局部有条件的地区达到完全成本水价的基础上，为激发基层水管组织管水治水的积极性并有效保障灌区水利工程的良性运行，可以对农民用水者协会进行绩效考核并对绩效良好的农民用水者协会进行补贴，以此充实农民用水者协会的运行经费，提升其管水治水的能力，激发其管水治水的积极性，并有效保障灌区水利工程的良性运行。

在前文的案例中，山东省宁津县出台了《宁津县农业水价综合改革项目区农业用水精准补贴和节水奖励通知》等文件，明确了农业水价奖补的相关内容，该县农业水价精准补贴主要对象是用水户、种粮大户和家庭农场等，补贴经费主要用于农民用水者协会的管理费用和工程养护费用。因此，根据我国农业用水终端管理模式的现状，农业水价精准补贴要有助于保障基层水管组织和水利设施的良性运行，这是一些实施农业水价精准补贴地区的经验，也是未来我国农业水价精准补贴需要关注的重点。

六、农业水价精准补贴要因地制宜

农业水价精准补贴要坚持具体问题具体分析。各地水资源禀赋、种植结构、耕作方式、经济发展水平、财政收入和用水习惯各不相同。因此，各地农业水价精准补贴也不可能整齐划一，各地应根据本地实际，积极探索适合本地实际的农业水价精准补贴模式。《国务院办公厅关于推进农业水价综合改革的意见》（国办发〔2016〕2号）要求，各地自行确定农业水价精准补贴的补贴对象、补贴方式、补贴环节、补贴标准、补贴程序及补贴资金使用管理等。前文介绍的农业精准补贴案例中，各地的补贴模式也显著不同。因此，无论是从政策规定还是从实践操作，农业水价精准补贴都应因地制宜。

第七章

农业水价精准补贴机制
构建的困境

梳理国家和地方政府层面关于农业水价精准补贴方面的政策规定，总结相关规定的内容要点；对照农业水价精准补贴政策落实所需的制度基础、硬件设施和资金安置等前提条件，从农业水价形成机制、水量计量和水费计价方式、水费征收、农业水权确权和水权交易、农业灌溉用水终端管理、农业水价精准补贴资金落实等角度阐释农业水价精准补贴机制构建的现实困境。

第一节　农业水价精准补贴相关政策分析

国家和地方层面坚持"花钱买机制、花钱养机制"原则，在农业水价综合改革中积极推进精准补贴和节水奖励机制的建立，从制度层面对农业水价综合改革中农业水价精准补贴机制的建立做了相关规定。

一、国家层面关于农业水价精准补贴的相关政策

国家负担部分农业水价，是世界范围内农业水价分担的普遍模式，但国家负担农业水价的方式不同，对农业用水效率的影响也会有所不同。长期以来，我国实行农业水价"暗补"政策，造成农业用水浪费严重，水资源使用效率低下。《国务院办公厅关于推进农业水价综合改革的意见》（国办发〔2016〕2号）于首次提出在完善农业水价形成机制的基础上，构建农业水价精准补贴机制，是我国农业水价补贴制度的重要改进。之后，国家层面又陆续发布了关于农业水价综合改革的若干文件，多次提出构建农业水价精准补贴机制，强调落实农业水价奖补资金，加强农业水价补贴资金绩效管理。

2016年以来，在国家层面的涉及农业水价精准补贴的政策文件及相关规定如表7-1所示。

表 7-1　2016 年以来国家层面关于农业水价精准补贴的政策文件及相关规定

年份	政策文件名称	相关规定
2016	《国务院办公厅关于推进农业水价综合改革的意见》（国办发〔2016〕2 号）	在完善水价形成机制的基础上，建立与节水成效、调价幅度、财力状况相匹配的农业用水精准补贴机制。补贴标准根据定额内用水成本与运行维护成本的差额确定，重点补贴种粮农民定额内用水。补贴的对象、方式、环节、标准、程序以及资金使用管理等，由各地自行确定
	《中共中央　国务院关于深入推进农业供给侧结构性改革加快培育农业农村发展新动能的若干意见》（中发〔2017〕1 号）	全面推进农业水价综合改革，落实地方政府主体责任，加快建立合理水价形成机制和节水激励机制
2017	《关于扎实推进农业水价综合改革的通知》（发改价格〔2017〕1080 号）	在总体上不增加农民负担的基础上，切实保护农民合理用水权益，改革地区要同步建立精准补贴和节水奖励机制，对定额内用水提价部分由财政给予补贴，节约部分适当奖励；超定额用水不再予以补贴，并逐步实行累进加价制度。开展农业水价综合改革的市县要多渠道筹集落实奖补资金，统筹整合相关涉农涉水项目资金，优化政策设计，加强补贴资金绩效管理
2018	《深化农田水利改革的指导意见》（水农〔2018〕54 号）	要统筹夯实改革基础、建立健全农业水价形成机制、建立农业用水精准补贴和节水奖励机制，突出重点，分类施策，加快推进农业水价综合改革，既要有利于促进节水，保障工程正常运行，也要总体上不增加农民负担，让人民群众有更多的获得感
	《关于加大力度推进农业水价综合改革工作的通知》（发改价格〔2018〕916 号）	要多渠道、多方式落实农业水价综合改革奖补资金，特别是要加强对现有财政补贴、项目资金的整合与统筹使用，鼓励将奖补资金支出纳入财政预算
2019	《关于加快推进农业水价综合改革的通知》（发改价格〔2019〕855 号）	已实施农业水价综合改革的区域要对照《国务院办公厅关于推进农业水价综合改革的意见》（国办发〔2016〕2 号）要求，统筹推进农业水价形成机制、精准补贴和节水奖励机制、工程建设和管护机制、用水管理机制等四项机制建立，巩固并扩大改革成效。仅建立部分机制的，要因地制宜，加快进度，切实补齐短板，推动各项改革措施全面落地。财政部门负责会同有关部门落实精准补贴和节水奖励政策

年份	政策文件名称	相关规定
2020	《关于持续推进农业水价综合改革工作的通知》（发改价格〔2020〕1262号）	协同配套推进农业水价形成机制、工程建设和管护机制、精准补贴和节水奖励机制、终端用水管理机制建立，提高用户节水意识，总体不增加农民负担。财政部门负责会同有关部门落实精准补贴和节水奖励政策

资料来源：笔者整理。

从表7-1可以看出：

第一，国家层面对包含农业水价精准补贴在内的农业水价综合改革高度重视。国家层面将农业水价综合改革视为落实新时代"节水优先、空间均衡、系统治理、两手发力"十六字治水方针，深化农业供给侧结构性改革，推行绿色生产方式、增强农业可持续发展能力的重要措施。2016~2020年国家层面关于农业水价综合改革的文件中都专门提及农业水价精准补贴，明确要求财政部门负责会同有关部门落实精准补贴和节水奖励政策。

第二，国家层面对包含农业水价精准补贴在内的农业水价综合改革的艰巨性和长期性有充分评估。《国务院办公厅关于推进农业水价综合改革的意见》(国办发〔2016〕2号)要求，"用10年左右时间，建立健全合理反映供水成本、有利于节水和农田水利体制机制创新、与投融资体制相适应的农业水价形成机制"。之后，国家发展改革委联合财政部、水利部、农业农村部(原农业部)、自然资源部(原国土资源部)等部门连续发布文件推进包括农业水价精准补贴在内的农业水价综合改革，并于2017年、2018年、2019年和2020年分别使用了"扎实推进""加大力度推进""加快推进""持续推进"等词语，对农业水价综合改革进行部署。由此可见，农业水价综合改革既是一项长期任务，又是一项系统工程，改革的涉及面广，推进难度较大，需要久久为功、驰而不息。农业水价精准补贴作为农业水价综合改革的重要组成部分，也需要持续推进，不可能一蹴而就。

第三，农业水价精准补贴是国家层面推进农业水价综合改革"先建机制、后建工程"基本要求的具体体现。制度和机制建设是国家治理体系和治理能力建设的重要部分，国家发展改革委、财政部、水利部和农业农村部联合发布的《关于持续推进农业水价综合改革工作的通知》(发改价格

〔2020〕1262 号）要求，各地要牢牢树立"先建机制、后建工程"理念，坚持工程建设与机制建立并重，协同配套推进农业水价形成机制、精准补贴和节水奖励机制、工程建设和管护机制、终端用水管理机制的建立，要完善农业水价综合改革考评机制。农业水价精准补贴机制的构建，正是农业水价综合改革"先建机制、后建工程"的具体体现，也是"花钱买机制"的集中体现。

二、部分省级政府关于农业水价精准补贴实施意见的相关规定

《国务院办公厅关于推进农业水价综合改革的意见》（国办发〔2016〕2号）规定，要在完善农业水价形成机制的基础上，建立与节水成效、调价幅度、财力状况相匹配的农业用水精准补贴机制。各省区市根据该意见的要求，结合本地区实际制定了相关的农业水价综合改革实施方案和农业水价精准补贴实施方案，对本地区农业水价精准补贴实施意见进行了规定，笔者在对各省区市农业水价综合改革和农业水价精准补贴实施意见进行查阅的基础上，借鉴戴向前等[①]的研究成果，对部分省区市农业水价精准补贴实施意见的相关规定进行了总结（见表 7-2）。

表 7-2　部分省区市农业水价精准补贴实施意见

文件依据	补贴对象	补贴标准	补贴资金来源
《吉林省农业水价综合改革精准补贴和节水奖励管理办法（试行）》（吉财农〔2019〕556号）	精准补贴对象主要为粮食作物种植服务的供水组织，适度考虑经济作物种植服务的供水组织	精准补贴标准主要依据现行用水价格与供水成本价格的差额并结合灌溉运行维护成本变化情况等综合确定	精准补贴和节水奖励资金来源主要包括各级财政用于农业水价改革的补助资金、财政安排的水利工程管理单位公益性人员基本支出和工程公益性部分维修养护经费、农业灌排工程运行管理费，农田水利工程设施维修养护补助、调水费用补助以及有关农业奖补资金等

---

① 戴向前，郎劢贤，王志强，等．农业用水精准补贴落实情况分析［J］．水利发展研究，2017，17（6）：1-4+9．

文件依据	补贴对象	补贴标准	补贴资金来源
《山东省农业水价综合改革奖补办法（试行）》（鲁水农字〔2017〕43号）	精准补贴对象主要为从事粮食作物种植的用水主体，或者小型灌排设施管护组织，适度适时考虑经济作物种植用水主体	精准补贴标准主要依据改革前后定额内用水的提价幅度并结合灌溉成本变化情况、农户承受能力等综合确定，计量条件允许的按立方米确定执行标准，条件不具备的也可按亩或亩次确定执行标准	精准补贴和节水奖励资金来源，主要通过优化各级财政农田水利和农业奖补资金支出结构，加大用于精准补贴和节水奖励的支持力度，以及超定额累进加价水费分成收入、地下水提价分成收入、高附加值作物或非农业供水分成利润、水权转让分成收入、社会捐赠等多种渠道筹集
《宁夏农业水价综合改革实施方案》（宁政办发〔2017〕94号）	公益性及准公益性水利工程水价未达到运行维护成本之前，骨干工程水费与运行维护成本的差额部分，由同级财政执行现行补贴政策。骨干工程以下（含骨干）定额内用水水费与运行维护成本的差额，由同级财政对工程管理单位、农民用水组织和规模经营主体、种粮户、养殖户等用水户定额内用水水费进行补贴，超定额用水水费不予补贴	—	宁夏回族自治区各级人民政府统筹整合水资源费、水权转换费、水权交易费、超定额累进加价水费、非农业供水利润、财政补助和社会捐助等各类资金，落实农业用水补贴和节水奖励资金来源
《江苏省政府办公厅关于推进农业水价综合改革的实施意见》（苏政办发〔2016〕56号）	重点补贴种粮农民定额内用水	补贴标准根据定额内用水成本与运行维护成本的差额确定	要多渠道筹集精准补贴和节水奖励资金，统筹财政安排的水管组织公益性人员基本支出和工程公益性部分维修养护经费、小型农田水利工程维修养护资金、翻水费补助、有关农业奖补资金等，落实精准补贴和农业节水奖励资金来源

文件依据	补贴对象	补贴标准	补贴资金来源
《青海省推进农业水价综合改革实施方案》（青政办〔2017〕21号）	农业用水精准补贴对象为农民用水合作组织和农业用水户	精准补贴＝运行维护成本水价－实际现行水价	各地要切实优化资金结构，多渠道筹措资金，结合省级切块下达的水利发展资金、超定额累进加价水费分成、社会捐赠等资金中统筹安排用于农业水价综合改革
《湖南省人民政府办公厅关于推进农业水价综合改革的实施意见》（湘政办发〔2016〕55号）	重点补贴种粮农民定额内用水。直接对工程运行维护费用进行补贴；对管水人员的劳务进行补贴；对灌溉设施的节水改造进行补贴；对终端水价不能达到运行成本的，末级渠系水价按运行成本核定，骨干工程水价与运行成本的差额部分给予补贴；高扬程灌区实行优惠电价或对扬水电费给予适当补助	补贴标准根据定额内用水成本与运行维护成本的差额确定	统筹财政安排的水管组织公益性人员基本支出和工程公益性部分维修养护经费、农业灌排工程运行管理费、农田水利工程设施维修养护补助、高扬程抽水电费补贴、有关涉农涉水奖补资金及水资源费等，落实精准补贴和节水奖励资金来源
《贵州省人民政府办公厅关于推进农业水价综合改革的实施意见》（黔府办发〔2017〕8号）	重点补贴种粮农民、种粮大户及合作社定额内用水，超定额用水部分不得补贴	补贴标准可根据定额内用水成本与运行维护成本的差额确定	各地要多渠道筹集精准补贴和节水奖励资金，可以统筹财政安排的公益性水利工程维修养护经费、农田水利工程设施维修养护补助资金等，落实精准补贴和节水奖励资金来源。同时，县级应积极探索利用超定额累进加价水费收入、非农业供水利润、社会捐赠资金等渠道筹集奖补资金
《安徽省人民政府办公厅关于印发安徽省推进农业水价综合改革实施方案的通知》（皖政办〔2016〕23号）	重点补贴种粮农民、养殖场（户）定额内用水，超定额用水部分不予补贴	核定的运行维护成本水价或完全成本水价低于省政府规定的用水户承担的每亩水价上限的不予补贴，超过上限标准的予以补贴	统筹财政安排的水管组织公益性人员基本支出和工程公益性部分维修养护经费、农业灌排工程运行管理费、农田水利工程设施维修养护补助、有关农业奖补资金、回购节水量销售资金等，按照分级管理、分级负责的原则，落实精准补贴和节水奖励资金来源

续表

文件依据	补贴对象	补贴标准	补贴资金来源
《河南省农业水价综合改革奖补办法（试行）》（豫财农〔2018〕203号）	精准补贴范围主要为从事小麦、水稻、玉米、薯类等粮食作物种植的定额内实际用水量。对水价调整到位、农业用水量未超过灌溉定额、水费足额缴纳的用水主体给予补贴。对供水方与用水主体协商确定供水价格、签订供用水价格协议的，或者不符合补贴条件的，暂不给予补贴	补贴标准由县（市、区）水利部门会同财政部门依据改革前后定额内农业用水价格调整幅度，并结合灌溉成本变化情况、节水率、农民承受能力、当地财力状况等综合确定	各市、县可结合本地实际，确定补贴方式，鼓励探索采取农田水利设施运行维护保险试点保费补贴等支付补贴资金

资料来源：笔者整理。

农业水价精准补贴主要涉及补贴对象和补贴标准的确定、补贴流程的规范和补贴资金的落实等核心内容，从部分省区市农业水价精准补贴的相关规定可以看出：

第一，一些省份对农业水价精准补贴对象的规定维持了《国务院办公厅关于推进农业水价综合改革的意见》（国办发〔2016〕2号）的表述，一些省份在该意见的基础上对农业水价精准补贴对象进行了细化和扩展。该意见规定，农业水价精准补贴重点补贴种粮农民定额内用水，一些省份按照该文件的表述对本省农业水价精准补贴对象进行表述，如《江苏省政府办公厅关于推进农业水价综合改革的实施意见》（苏政办发〔2016〕56号）规定，农业水价精准补贴重点补贴种粮农民定额内用水。一些省份对农业水价精准补贴对象进行了细化和扩展，如《山东省农业水价综合改革奖补办法（试行）》（鲁水农字〔2017〕43号）规定，农业水价精准补贴对象主要为从事粮食作物种植的用水主体，或者小型灌排设施管护组织、适度适时考虑经济作物种植用水主体；《河南省农业水价综合改革奖补办法（试行）》（豫财农〔2018〕203号）规定，农业水价精准补贴范围主要为从事小麦、水稻、玉米、薯类等粮食作物种植的定额内实际用水量。对水价调整到位、农业用水量未超过灌溉定额、水费足额缴纳的用水主体给予补贴。另有一些省份对农业水价精准补贴不得补贴的情形做了明确规定，如《贵州省人民政府办公厅关于推进农业水价综合改革的实施意见》（黔府办发〔2017〕8号）规定，超定额用水部分不得补贴，还有一些省份规定水价没有调整到位的不予补贴。

第二，补贴标准的规定较为原则，多数省份对农业水价精准补贴标准的规定维持了《国务院办公厅关于推进农业水价综合改革的意见》（国办发〔2016〕2号）的表述，一些省份在该意见的基础上对农业水价精准补贴标准进行了明确。该意见规定，农业水价精准补贴标准根据定额内用水成本与运行维护成本的差额确定，一些省份对本省农业水价精准补贴标准进行了表述，如江苏省、湖南省、贵州省等。还有一些省份在该意见的基础上，对本省份农业水价精准补贴标准进行了明确，如山东省规定，农业水价精准补贴标准主要依据改革前后定额内用水的提价幅度并结合灌溉成本变化情况、农户承受能力等综合确定，计量条件允许的按立方米确定执行标准，条件不具备的也可按亩或亩次确定执行标准；安徽省规定，核定的运行维护成本水价或完全成本水价超过省政府规定的用水户承担的每亩水价上限标准的予以补贴，低于的不予补贴。

第三，关于补贴资金来源的规定，除了《国务院办公厅关于推进农业水价综合改革的意见》（国办发〔2016〕2号）提出的经费来源，一些省份根据本省实际增加了农业水价精准补贴的资金来源。例如，山东省提出通过地下水提价分成收入、超定额累进加价水费分成收入、高附加值作物或非农业供水分成利润、水权转让分成收入等充实农业水价精准补贴资金来源；宁夏回族自治区规定，自治区各级人民政府统筹整合水资源费、水权交易费、水权转换费、超定额累进加价水费、非农业供水利润、财政补助和社会捐助等各类资金，落实农业用水补贴和节水奖励资金来源。从上述规定来看，水权交易收入、地下水提价收入、超定额累进加价水费收入和农田水利设施运行维护保险试点保费等，是一些地方农业水价精准补贴的充实资金来源，这些资金来源的制度规定本身也有助于进一步激励节约用水。

第二节　农业水价精准补贴机制构建的现实困境

农业水价精准补贴制度的构建和作用发挥需要一系列相关制度的配合，对农业水价精准补贴机制构建困境的剖析需要树立系统思维，需从该制度构建的基础及保障条件等角度系统分析。《国务院办公厅关于推进农业水价综合改革的意见》(国办发〔2016〕2 号) 颁布以来，各地通过多种渠道筹集农业水价综合改革奖补资金，按照总体不增加农民负担的原则，因地制宜地落实精准补贴和节水奖励。根据《关于 2017 年度农业水价综合改革工作绩效评价有关情况的通报》，2017 年，各地共安排约 10 亿元精准补贴和节水奖励资金，对定额内用水的提价部分予以补贴，有些地区也对水管组织和农民用水者协会运行维护费用予以补贴。总体而言，农业水价精准补贴机制的构建取得了积极进展，但在构建中也存在一些现实困境。

一、农业水价形成机制依然不完善

科学合理的农业水价形成机制是农业水价精准补贴机制构建的前提，两者作用的同向同行是农业水价综合改革的重要目标，也是依靠机制建设促进节水型社会建设的关键所在。现今我国农业水价形成机制虽然有所改善，但依然存在一些不科学、不合理的地方。

(一) 农业执行水价成本补偿水平较低

世界各国对农业执行水价构成的规定有所差别，但基本上都要求农业水价包括水利工程的运行维护成本，多数国家还要求农业水价能够收回实际供水成本，以保障供水单位正常运营。《国务院办公厅关于推进农业水价综合改革的意见》(国办发〔2016〕2 号) 要求，农业用水价格总体达到运行维护成本水平，对于水资源紧缺且用户承受能力强的地区，农业水价可提高到完全成本水平。从实践层面上来看，我国一些地区对农业水价进行了调整，有些地区农业水价基本达到运行维护成本水平，个别试点地区农业水价甚至达到完全成本水平。根据《关于 2017 年度农业水价综合改革工作绩效评价有关情况的通报》，截至 2017 年底，山东省农业水价综合改革试点区农业水价基本达到运行维护成本水平，河南省试点区农业水价基本达到完全成本水平。但仍存在大量地区农业执行水价的成本补偿水平较低，以新疆为例，2010 年其农业用水平均价格为 4.7 分/立方米，约占供水经营成本的 34%，约占农业供水成本的 31%；2011 年，《新疆维吾尔自治区党委政府关于加快水利改革发展的意见》提出其农业水价在"十二五"末达到 2010 年供水成本的 70%，在"十三五"末达到供水成本的 100%。2016 年新疆国有水管组织执行平均农业水价 8.5 分/立方米，仅占完全成本的 60%，未达到预期目标，预计 2020 年达到供水成本 100% 的目标也难以实现。[①] 再以内蒙古自治区河套灌区为例，近年来，河套灌区农业水价在不断调整提升，与全国其他灌区相比，内蒙古自治区河套灌区水价中还包括排水水价，即便如此，河套灌区水价依然偏低。根据内蒙古自治区发展改革委的初步成本监审结果，河套灌区国管农业水价成本已达 127 厘/立方米·斗口；同期河套灌区国管执行水价为 103 厘/立方米·斗口，农业执行水价成本补偿水平低。农业水价精准补贴机制构建的初衷是在提升农业水价的基础上，为总体上不增加农户用水负担，保障灌区水利设施的良性运行，促进节水，对从事粮食作物种植的用水主体或小型灌排设施管护组织等进行一定的补贴，一些地方明确规定水价没有调整到位的不予补贴。农业执行水价成本补偿水平低，客观上阻碍了农业水价精准补贴机制的构建，也违背农业水价精准补贴机制构建的初衷。

(二) 灌溉用水超定额累进分档加价制度尚未完全建立

通过价格调节灌溉用水行为，充分发挥价格在农业灌溉用水领域的作用，是我国农业水价综合改革的重要目标。农业用水超定额累进分档加价制度是发挥价格机制在农业灌溉用水领域调节作用的重要制度安排。农业用水定额标准的确立是实施农业用水超定额累进加价制度的前提。在多数农业水价综合改革试点地区，通常对定额内用水进行精准补贴，对超定额用水实行累进分档加价政策。总体而言，我国灌溉用水累进分档加价制度正在逐步推广，但依然存在巨大的改进空间，特别是群管水价累进加价制度尚不普及。我国正在积极推广农业终端水价政策，农业终端水价是指在农业灌溉用水过程中，农户在田间地头承担的、经价格主管部门批准同意的最终用水价格，由国有水利工程水价和末级渠系水价两部分构成。[②] 以引黄灌区为例，一般而言，引黄灌区支渠以上的水利设施由国有水管组织进行管理，末级渠系(斗渠和农渠)等由农民用水者协会或农村集体经济组织管理。通常而言，引黄灌区渠首计量设施较为完备，市级灌区管理单位对

---

① 水利部发展研究中心调研组. 新疆农业用水及农业水价综合改革成效、问题及对策建议[J]. 水利发展研究，2018，18(12)：1-5.

② 章二子，陈丹，郑为东，等. 江宁区农业水价综合改革研究[M]. 郑州：黄河水利出版社，2017.

县区的量水设施也比较健全，这些环节实行按立方米征收水费，有助于灌溉用水累进加价制度的实施。但在乡镇环节，由于缺乏必要的测水设施，完全开展计量收费较为困难，因此很多乡镇采取按亩分摊的方式计收水费，制约了末级渠系灌溉用水累进加价制度的实施。以内蒙古自治区河套灌区为例，河套灌区目前只对国管水价建立了累进加价制度，对于群管水价尚未建立累进加价制度。

(三) 分类水价制度尚需细化和完善

《国务院办公厅关于推进农业水价综合改革的意见》(国办发〔2016〕2号) 要求，各地在统筹考虑用水量、用水收益和农业发展政策的基础上，区别粮食作物和经济作物、种植业和养殖业等不同用水类型，在终端用水环节探索实行分类水价。对于用水量和耗水量大、附加值高的经济作物征收高于粮食作物的灌溉水价，对于不同粮食作物和不同经济作物也可以进一步细化水费征收标准，有效发挥水费调整种植结构的功能，促进节约用水。为有效保护地下水，应对使用地下水灌溉征收高于使用地表水灌溉的水费，合理制定地下水资源费(税)征收标准，严格控制地下水超采行为，促进地下水采补平衡和生态改善。尽管分类水价制度有助于促进水资源的精细化管理，促进节约用水，提高水资源使用效率，且很多地区已经建立起了分类水价制度，但也有许多地区灌溉用水没有开展分类计价，有些地区即使开展分类计价，但分类程度较为粗放，需要进一步细化。例如，内蒙古自治区河套灌区在少数试点地区尝试粮食作物和经济作物分类计价测算，很多地区依然没有进行此项工作，更没有开展分类计价。另外，灌区在生态用水和灌溉基准用水方面均按103厘/立方米·斗口执行，没有细分生态用水水价和灌溉用水水价。

二、水量计量和水费计价方式比较粗放

农业水价精准补贴强调补贴的精准性，目前我国各地实施农业水价补贴时，关于补贴对象的规定各地存在较大差距，有的是对灌区管理单位进行补贴，有的是对用水合作组织进行补贴，有的是对新型经营主体进行补贴，也有的是对用水农户进行补贴。补贴灌区单位，实际上属于暗补，政府分担了农户的部分用水成本，终端水价的提价幅度不大，且容易操作，

但是节水激励不明显。给农户定额内用水进行补贴，节水激励明显，但是对用水的计量和计价方式的要求比较高，且操作比较复杂。目前我国很多地区的农业终端用水计量和计价方式比较粗放，一定程度上制约了农业水价精准补贴的实施。

灌溉用水计量设施是落实最严格的水资源管理制度，推进灌溉用水总量控制和定额管理制度，实现水资源管理精细化的重要前提。同时也是推进终端水价制度和农业灌溉用水计价方式改革，推动农业水权制度改革，落实农业水价精准补贴政策的前提。灌区缺乏科学有效、简易合理的量水设施，量水精度低，也容易导致人情水、量水不公、水费计价方式不科学、水费征收不合理、水费征收困难和水资源浪费等问题。近年来，虽然我国一些地区农业灌溉水量计量设施有所改善、计量水平有所提升，但目前在农业灌溉领域仍然存在灌溉用水计量设施建设水平滞后，管理技术落后，维护及运行困难等薄弱环节和问题。特别是我国农业用水计量主要集中在各大灌区进水口，支、斗渠计量设施不完善，一些农渠几乎没有计量设施，很多灌区还难以实现计量到户，有些灌区斗口以下采取"以时折水""以电折水"等折算计量方式计量用水量。在内蒙古自治区河套灌区，农业用水计量设施虽有所改进，但由于体制和历史欠账等因素，灌区仍存在末级渠系量水测水设施少、田间配套工程不完善、水量计量方式落后、测流量水机制不健全等问题，导致水量计量粗放。有些灌域依然存在末级渠系无计量设施的情况，有的虽然有量水设施，但并未真正作为水费计收的依据。根据唐俊等的调查，湖北省40处大型灌区和136处中型灌区1立方米/秒以上的分水闸或斗口计量设施配套率仅为14.28%，灌区末级渠系分水口计量设施缺口更大；全省灌区信息化建设滞后，仅在约23%的大型灌区中开展了信息化建设，且信息化程度低，多数只解决了信息数据采集的问题，很多灌区用水管理仍以人工为主。① 根据陈娟等对广东省中型灌区计量设施的调研，在调查的426个中型灌区中，223个灌区渠首有计量设施，装置设施数314处，农业灌溉用水计量设施达标率50.87%；204个灌区干渠有计量设施，装置设施数783处，农业灌溉用水计量设施达标率57.32%；21个灌区支渠有计量设施，装置设施数103处，农业灌溉用水计量设施达标率

---

① 唐俊，张海川，李苏犁，等. 湖北省农业水价综合改革调查研究[N]. 人民长江报，2020-12-26(005).

3.48%；2 个灌区斗渠有计量设施，装置设施数 42 处，农业灌溉用水计量设施达标率 0.20%。[①] 由于缺乏精准的计量到户，各农户一起分摊超定额用水部分，超定额累进加价收费制度的效果大打折扣，难以满足国家推进农业水价综合改革深入开展和灌溉用水管理的新要求。

我国大量灌区特别是农民用水者协会向农户收取水费时依然采取按亩收费的计收方式，计量收费模式没有完全普及，农户每亩耕地灌溉用水数量与缴纳的水费之间没有直接的相关性，价格杠杆对资源配置并未起到有效调节作用，农民节水积极性低，田间地头普遍出现大水漫灌、跑水漏水和超定额用水等非效率用水现象。以内蒙古自治区河套灌区为例，按照目前的水价制度，河套灌区农业水费由国管水费和群管水费构成，国管水费由河灌总局根据用水定额自上而下，层层下达，依据用水指标内定额和指标外水费标准进行核算；群管水价由巴彦淖尔市人民政府制定，根据相关文件标准执行，群管水费主要用于农民用水者协会运行、末级渠系和小型灌溉设施维护等。国管水费加群管水费就是通常所讲的农业水费。目前河套灌区水费计量的实际情况是在按立方米定价的基础上实行按亩收费，即农民用水者协会向水管机构按照实测用水量缴纳水费，协会以"按亩均摊"的方式向农户收取水费。2007～2009 年，灌区曾经实行按"亩次计费"的方式，但由于管理成本高昂和当地作物采取轮作模式等因素，主动取消了该种收费模式。实行"按亩均摊"的收费方式造成群众缺乏节水意识，存在水资源浪费倾向，同时难以体现公平收费的原则。此外，灌区在"按亩均摊"模式下，在核算农户水费的过程中也存在面积丈量不准确和上报不实等方面的问题。水价计费方式粗放致使河套灌区农业水价综合改革推进面临困境。

三、水费征收较为困难

农业灌溉水费征收关系灌区的生存，直接关系到灌区能否做到"以水养水、以水兴水"，也关系到农业水价奖补资金的来源，还是农田水利工程能否良性运行的关键。从农业灌溉水费收取的现实情况来看，我国农业灌溉

[①] 陈娟，徐小飞，张康. 广东省中型灌区计量设施调研分析[J]. 安徽农业科学，2020，48(21)：216-219.

水费收取存在很多困难，严重影响了农业水资源的配置和基层水利工程的可持续利用，也影响了农业水价奖补资金的落实。造成农业水费征收存在困难的原因主要有五个。

第一，水费收缴体系不合理。由于灌区管理站人员有限，很多地区的农业水费征收采取委托代收的方式进行，以乡村代收为主。依托乡村代收导致在农业水费收取过程中出现了"搭便车"收费、截留挪用和代收代支等不合理现象。委托代收模式也容易导致在农户用水过程中出现"人情水"和"关系水"等现象，农户的合法权益受到侵害，形成了"水管组织没多收，农户没少出"的现象。在农业水费代收过程中同时会产生大量手续费、奖金等费用，增加收费成本。

第二，水费计征模式不科学。如前所述，我国很多地区水费计征方式不合理，采取按亩征收模式，一些乡镇以种植面积为基数平均分摊水费，会出现实际灌溉面积和收费面积不一致的问题。灌区现存的一些土地面积包括水费收缴面积、实际灌溉面积、土地二调面积、粮食直补面积、土地确权面积等。水管组织采用的面积有实际灌溉面积和水费收缴面积，其中水费收缴面积为群管组织上报的面积，这个面积和实际灌溉面积存在偏差。例如，宁夏回族自治区惠农渠灌区实际灌溉面积113万亩，实际收费面积58万亩。[①] 不同类别的土地面积折算关系，也会导致农户缴费积极性下降。农户当时通过抓阄的方式进行承包土地的分配，不同类别的土地在灌溉水费缴纳方面存在一个换算关系，如果分到一类地，就按实际面积缴纳水费；如果分到二类地，就按照一亩半或两亩折算为一亩地缴纳水费。如此就导致无论是抓到一类地还是二类地，在缴纳水费时都不满意，抓到一类地的农户认为二类地一亩半或两亩地才交自己一亩地的水费，且用水量还比自己的用水量大，这样对自己不公平；抓到二类地的农户认为，自己的土地产生的收益比一类地的收益要少，即使进行了折算自己的二类地承担的水费负担也相对较重，对自己不公平。农户水费自我感觉的不公平造成了水费征收困难和拖欠水费问题。

第三，国家支农惠农和涉农税费减免的对比。农业灌溉水费征收与农户水费支付意愿高度相关，这种支付意愿不仅与农户收入有关，同时与国

① 李建宏. 宁夏引黄灌区水管组织水费收缴情况调查研究[J]. 水利发展研究，2019，19（11）：19-21.

家支农政策有关。近年来，农户的收入水平不断提高，但普遍存在农户水费支付意愿和水费收取率下降的状态。这种异化行为产生的重要原因就是农户的心理参照点和损失厌恶的存在。在国家取消农业税和增加农业补贴的背景下，农户的水费支付异化问题较为突出。例如，内蒙古自治区河套灌区基层水费收费人员反映："现在国家的'三提五统'都没有了，还给农户发放各种补贴，就剩下水费一项要收，工作不好做。"但从激励农户节水和促进水资源高效利用角度而言，农业水费有其长期存在的必要性和合理性，且要逐步达到完全成本水平，即水费收费标准有逐步提升的趋势。就河套灌区而言，市场化和企业化改制后的水管机构，机构设置和人员众多，虽然水价不断提升，但依然不足以弥补供水成本，但农户认为在国家不断给农户各种补贴的背景下，农业水费却不断上涨。加之将水费征收任务下达到村庄后，很多村干部不向农户宣传农业灌溉水费征收的目的和意义，导致一些农户在理解上存在偏差，水费缴纳意愿下降，水费拖欠率不断提高。

第四，农户认知偏差。乡镇或水管机构将灌溉水费征收任务下达村部后，很多村干部不宣传水费征收政策，农户对灌溉水费征收的目的和意义缺乏了解，认为灌溉水费征收不符合国家支农政策，增加了农户负担。同时大量群众认为，农村灌溉水利工程是农户投工投劳修建的，水是天然的，不需要缴纳水费。忽视了水利工程维修、水资源管理、输水和配水等都需要大量投入，需要成本补偿这一事实。认知偏差导致灌溉水费征收不到位，征收率低下。

第五，供水不及时。灌区一些农户不愿意缴纳水费的另一重要原因是认为供水不及时，就算交了水费，水也无法按时来，有些农户抱怨有时淌水要比正常时间推迟 10 多天甚至 20 多天，影响灌溉收益。导致供水不及时的主要原因在于一些已经建成的水利工程建设标准低、质量差、老化坏损严重，且工程运行维护困难，漏水、坍塌和渠道淤积严重，渠道输水能力低下，影响了工程的正常运行。

四、农业水权确权和水权交易程度不高

农业水权确权是农业水价综合改革的明确要求，也是建立合理农业水价形成机制、农业水价精准补贴机制和节水奖励机制的依据。农业水权交易可以提高农业水资源使用效率，激励节约用水，交易收益也可以作为农

业水价奖补资金的重要来源。

我国目前的实际情况是农业水权确权和水权交易的程度不高，制约了农业水价精准补贴机制的科学构建。

根据《中华人民共和国水法》《取水许可和水资源征收管理条例》等法律法规的相关规定，综合近年来我国水权试点的探索，可以将农业水权界定为农村集体和个体农户灌溉使用水资源的权利，是农村集体享有的灌溉取水权和相应的用水管理权，是个体农户对灌溉用水享有的使用权。

近年来，我国高度重视农业水权确权工作，不断出台法律法规推进农业水权确权工作，具体情况如表7-3所示。

表7-3　近年来我国关于农业水权确权方面的政策规定

年份	文件/政策名称	文件/政策规定内容
2016	《国务院办公厅关于推进农业水价综合改革的意见》（国办发〔2016〕2号）	以县级行政区域用水总量控制指标为基础，按照灌溉用水定额，逐步将指标细化分解到农村集体经济组织、农户用水合作组织和农户等用水主体，落实到具体水源，明确水权
2017	《国务院发展改革委　水利部关于开展大中型灌区农业节水综合示范工作的指导意见》（发改农经〔2017〕2029号）	有关地方人民政府或其授权的水行政主管部门通过颁发水权证书等形式将灌区农业用水权益明确到用水主体，实行丰增枯减、年度调整。根据灌区实际，合理确定农业水权确权层级，既可以确权到灌区或片区，也可以确权到农村集体经济组织、用水户协会或村民小组、用水户
2018	《水利部　国家发展改革委　财政部关于水资源有偿使用制度改革的意见》（水资源〔2018〕60号）	对灌区内农业用水户，由地方政府或授权有关部门根据用水总量控制指标和灌溉用水定额，发放水权权属凭证，因地制宜将水权明确到农村集体经济组织、农民用水合作组织、农户等

资料来源：笔者整理。

农业水权确权是提升节水动力，促进节约用水的重要制度安排。我国在江西省、甘肃省、新疆维吾尔自治区、河北省、湖北省等已经开展了以二轮土地承包为依据的农业水权确权登记工作，村组或农户颁发了水权证书，为全面实施水权水价综合改革奠定基础。近年来我国关于农业水权确权方面的典型案例如表7-4所示。

表 7-4　近年来我国关于农业水权确权方面的典型案例

确权地区	确权情况
江西省高安市、新干区和东乡区 3 个试点农业水权确权	3 个试点地区对 7 座国有水库灌区供水范围内的 33 个取用水户、对 357 座农村集体经济组织的水塘及水库进行确权，核准登记水权证 400 本，确权水量 7370 万立方米，水权征收统一电子登记
河北省成安县农业水权确权登记	2014 年河北省出台了《河北省水权确权登记办法》，成安县人民政府制定了《成安县水资源使用权分配方案》，完成了全县水权确权登记工作，共核发 8.2 万本水权证，实现了农业水权确权登记全覆盖
新疆维吾尔自治区哈密市农业水权确权登记	根据二轮承包土地农业灌溉用水指标平均每亩地 420 立方米的标准，2019 年完成对二轮承包土地到村组和农户农业用水总量的核定，颁发了农业水权使用证书，二轮承包土地包括用水总量控制指标内的集体机动地和扶贫搬迁安置土地。根据乡镇用水总量控制红线指标，对部分村集体机动地也确定水权

资料来源：笔者整理。

　　尽管国家层面支持农业水权确权登记，一些地方也在不断探索农业水权确权登记，农业水权确权登记也取得了显著成效，但是我国很多地区的农业水权确权登记进程依然比较缓慢。以内蒙古自治区河套灌区为例，河套灌区虽逐步完成了以定额核定总量和以总量控制定额工作，并确立了灌区"初始水权确权登记"试点渠道，但由于河套灌区农户的土地较为分散，灌区渠道也比较分散，导致水权确权工作进展相对缓慢；灌区水量计量设施短缺且粗放，水量测量到斗口一级，无法完全实现水量测量到田口，这些都严重制约了灌区水权确权登记工作的有效落实。

　　另外，即使在开展农业水权确权登记的地方，在确权方面依然存在一些困难和问题。主要表现在：①农业水权确权细化的基础工作薄弱，主要是农村农业用水计量基础薄弱，难以为水权确权细化提供支撑。②各地在农业水权确权方面的探索做法存在差异，容易给今后的制度建设造成困境。例如，各地权证的名称不一致，有的地方叫水权证，也有一些地方叫水资源使用证、取水许可证或水权使用证等。在权证内容上，有些地方的规定比较详细，列明了权利人、水源地、土地面积、用水性质和权利期限等要素；有些规定比较粗略，只规定了权利人和分配水量。在权证期限上也存在较大差别，有规定 1 年的，有规定 3 年的，也有规定 5 年、20 年的。③土地扩耕造成水资源和土地资源不匹配，导致用水需要和水资源可用量之间存在较大差距，特别是在西北一些人少地多的地区，在二轮土地承包之外存在随意扩大耕地的问题，给水权确权带来了困难。④农业水权权能规定不明确。农户持有水权证书能享受什么权利，需要承担什么义务，这些内容都缺乏明确规定。上述问题在一定程度上制约了我国农业水权确权的进展及农业水权确权的科学性和合理性。⑤农业水权确权成本高，在一定程度上制约了农业水权确权特别是农业水权的细化确权登记工作。

农业水权交易是促进农业灌溉用水效率提升，丰富农业节水奖补资金池的有效制度安排。近年来，国家层面出台了一系列鼓励农业水权交易的政策文件（见表7-5）。

表7-5　近年来我国关于农业水权交易方面的政策规定

年份	文件/政策名称	文件/政策规定内容
2016	《水权交易管理暂行办法》（水政发〔2016〕156号）	《水权交易管理暂行办法》将我国水交易分为区域水权交易、取水权交易和灌区用水户水权交易。规定包括农业在内的获得取水权的单位或者个人通过调整产业结构和节水等措施节约的水资源，在取水限额和取水许可有效期内可向符合条件的其他单位或者个人有偿转让相应取水权；县级以上人民政府或者其授权的水行政主管部门将水权确权到灌溉用水户或者用水组织后，可以开展交易；县级以上人民政府或者其授权的水行政主管部门、灌区管理单位可以回购灌溉用水户或用水组织的水权
2017	《国家发展改革委　水利部关于开展大中型灌区农业节水综合示范工作的指导意见》（发改农经〔2017〕2029号）	培育和发展灌区节水市场，倡导地方政府建立农业节水回购制度，对农民通过农艺节水、高效节水灌溉设施等新增的节水量予以回购；鼓励工业园区、企业等新增用水户与灌区开展节水水权交易
2018	《水利部　国家发展改革委　财政部关于水资源有偿使用制度改革的意见》（水资源〔2018〕60号）	鼓励灌区内用水户之间开展水权交易

资料来源：笔者整理。

与此同时，我国农业水权交易的实践案例也在不断涌现，下面是我国农业水权交易的一些典型案例（见表7-6）。

表 7-6　近年来我国农业水权交易的典型案例

交易案例	交易情况
湖南省长沙县桐仁桥灌区农业水权交易案例	湖南省水利厅与中国水权交易所合作，在长沙县桐仁桥灌区开展水权交易试点，使用水权交易 App 进行农业水权回购交易。水权交易的回购方为长沙县人民政府授权的桐仁桥水库管理所，出让方为灌区内 14 个村的农民用水者协会；交易标的为 2018 年度农业灌溉水权；交易价格为亩均水权额度 0~50 立方米的部分按照 0.06 元/立方米的价格回购，大于 50 立方米的部分按照 0.1 元/立方米的价格回购；成交水量 429.82 万立方米；成交总金额 38.77 万元
贵州港安水泥有限公司与关领县鸡窝田渠道管理所水权交易案例	港安水泥有限公司未获得取水许可证，依靠灌区供水。鸡窝田渠道管理所办理了取水许可证，用于灌溉、工业和生活用水，灌区在农业种植结构调整优化后，灌溉用水量减少。根据关领县人民政府批复，在取水许可证有效期内，鸡窝田渠道管理所与港安水泥有限公司进行水权交易，交易期限 1 年，交易价格 0.333 元/立方米，交易水量 49 万立方米，交易总价 16 万余元
新疆维吾尔自治区玛纳斯县农业水权交易案例	玛纳斯县成立了水权交易中心。每年初，水权交易中心汇总农户通过用水者协会报送的年度结余可交易水量，并配置给碧源供水公司（县政府控股、企业参股的企业），碧源供水公司向塔河工业园区内各企业供给水量，按照实际交易水量，通过水权交易中心向各协会进行资金结算。同时，农民用水者协会间、农户间也可根据用水指标节余情况，直接进行农业内部的水权交易

资料来源：笔者整理。

　　水权交易作为农业灌溉用水改革的重要组成部分，是提升水资源使用效率，充实农业水价精准补贴和节水奖励资金池的重要举措。目前，一些地方农业水权交易工作基础不够稳固扎实，这在一定程度上制约了我国农业水权交易活跃度。一是一些地方有关农业水权交易的基础数据不清晰，主要是不同地域、不同工程的灌溉水利用系数，针对不同作物品种、不同土壤类型、同一作物不同生长季节灌溉所需的最佳亩次灌水量等基础数据不清，缺乏当地开展水权交易所需的一手基础性数据，给水权交易效率带来了影响。二是基层农田水利工程管护水平不高。水权交易需要稳定、专业的农田水利工程建设和管护工作体系，我国一些地方基层农田水利工程重建设轻管护等问题依然存在，农民用水者协会空壳化、农田水利工程末端灌溉环节管理粗放、节水效果差等问题比较突出，一定程度上制约了农业水权交易的发展。三是在水权交易平台建设和管理的规范性方面需要进一步提升。例如，有些地方在建设农业计量灌溉信息化平台过程中，由于建设设备型号不一致，出现了平台建成之后无法实现节水灌溉数据传输等问题。

五、农业灌溉用水终端管理尚不完善

我国很多灌区农业终端用水大力推行用水农户参与管理的模式，组建农民用水者协会等各类群众水管组织作为对接供水单位和农户的自治组织，代替传统的"村社直接管理"的模式。农民用水者协会在基层水资源治理方面发挥了重要作用，但现在农民用水者协会运行面临一些困境，主要表现在五个方面：第一，水费收取不到位。特别是随着国家富农支农政策的强化，作为水费计收主体的农民用水者协会成为水费征收矛盾的直接承担者，农民用水者协会只是民间组织，没有执法权，导致农户水费拖欠陷入恶性循环，严重影响其正常运行。第二，群管工程运行维护经费短缺。灌区群管水费主要用于人员管理费用支出和支渠以下群管渠道的清淤和养护，由于大部分群管水利工程淤积严重，清淤费用高昂，加之水费收取困难，致使群管工程运行维护经费难以得到保障。群管工程中出现的问题往往依靠"一事一议"解决，但单纯依靠"一事一议"往往也是举步维艰，且"一事一议"有时议而不决，执行艰难，导致用水者协会运行管理艰难。第三，农民用水者协会组织效率不高。农民用水者协会是农户用水管水的自治组织，是末级渠系管护主体，是农业水费的收缴主体，是推进农业水价综合改革和农业水价精准补贴的重要组织，是用水农户参与灌溉用水管理的重要途径。目前，我国农业用水组织普遍存在组织效率低下、运作不规范和农户实际参与率低等问题。部分农民用水者协会负责人由村干部兼任，这种状况在现实中有利于协会开展工作，但由于目标取向和利益驱动不同，缺少监督，容易造成水费被截留挪用。农民用水者协会是村民自治组织，成员多数为当地农民，专业技术人员严重缺乏，由于农村青壮年劳动力外出严重，参与协会的多数为老一辈留守人员，受教育水平不高，管理经验不足，不利于协会功能的有效发挥。农民对用水者协会的实质性参与较少，农民用水者协会对行政部门的依赖程度较高，由现任或卸任的"两委"干部兼任用水者协会会长的情况普遍存在；对于一些普通村民而言，其参与协会的活动多数为清淤和维修时的出工出力，在水费定价和工程维修方面的参与较少；灌区农户对协会的认知度不高，部分农户认为自己不是农民用水者协会会员，也没有感受到协会带来的好处。第四，灌区所有权、管理权和经营权分离依然不彻底。灌区管理组织、基层水利管理站和农业用水合作组织之间在灌区水利设施的管护和使用方面依然存在机制不活、产权不清和责任不实的情况，水管组织依然存在管养一体和经费混用的情况，容易导致管养职责不清、养护经费落实不足等问题，与灌区现代化发展趋势不相匹配。第五，末级渠系等终端供水设施高质量供给缺乏。农业水价综合改革需要相应的基础设施供应支撑，需进一步加大农田水利设施各级公共财政投入，要付出不菲的成本，特别是当农业水价改革从试点走向全面之后，这种终端供水设施高质量供给需求将会进一步增加，一些地区目前的终端供水难以充分满足农业水价综合改革和水价精准补贴的需求。

六、农业水价精准补贴资金落实困难

农业水价综合改革以总体上不增加农户负担为原则，2016 年《国务院办公厅关于推进农业水价综合改革的意见》（国办发〔2016〕2 号）要求在水价调整反映供水成本的基础上，建立水价精准补贴和节水奖励机制。各省区市也相继发布文件，要求各地区逐步建立易于操作、用水主体普遍接受的农业用水节水奖励机制，农业水价精准补贴的补贴标准、程序、方式等由各地区自行确定。总体而言，各地对农业水价精准补贴的资金来源规定较为原则，尚未形成制度化的资金来源渠道。目前各地有关农业水价精准补贴的资金来源的原则性规定主要有各级财政安排的水管组织公益性人员基本支出及工程公益性部分维修养护经费、农田水利工程设施维修养护补助、农业灌排工程运行管理费、调水费用补助、加价水费、专项补助资金和社会捐赠等。一些地方增加了水权交易收入和水资源费充实补贴资金的规定。

农业水价精准补贴既是农业水价综合改革的组成部分，又是农业水价综合改革顺利推进的有效制度保障。近年来，随着国家农业水价综合改革的不断推进，一些地方通过水利工程产权制度改革，明晰水利工程所有权和使用权，逐步培育和发展起一批农民用水者协会，以"水费收取+政府补贴"的方式，使水利工程管护经费得到落实，一定程度上扭转了农村水利设施"重建轻管"等问题，用水浪费现象有所缓解，改革成效逐渐显现。但农业水价精准补贴也面临资金缺少等制约因素。

农业水价精准补贴的有效实施，一个重要基础是落实补贴资金来源，但目前农业水价精准补贴资金的外生性特征明显，没有形成制度化、规范化、内生化、稳定可靠的精准补贴资金来源。普遍反映，在农业水价综合改革试点期，在试点范围内可以集中筹集部分资金进行农业水价精准补贴。如果全面推开，则地方财政难以支撑。以山东省农业水价综合改革的补贴来源为例，山东省"多方筹集"农业水价综合改革补贴资金，补贴资金来源包括财政补贴专项、超定额用水加价收入和水费提价收入等，2018年农业水价改革财政补贴专项资金总金额达2.575亿元，其中中央财政支持2.175亿元，省级财政支持0.4亿元，财政补贴专项资金占农业水价综合改革总投资的74%，此类资金来源在改革试点过程中、在短时间维持尚可，一旦农业水价改革和农业水价精准补贴全面铺开并成为常态，其存续的不确定性不言而喻。① 湖北省有的地方虽列支了部分农业水价奖补资金，但由于其数额太小，具体核算到用水户上的补贴和奖励微乎其微，有时甚至出现奖补资金无人认领的情况。湖北省省级以下年均投入农业水价精准补贴的资金金额累计不足500万元，安排了农业水价奖补专项资金的市县比例不足40%。② 在不少西部省份，水利工程维修养护经费占财政水利投资总量的比重仅为1%~2%，水利工程维修养护资金压力大。另外，一些地区农民用水者协会运行所需资金难以为继，资金缺口较大。例如，依据水利部《水利工程管理单位定岗标准(试点)》，河套灌区公益性水利工程维修养护经费约2000万元/年，由于河套灌区所在的内蒙古自治区巴彦淖尔市经济发展程度相对不高，地方财力有限，农业水价综合改革奖补资金落实困难，维修养护经费难以充分保障。

七、有些地区水价成本核算不完善

农业水价成本核算是确定合理农业水价水平和农业水价精准补贴水平的关键要素。我国目前农业供水成本核算主要依据国家发展改革委和水利

---

① 蔡威熙，周玉玺，胡继连. 农业水价改革的利益相容政策研究：基于山东省的案例分析[J]. 农业经济问题，2020(10)：32-39.

② 唐俊，张海川，李苏犁，等. 湖北省农业水价综合改革调查研究[N]. 人民长江报，2020-12-26(005).

部联合印发的《水利工程供水价格管理办法》等相关规定，分为完全供水成本和运行供水成本。但在实际执行中，有些地区，尤其是一些原来不收水费的地区，为规避水费征收矛盾，实现水费收取的目的，把农户承受能力作为核定农业水价的出发点，尽可能降低实际收费。例如，有些地区对末级渠系的维修费用、折旧费用及人员费用核算不全，有些地区在水价成本核算中扣除了县级财政对水管组织维修经费的拨款。由于成本核算不全，导致水价制定和农业水价精准补贴标准的确定缺乏科学和可靠依据。

第八章

农业水价精准补贴机制的
构建路径

研究农业水价精准补贴体系的构成，阐释农业水价精准补贴的构建原则。从农业水价精准补贴的前置制度、核心要素和保障条件三个方面提出农业水价精准补贴的构建路径。

第一节　农业水价精准补贴机制构成要素及构建原则

农业水价精准补贴是一项长期任务，也是一项系统工程，需要坚持问题导向与目标导向相结合，统筹兼顾，协同推进。

一、农业水价精准补贴机制的构成要素

如前所述，农业水价精准补贴与传统的农业水价暗补相对应，要求提高补贴的精准性和指向性。简单而言，农业水价精准补贴要求区分用水类型(是定额内用水还是定额外用水、是粮食作物用水还是经济作物用水等)，要求对比供水成本和水价(能否回收供水完全成本或运行成本，成本和水价的现实差额多大)，要求用水主体足额缴纳水费，要求对基层供水组织的供水管理进行考核。根据上述条件确定补贴对象和补贴标准。落实解决上述问题并保障补贴落地，需要一定的计量设施和资金保障，也要有相应的监督和考核制度。

综合上述可知，农业水价精准补贴系统主要由实施精准补贴的前置制度、核心要素和保障条件三部分构成。具体情况如图 8-1 所示。

其中前置制度即实施农业水价精准补贴的制度基础，主要包括农业用水定额管理制度、农业供水成本核算制度、农业水价形成机制和农业水费

征收制度；核心要素包括补贴对象、补贴标准、补贴流程及效果；保障条件主要包括农业用水计量设施、农业水价精准补贴资金保障和农业水价精准补贴监督考核。

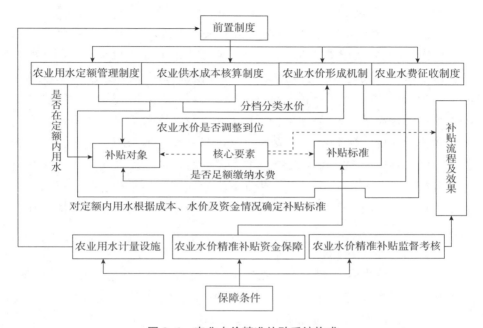

图 8-1　农业水价精准补贴系统构成

资料来源：笔者根据调研资料整理。

(一) 农业水价精准补贴前置制度

1. 农业用水定额管理制度

农业用水定额管理制度是确定农业水价精准补贴对象、测算补贴金额的前提，为促进农业节水，农业水价精准补贴应对符合补贴条件的用水主体的定额内用水进行补贴，甚至可以明确规定对超出用水定额的用水主体不给予补贴。农业用水定额管理制度也是构建农业用水超定额累进加价制度和分档水价的前提，是探索实施基本水价加计量水价的两部制水价的基础。农业用水超定额加价收入是农业水价精准补贴资金的重要来源。因此，要实施科学合理的农业水价精准补贴，应先制定并实施农业用水定额管理制度。农业用水定额应随着农业灌溉条件和灌溉技术的变化而逐步调整变化。为防止农业用水定额制定中的地方保护现象，应该逐步出台国家层面的农业用水定额标准。

2. 农业供水成本核算制度

收回成本是农业水价政策的重要目标，也是保障灌区水利设施正常运行维护的基础。2016 年，《国务院办公厅关于推进农业水价综合改革的意见》中也明确规定要建立合理反映农业供水成本的农业水价形成机制，所以确定农业水价的成本项目至关重要。从理论层面讲，农业水价供水成本包括直接项目成本（即通常所讲的财务成本）、环境成本和边际使用者成本（即通常所讲的资源成本）；从实践操作层面讲，农业水价分完全成本水价和运行维护成本水价。根据不同的成本回收目标，确定不同的水价，并根据农户承受能力制定的实际执行水价和成本水价的差额，确定农业水价精准补贴的补贴标准和补贴额度，这是农业水价精准补贴的常规操作。所以，农业水价成本核算制度是农业水价形成机制的关键，也是农业水价精准补贴机制构建的前提。

3. 农业水价形成机制

农业水价要收回成本，也要促进节水。长期以来，我国农业水价较低，既不利于农业节水，也不利于农业灌溉设施运行维护。根据我国农业水价运行长期存在的问题，国家层面提出要健全农业水价形成机制。为合理回收农业供水成本，促进农业节水，农业水价和之前相比会有所提升，可能导致农户用水负担加重，也不利于保障粮食作物用水需求。为协调农业节水、农田水利设施正常运行和农户用水负担，确保合理农业水价形成过程中总体上不增加农户用水负担，国家提出构建农业水价精准补贴和节水奖励制度。从这个层面讲，农业水价形成机制是农业水价精准补贴制度实施的前提。

4. 农业水费征收制度

农业灌溉水费的征收一方面关系着农民的经济收益和用水负担，另一方面又影响着农业水利工程的建设，同时也是农业水价精准补贴及节水奖励的资金来源。

近年来，虽然国家取消了诸多涉农类的税费，但是农业灌溉水费征收是补偿水利工程建设、维护及管理成本，维持灌区水管组织正常运行的制度安排，是促进节约用水和保障农业用水奖补政策资金的前提，各地应高度重视农业灌溉水费计收管理和使用。

(二)农业水价精准补贴的核心要素

政府补贴政策的核心要素包括补贴对象、补贴标准、补贴流程及效果，也就是给谁补、补多少和怎么补等核心要素。

1. 补贴对象——给谁补

补贴对象即是要明确给谁补。针对传统的农业水价"暗补"政策激励相容的缺陷，农业水价精准补贴对象的确定要有助于促进节约用水，有助于灌区水利设施正常运行维护。农业水价精准补贴对象的确定，以及对不予补贴情形的限定，是提升补贴效率的重要途径。从保障国家粮食安全的角度考虑，农业水价精准补贴的对象主要是以种植粮食作物为主的用水主体，且是对定额内用水给予补贴。

2. 补贴标准——补多少

补贴标准即是要明确补多少。农业水价精准补贴标准要结合当地农户水价承受能力、农业供水成本(完全成本、运行维护成本)、当地实际执行水价和地方财力状况等情况综合确定。

3. 补贴流程及效果——怎么补

补贴流程即是要明确怎么补，即要明确补贴申请、补贴审核、补贴批准和补贴兑付的各个环节和受理程序。通常而言，农业水价精准补贴流程由当地财政和水利部门根据实际情况确定。补贴流程要公平、公正、公开，要提高开放度和参与度。

(三)农业水价精准补贴的保障条件

1. 农业用水计量设施

优化农业灌溉用水计量，是节约农业灌溉用水、优化农业灌溉过程、公平水费负担、完善农业水价补贴的重要手段。实施农业用水管理、制定农业水价和推行农业水价精准补贴需要农业用水计量条件的支撑和保障。农业用水系列政策越科学、越精细，对农业用水计量的精确性要求就越高。长期以来，我国农业灌溉用水计量没有得到应有的重视，农业用水计量，特别是农业终端用水计量基础薄弱是制约农业用水管理、农业水费计征和农业水价精准补贴等科学高效实施的重要约束。加强农业用水计量是农业用水管理和农业水价系列政策的需求和保障。

2. 农业水价精准补贴资金保障

农业水价精准补贴的资金如何保障，是落实农业水价精准补贴的关键。根据近期一些农业水价综合改革试点地区农业水价精准补贴财政补贴专项、超定额用水加价收入和水费提价收入等，部分地区提出通过农业水权交易收入充实农业水价精准补贴资金来源。但总体而言，农业水价精准补贴资金的外生性特征明显，没有形成制度化、规范化、内生化、稳定可靠的精准补贴资金来源。在农业水价综合改革试点期，在试点范围内可以集中筹集部分资金进行农业水价精准补贴。如果全面推开，则地方财政恐难以支撑。

3. 农业水价精准补贴监督考核

农业水价精准补贴监督考核机制是保障精准识别补贴对象、补贴资金规范使用、补贴流程公平合理的重要手段，也是确保补贴效果不断提升的重要手段。各地要在强化监督考核组织领导、优化监督考核指标、规范监督考核流程、完善监督考核技术手段等方面不断创新，要采取检查、抽查等方式定期或不定期进行督导，防止补贴过程中违规违纪行为的发生，切实维护农户合法权益，推动农业水价精准补贴落到实处。

二、农业水价精准补贴机制的构建原则

农业水价精准补贴要遵循节约用水原则、价补统筹原则、精准高效原则、因地制宜原则。[1][2]

(一) 节约用水原则

农业水价精准补贴要贯彻落实新时代"十六字治水方针"的"节水优先"方针。要建立灌溉用水定额管理制度，对定额内用水优先享受农业水价精准补贴，对于超定额部分不享受政府补贴，以促进节约用水；可以尝试对试点区管辖范围内的节水设施和节水技术进行补贴，节水设施良性运行和节水技术有效推广后，将补贴转为节水奖励，以促进节水设施建设和节水技术采用。

---

① 仕玉治，范明元，刘军. 农业用水精准补贴与节水奖励机制探讨[J]. 山东水利，2018 (3)：18-19.

② 顾宏，贾仁甫，李江安，等. 农业用水精准补贴机制研究：以高邮市农业水价综合改革试点为例[J]. 江苏水利，2015 (10)：10-12.

(二) 价补统筹原则

农业水价精准补贴实施的一个重要前提是完善农业水价形成机制，提高水价，要求分级制定农业水价、探索实行分类水价、逐步推行分档水价。供水价格原则上应达到或逐步提高到运行维护成本水平；水资源紧缺、用户承受能力强的地区，可提高到完全成本水平；确有困难的地区要尽量提高水价，采取综合措施保障工程良性运行。在提高农业水价的同时，要确保农户定额内用水水费支出不增加，就需要建立农业水价精准补贴机制，促进政策的激励相容，调动农户参与农业水价综合改革的积极性和参与度。

(三) 精准高效原则

精准高效原则是农业水价精准补贴的精髓，也是区别于传统农业水价"暗补"的核心。传统农业水价"暗补"政策指向性不够清晰，精准度不是很高，补贴的激励相容性较差。为促进农业节水，保障粮食安全，维护灌溉设施正常良性运行，农业水价精准补贴要直接补贴给以粮食作物种植为主的规模化农业经营主体、专业合作社和农户，小型农田水利灌排设施与计量配套设施的管护主体，从事农业灌溉或小型农田水利工程建设的非政府投资主体等，提升补贴对象的精准性，促进高效节水，最大限度地发挥补贴政策的效用。补贴标准的制定不宜过高或过低，过高的补贴导致补贴资金供给的巨大压力，影响政策的持续性；过低的补贴导致补贴政策的激励效果不足。

(四) 因地制宜原则

因区域差异的存在，农业水价精准补贴政策的设计可能存在一定程度的异质性，补贴政策在实际执行中不宜采取"一刀切"的方式，应根据政策的实施环境，科学地设计出具有针对性的补贴方案，提升政策的可行性和适用性。

第二节　完善农业水价精准补贴的前置制度

如前所述，农业水价精准补贴制度的前置制度主要包括农业用水定额管理制度、农业水价成本核算制度、农业水价形成机制和农业水费征收制度等，因此，农业水价精准补贴制度的构建应遵循系统思维，从完善农业水价精准补贴前置制度入手。

一、完善农业用水总量控制和定额管理制度

20世纪50年代，我国的用水管理采取"以需定供"策略，强调供给管理，通过兴建水利工程增加供水量。随着经济社会发展和人口数量的不断增加，对水资源的需求数量日益增加，水资源开发数量不断加大，开发成本不断上升，传统的"以需定供"策略难以为继，"以供定需"的水资源需求管理策略提上日程，以应对水资源的短缺。总量控制和定额管理便是水资源需求管理的重要内容。

（一）农业用水总量控制和定额管理与农业水价精准补贴的内在逻辑

农业用水精准补贴的主要情形之一是对用水户定额内灌溉用水提价部分进行补贴，超定额用水不予补贴。补贴标准根据定额内用水成本与运行维护成本的差额确定。农业用水总量控制和定额管理是确定用水主体定额内用水数量和超定额用水数量的前提，也是确定农业水价精准补贴数量和超定额加价水平的前提。农业用水总量控制和定额管理与灌溉用水主体用水类型的确认逻辑如图8-2所示。

图8-2 农业用水总量控制和定额管理与灌溉用水主体用水类型确认逻辑
资料来源：笔者整理。

（二）农业用水总量控制和定额管理完善思路

1. 农业用水总量控制完善思路
水资源总量控制的总体要求是依据水资源禀赋、生活用水需求、生产

用水需求和生态用水需求等因素，确定用水总量控制目标，严格实行用水总量控制。《国务院关于实行最严格水资源管理制度的意见》明确，到2030年全国用水总量控制在7000亿立方米以内。2013年国务院办公厅印发的《实行最严格水资源管理制度考核办法》，明确了各省区市2020年和2030年的用水总量控制目标。农业用水总量控制是指根据区域水量分配方案，结合农业用水现状、区域种植结构和粮食生产用水需求等合理确定农业用水总量控制指标。在农业用水总量控制方面，关键要按照灌溉用水定额，逐步把指标细化分解到市、县、乡镇、农村集体经济组织、农民用水者协会和农户等用水主体。要强化取水管理，要在农业用水总量控制逐渐细化的基础上强化农业水权确权登记，逐步推广水权流转交易。

2. 农业用水定额管理完善思路

水资源定额管理政策是通过政府强制力对可用水量进行控制，属于非市场手段调节用水量的政策，是衡量农业用水管理水平的重要标准，是落实最严格的水资源管理制度的重要手段。农业用水定额是指在规定位置和规定水文年型下，核定的某种作物在一个生育期内单位面积的灌溉用水量。关于农业用水定额管理，2002年我国各地陆续颁布了农业用水定额标准；2007年进一步提出各地要因地制宜地建立农业用水总量控制和定额管理制度，提出了《用水定额编制技术导则（试行）》；2011年我国确立水资源"三条红线"（水量控制、用水效率控制和污染控制）的管理政策，农业用水定额管理政策得到了大力推行和实施；2012年水利部印发《灌溉用水定额编制导则》，用于指导各地农业灌溉用水定额编制；2013年，《水利部关于严格用水定额管理的通知》进一步重申了用水定额管理制度。学术界对农业用水定额管理制度及其实践进行了研究，一些学者认为，农业用水定额管理政策能促进种植结构调整和高效节水农业的发展，是一种有效的节水方法。[1] 但是，农业用水定额管理政策由于量水设施缺乏、合适的定额难以确定和水权交易成本高等原因[2]，导致定额管理往往在实际中效率并不高。

目前我国农业用水定额以省级政府为单位进行编制和发布，在省级政府内部进行分区，根据不同分区的自然气候、水资源禀赋、灌溉方式、现

① Shi M J, Wang X J, Yang H, et al. Pricing or Quota? A Solution to Water Scarcity in Oasis Regions in China: A Case Study in the Heihe River Basin[J]. Sustainability, 2014, 6(11): 7601-7620.

② Chang B J, Liu Y X. Study on Water Saving Effect of the System of Increase Price and Allocate Subsidy[J]. China Water Resourres, 2010, 97(2): 41-44.

状农业用水水平等情况，确定各省份不同分区的农业用水灌溉定额并提出不同分区的作物灌溉调整系数。由于各省份在编制农业用水灌溉定额过程中依据的数据资料、选择的计算方法和编制的标准体系上存在差异，导致用水定额的横向可比性较差，不同区域用水管理水平之间的差异难以反映用水管理的先进程度。农业用水定额编制多数采用统计法，这是一种事后分析的方法，根据统计的用水量来制定用水定额，需要较长时期的统计数据，难以适应用水结构及用水形势的快速变化。农业用水定额监督和实施存在监督控制不到位、用户实施不到位现象，特别是供水系统缺乏完善的供水计量及检测手段，在实施用水管理过程中缺乏有力的监督证据，由于很多地方存在无偿供水的水利设施，导致实现用水定额管理工作难上加难。

鉴于上述问题，应从以下方面完善农业用水定额：在对各地农业灌溉用水现状进行广泛调查的基础上，研究确定全国主要作物灌溉用水定额编制的方法和技术路线，制定国家农业用水定额标准；强化农业用水定额评估，从规范性、覆盖性、合理性、实用性和先进性等方面对农业用水定额标准进行评估，发现不合理的定额标准，及时进行修正调整；改进用水定额统计手段，建立智能化用水定额统计手段，严格执行用水定额管理措施；按照"省级用水定额严于国家用水定额"的要求，严格用水定额应用管理。

二、完善农业供水成本核算制度

农业供水成本核算是农业水价精准补贴的前提和基础，是决定农业水价补贴标准的关键要素。梳理中国农业水价改革历程，发现农业水价"供水成本取向"非常明显和清晰，其正在逐步要求农业水价补偿供水成本。

(一)农业用水成本核算与农业水价精准补贴的内在逻辑

从经济学的角度而言，供给和需求是决定价格的主要因素。从农业灌溉用水供给角度考量，农业水价的形成取决于供水成本。为保证供水工程的良性运行维护，农业水价理论上应确保能收回成本。但农业用水价格的形成不能完全依赖市场，既要考虑促进农业节水，还有考虑粮食安全和农户承受能力等因素，因此需要引入农业水价精准补贴机制。农业灌溉供水成本既决定农业水价的水平，又决定农业水价精准补贴的水平。因此，农业水价成本核算是构建科学农业水价形成制度和农业水价精准补贴制度的前提(见图 8-3)。

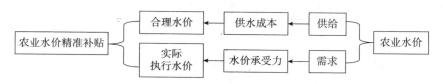

图 8-3　农业供水成本核算与农业水价精准补贴逻辑关系

资料来源：笔者整理。

国内外学者对农业供水成本问题进行了相关研究，如 Saleth 和 Dinar 认为，农业水资源定价时既要考虑供水生产成本，又要考虑机会成本。[①] Kejser 认为，所有成本包括环境和资源成本的内部化是水资源有效利用的需要，但水价上涨是一个复杂且敏感的问题，用水户对水价的态度受个人负担能力和信息水平的影响，负担能力和信息的缺乏会导致公众对有效水价的抵制。[②] Truong 在对国际农业供水成本的相关研究进行综述的基础上认为，完全成本定价的概念被应用于许多国家；灌溉的环境外部性被视为灌溉成本的重要组成部分，但很少作为灌溉费用的组成；大多数发达国家一直在推动农业灌溉供水完全成本回收，但灌溉补贴在发达国家和发展中国家仍然普遍存在；供给成本、经济资源成本和环境成本组成灌溉用水的全部费用，将它们都纳入定价政策，可以促进环境保护和水行业更可持续的发展。[③] 李然和田代贵认为农业灌溉供水在灌溉定额内的用水按成本收回原则定价，超定额用水加收水资源费和适当供水利润。[④] 李含琳认为应采用两部制水价，以供水成本为依据计收农业水费。[⑤] 刘小勇认为农业水价改革要反映市场供求和资源稀缺程度，要覆盖供水成本。[⑥] 由此可见，无论从我国农业水价改革的政策导向还是学术研究现状来看，农业水价改革的基本取向都是

① Saleth R M, Dinar A. Institutional Lingkage, Transaction Cost and Water Institutional Reforms: Analytical Approaches and Cross-Country Evidence[R]. 2003.

② Kejser A. European Attitudes to Water Pricing: Internalizing Environmental and Resource Costs[J]. Journal of Environmental Management, 2016(4): 453-459.

③ Truong D T. Water Pricing Policy and Subsidies to Irrigation: A Review[J]. Environmental Processes, 2016, 3(4): 1081-1098.

④ 李然，田代贵. 农业水价的困境摆脱与当下因应[J]. 改革，2016(9): 107-144.

⑤ 李含琳. 当前部分国家农业用水价格政策概述及启示[J]. 甘肃金融，2011(10): 18-21.

⑥ 刘小勇. 农业水价改革的理论分析与路径选择[J]. 水利经济，2016, 34(4): 31-34.

收回供水成本。

(二)完善农业供水成本核算的基本思路

1. 合理确定农业供水成本构成

(1)理论层面农业供水成本构成。"自然—社会经济—自然"的反复循环，构成了水在生产生活中的循环，也实现了从"资源水—商品水—资源水"的过程。农业用水过程也应遵循从资源水到商品水到资源水的过程。从理论层面讲，或者从可持续发展的角度讲，农业供水成本必须反映这一过程的全部机会成本。因此，理论层面的农业灌溉供水成本应综合考虑资源成本、工程成本和环境成本，充分体现水资源稀缺价值和水环境恢复补偿费用，属于真正意义上的农业供水完全成本。资源成本包括天然水资源价格(以可用水资源费或水资源税的形式体现)、水资源保护和涵养费用、水资源宏观管理费用等。工程成本包括工程固定资产折旧费，工程固定资产维修养护费用，直接人工、直接材料费用和其他直接费用，期间费用。工程成本主要是考虑投入成本补偿的问题，是水商品价格的下限，是制定水价格的基础和依据。环境成本指农业供水造成水生态环境功能降低的经济补偿费用，包括水污染防治费用和水环境恢复费用。理论层面的农业供水成本构成如图8-4所示。

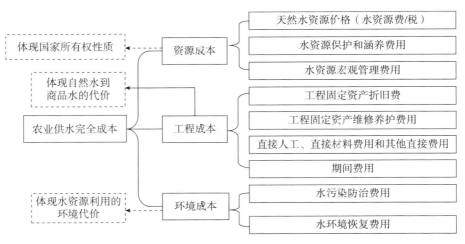

图8-4 理论层面农业供水成本构成

资料来源：笔者整理。

（2）实践层面农业供水成本构成。实践层面的农业供水成本主要根据国家发展改革委和水利部联合印发的《水利工程供水价格管理办法》和《水利工程供水价格核算规范（试行）》等相关规定确定并核算，主要指工程成本，分为完全供水成本和运行供水成本。完全供水成本包括供水生产成本和供水生产费用。供水生产成本包括直接工资、直接材料、其他直接支出及固定资产折旧费、修理费等；供水生产费用包括营业费用、管理费用、财务费用等。运行供水成本包括完全供水成本中的除固定资产折旧费的各项成本费用（见图8-5）。实践层面的农业供水成本主要是从财务核算的角度对灌溉成本水价进行确定。

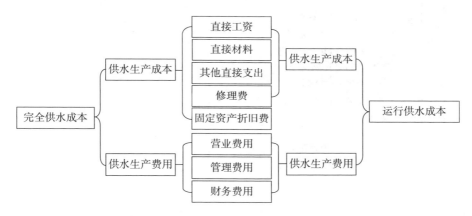

图 8-5　农业完全供水成本和运行供水成本构成

资料来源：笔者整理。

2. 合理进行成本分摊

具有多种功能水利工程的共用资产和共同费用，应在各种不同功能之间合理进行成本费用分摊。①生产经营活动和公益服务的共用资产和共同费用根据工程类型选用相应的成本费用分摊方法。具有生产经营功能和防洪公益服务的水库工程，采用库容比例法进行成本费用分摊；具有生产经营功能和排涝公益服务的机电排灌站等水利工程，采用工作量比例法进行成本费用分摊；具有生产经营功能和行洪排涝公益服务的河道、涵闸等水利工程，采用过水量比例法进行成本费用分摊。②不同供水对象（如农业供水和非农业供水）的共用资产和共同费用，采用供水保证率法或其他科学合理的方法进行成本费用分摊。③供水与发电、水产、旅游、运输等其他经营项目共同发生的成本费用，能单独核算的，应按类分别核算成本费用；若不能单独核算，按其他经营项目收入的一定比例扣减供水总成本。上述成本费用分摊总结如表 8-1 所示。

表 8-1　多功能水利工程公用资产和共同费用成本费用分摊方法

多功能类别	类别具体情况	分摊方法	分摊公式
生产经营活动和公益服务	生产经营功能和防洪公益服务	库容比例法	生产经营分摊比例 $=\dfrac{兴利库容}{兴利库容+防洪库容}$
	生产经营功能和排涝公益服务	工作量比例法	生产经营分摊比例 $=\dfrac{供水工时(或供水量)}{供水工时(或供水量)+排涝工时(或排涝量)}$
	生产经营功能和行洪排涝公益服务	过水量比例法	生产经营分摊比例 $=\dfrac{供水总量(或供水时间)}{过水总量(或总利用时间)}$
不同供水对象	农业供水	供水保证率法	农业供水分配系数 $=\dfrac{A \cdot A'}{A \cdot A' + B \cdot B'}$
	非农业供水		非农业供水分配系数 $=\dfrac{B \cdot B'}{A \cdot A' + B \cdot B'}$
供水与其他经营项目	供水与发电、水产、旅游、运输等其他经营项目		能单独核算的应按类分别核算成本费用
			不能单独核算，按其他经营项目收入的一定比例扣减供水总成本

注：表中不同供水对象共用资产和共用费用的共同成本费用也可以采用供水保证率方法之外的其他科学方法；表中 A 表示年农业供水量，A' 表示农业供水保证率，B 表示年非农业供水量，B' 表示非农业供水保证率。

资料来源：笔者整理。

3. 强化农业节水成本核算及其在补贴实践中的应用

传统的农业供水成本决定价格或实际执行的农业供水成本决定价格是指农业供水平均成本决定农业水价。按照供给价格理论的本来含义，供给是指生产者在每一价格水平上愿意而且能够提供的商品数量，所以此时的价格应该是边际成本决定价格。从农业节水的实践层面看，传统的供水成本决定价格的价格规制政策，在保护供水者收回成本的同时，不利于激励供水者降低单位供水成本，存在类似于垄断厂商中的低效率。2000 年起，财政部将水利工程水费作为生产经营性收入。灌区供水单位作为一个追求自身收益的经营单位，若降低成本不会增加收益，那么就不会降低成本，此时消费者承担的水价就会因为灌区水管组织缺乏自身降低成本的激励而难以下降；灌区水管组织也会缺乏足够的激励去采取节水措施以减轻农户负担。考虑构建以节水为主要目标的农业水价精准补贴机制，在传统的提补水价的基础上，也可以考虑构建以节水成本为基础的农业水价补贴。因此，以农业节水成本核算为基础构建"节水成本定价"的农业水价形成机制，并以执行水价和"节水成本水价"的差额确定农业水价精准补贴，对于激励节约用水具有重要现实意义，也可以在一定程度上克服灌区水管组织缺乏激励所造成的低效率。

4. 加强供水成本监审和调查

自流灌区、扬水灌区和井灌区的灌溉方式不同，其成本构成和核算存在差别，国有工程供水成本和末级渠系供水成本的核算依据不同。政府价格管理部门要加强对不同灌溉方式和不同供水工程供水成本的常态化调查或监审，健全供水成本信息披露机制，推进成本调查结果、农业供水成本和定价成本监审结论的公开，扩大公众参与供水成本调查和定价成本监审的范围组织，接受社会监督，强化备案管理。

三、完善农业水价形成机制

农业水价形成机制，其实质就是考虑农业水资源价格影响因素基础上的农业灌溉用水价格管理制度。针对农业水价运行现状，完善农业水价形成机制，兼顾粮食安全和农户用水负担，建立农业水价精准补贴和节水奖励制度，这是我国农业水价综合改革的总体构想。因此，完善农业水价形成机制是实施农业水价精准补贴的前提，两种制度的配合是促进政府、灌区水管组织和用水农户利益激励相容的重要途径。

(一) 农业水价形成机制与农业水价精准补贴的内在逻辑

长期以来，我国农业水价低位运行，刺激了农业用水浪费行为。国家农业水价改革的总体趋势是完善农业水价形成机制，提高农业水价至完全成本或运行维护成本水平，促进农业节水并保障农田水利设施正常维护运行。但农业水价的制定不仅要考虑节水和灌区水管组织及水利设施的正常运行和维护，还要充分考虑农户和农业生产的特征。因此，农业水价精准补贴制度是响应完善农业水价形成机制促进节水和灌区水利设施正常维护运行的制度安排，也是对冲完善农业水价形成机制给农户和农业生产产生负面影响的制度安排，还是考虑灌溉设施准公共产品属性的制度设计。农业水价形成机制和农业水价精准补贴的内在逻辑关系如图 8-6 所示。

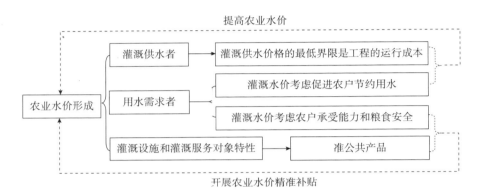

图 8-6　农业水价形成机制与农业水价精准补贴内在逻辑关系
资料来源：笔者整理。

从灌溉用水供水者角度看，农业灌溉用水价格的底线是收回工程运行成本。若资金来源无法弥补工程运行成本支出，就会影响供水工程正常供水能力和工程的安全性。因此，在没有财政补贴的情况下，灌溉水价的最低限度是灌溉供水工程运行成本。从灌溉用水需求者角度看，一方面，农业灌溉水价要考虑农户水价承受能力，水价超出承受能力，农业用水就会减少，影响农业生产的正常用水需求。因此，在制定农业用水水价时，要充分考虑农户对农业水价上涨的承受能力。另一方面，农业灌溉水价设计也要考虑激励农户节水。农业节水是我国节水大户，农业水价太低会激发农户浪费用水的行为。在制定农业用水水价时，也要充分考虑水价对农户用水行为的影响。灌溉农业基础设施和灌溉排水设施均具有准公共物品特性，具有正外部性。灌溉供水的服务对象是农户和灌溉农业，总体上属于弱势群体和弱质产业。因此，政府有必要对农业水价进行补贴。

综上所述，对于农业灌溉水价而言，有条件的地方水价要提升到完全成本水平，普遍要提升到工程运行维护成本水平，同时要考虑农户对灌溉水价的承受能力和农业及灌溉设施的特性，合理进行农业水价补贴。

(二)完善农业水价形成机制的基本思路

1. 实施合理的农业终端水价制度

农业终端水价是农民用水户进行农业灌溉时需要承担的经价格主管部门批准的最终用水价格，是灌溉输水过程中灌溉水经由干、支、斗、农渠等累积形成的供水成本费用。

(1)渠灌区的农业终端水价。农业终端水价由国有水利工程(国管工程)水价和末级渠系(群管工程)水价构成。国有水管组织水利工程产权分界点是区分国有工程(国管工程)和末级渠系(群管工程)的标准。产权分界点以上的为国管工程，其发生的成本费用与产权分界点测量的农业供水量之比构成国有水利工程(国管工程)水价；产权分界点以下的为末级渠系(群管工程)，其发生的成本费用与终端供水量之比构成末级渠系水价。

农业终端水价计算方法如下：

$$P = \frac{P_1 W_1 + P_2 W_2}{W_2} \tag{8-1}$$

式(8-1)中：P 表示农业终端水价；P_1 为国有水利工程(国管工程)供水价格；W_1 为国有水管组织供水量；P_2 为末级渠系(群管工程)供水价格；W_2 为终端供水量。

式(8-1)可以变形为：$P = P_1(W_1/W_2) + P_2 = (P_1 \cdot a + P_2)$，其中 a 为末级渠系利用系数。

国有水利工程供水价格依据《水利工程供水价格管理办法》核定，如前所述，可以分为完全供水价格和运行供水价格，主要区别在于是否考虑固定资产折旧。

末级渠系供水价格(群管水价)应该达到维持末级渠系正常运行维护管理水平，即末级渠系的运行维护成本包括末级渠系工程维修费、管理费、配水人员劳务费等，在自流灌区之外的其他灌区还要计算提水费。其中，末级渠系工程维修费主要指农民用水者协会对斗渠及以下渠系和设施进行的维修养护费，通常按照农民用水者协会管理的灌区的固定资产总值的一定比例核定；管理费指农民用水者协会为组织开展末级渠系灌溉发生的费用，包括管理人员补贴、交通通信补助、会议和办公费等，按照末级渠系水价测算基本要求，农民用水者协会的日常管理人员控制在 5 人以下；配水人员劳务费指农民用水者协会聘用配水人员支付的劳务费，根据配水量和当地劳动力价格确定；提水费根据泵站等提水设备设计参数，推算每升油或每度电提水所需的费用。

渠灌区农业终端水价构成及一般核算方法情况如表 8-2 所示。

表 8-2　渠灌区农业终端水价构成及一般核算方法情况

农业终端水价	国管工程水价	国管工程供水生产成本	直接工资	按照《水利工程供水价格管理办法》《水利工程供水价格核算规范（试行）》《水利工程供水定价成本监审办法》等规定核算相关项目。是否核算固定资产折旧和工程贷款利息，根据各地实际情况确定
			直接材料	
			其他直接支出	
			固定资产折旧费	
			修理费	
		国管工程供水生产费用	管理费用	
			营业费用	
			财务费用	
	末级渠系水价	末级渠系工程维修费		按照农民用水者协会管理的灌区的固定资产总值的一定比例核定
		管理费		农民用水者协会的日常管理人员控制在 5 人以下
		配水人员劳务费		根据配水量和当地劳动力价格确定
		提水费		根据泵站等提水设备设计参数，推算每升油或每度电提水所需的费用

资料来源：笔者整理。

（2）井灌区农业终端水价。井灌区的农业终端水价亦即末级渠系水价，其组成部分包括灌溉动力费（执行省级政府核定的目录电价）、工程设施（井灌设备）养护费、农民用水者协会管理费、配水人员劳务费等，通常不包括固定资产折旧费和贷款利息。

实施农业终端水价，是发挥农业水价杠杆作用，激励节约用水的重要手段，也是维护农田水利设施良性运行维护的重要手段。根据用户承受能力和末级渠系供水运行维护成本等，区分自流灌区和提水灌区、粮食作物和经济作物、定额内用水和超定额用水，在实施农业终端水价的基础上改革传统农业水价"暗补"政策，逐步建立农业水价精准补贴制度，实现农业节水目标。如果实施农业用水价格财政"暗补"政策，农业用水终端价格无法真实反映供水成本，导致价格传导机制失效，不利于节水目标的实现。①

2. 建立和完善农业用水超定额累进加价制度

农业用水超定额累进加价制度是指对农业用水户的定额内用水实行正常价格，对超过定额的用水实行较高水价，超用水量越多，水价越高。建立农业用水超定额累进加价制度，有助于发挥农业水价在农业水资源配置中的调节作用，强化农业用水定额的约束力，促进农业节水。农业用水超定额累进加价制度的构成要素如下：

(1)确定用水定额。农业用水定额要以"保障主要粮食作物生产足额用水，满足经济作物和养殖业合理用水，控制高耗水农业用水"为准则，通常以省级政府制定的农业用水灌溉定额标准执行，各地也可根据当地水资源禀赋状况、农业生产用水和农业水权分配实际情况，制定严于国家和省级政府标准的用水定额。已经制定农业用水定额标准的，要根据技术进步、经济发展状况和水资源禀赋变化等因素，及时修订完善。国家和省级农业用水定额标准未涵盖的农作物灌溉项目，可参考省级分区灌溉定额标准，并结合当地实际制定。

(2)确定分档水量。分档水量要根据用水定额，结合水资源稀缺程度和节水需要合理确定，原则上分档应不少于三档。通常情况确定分档水量可遵循如下思路：一档水量为定额水量，要保障粮食种植户正常用水需求，各地可根据实际情况按照覆盖某一百分比(如90%)的农业用水户平均用水量确定；二档水量一般体现水资源短缺地区和地下水超采区限制种植的高耗水农作物的用水，各地可根据实际情况按定额水量覆盖比例高的某一比例(如95%)农业用水户的平均用水量确定；三档水量为超出二档水量的用水部分。分档水量的确定没有固定标准，各地可根据本地实际情况自行进行确定。

(3)确定加价标准。加价标准要充分考虑农户承受能力，要反映农业灌溉定额约束力和水资源稀缺程度，要保持合理价差。一档价格各地按农业

---

① 尹红，李尚鑫，马悦.黄河下游引黄灌区农业水价调查分析[J].中国价格监管与反垄断，2020(4)：59-62.

水价形成机制的政策制定；二档水价和三档加价标准一般为一档水价某个倍数（如1.2倍和2倍等）。具体加价标准根据各地实际确定。缺水严重地区为充分反映水资源稀缺程度，可根据实际情况加大加价标准。

（4）明确资金使用。要以"取之于水，用之于水"的原则规范使用超定额用水累进加价形成的收入，该项收入通常由供水组织或供水单位收取，资金收取和使用具体管理办法由地方制定，主要用于农业水价综合改革精准补贴和节水奖励，也可将部分资金用于农业灌溉设施维护、节水技术改造和计量设施完善等。

3. 积极推行分类水价制度

农业水价可结合实际，逐步推行分类定价，统筹考虑用水量、用水成本、经济效益、承受能力和农业发展政策等因素，合理确定各类用水价格。区分粮食作物、经济作物和其他用水类型，在终端用水环节实行超定额累进加价的同时，积极推行分类管理定价。国有骨干工程供水价格不分作物；在末级渠系收费中，对用水量大或附加值高的经济作物收取较高的价格。一般而言，主要粮食作物水价应达到运行维护成本水平；普通经济作物的水价应达到完全成本水平；高附加值经济作物、养殖业和设施农业等水价应有一定盈利水平。实行分类水价的另一目的是合理确定农业水价精准补贴对象，对于经济作物用水、养殖业用水等可以不实行精准补贴。

四、完善农业水费征收管理

（一）农业水费征收管理与农业水价精准补贴的内在逻辑

农业水费征收方式是否合理、水费使用是否规范、水费征收是否做到应收尽收，这些农业水费征收中存在的问题，直接关系到农户水费缴纳意愿、灌溉设施运行和管护是否良性运行，也关系到农户真实的水费负担和用水行为。农业水价精准补贴的目的是在构建合理农业水价的基础上，减轻农户用水负担，促进节约用水并保障灌溉设施良性运行。农业水费征收不合理，会扭曲农户真实的用水负担，异化农户的用水行为；农业水费使用不合理，会影响灌区水管组织的正常运行和灌溉设施的良性运行。因此，农业水费征收管理是否科学合理，关系到农业水价精准补贴能否实施，以及是否科学合理，两者的逻辑关系如图8-7所示。

因地制宜实施农业水价精准补贴

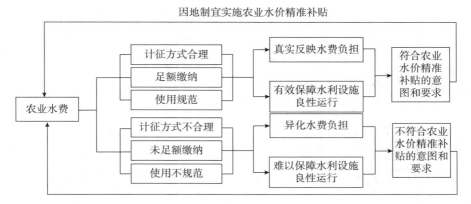

不实施农业水价精准补贴

图 8-7　农业水费征收管理与农业水价精准补贴的内在逻辑关系

资料来源：笔者整理。

(二)完善农业水费征收管理的基本思路

1.完善水费收缴体系

改变农业水费长期以来实施的以"委托代收为主，部门自收为辅"的收缴体系，应用现代科技手段，探索和创新水费计收模式与手段，采取银行代扣代缴、网络计费收费、打表计费和预存水费等方式或手段进行水费征收，积极推行终端水价制度，尽量减少水费征收中间环节产生的中介费用和集资摊派现象，消除水费截留挪用的现象。

2.完善水费计征方式

尽快改变农业水费征收中的平均摊派现象和按亩计征的方式，弱化面积在水费计收中的作用，积极推行按量计征水费模式，消除瞒报面积、面积不准等造成的"关系水"和"人情水"等，同时也可以在一定程度上矫正农业水费缴纳积极性不高和浪费用水的行为。

3.强化水费使用管理和监督

农业水费征收的目的就是优化水资源利用，以水养水，达到水利工程设施运转及管护的良性循环，应该加强农业水费使用的监督和检查，确保专款专用。灌区水管组织应将农业水费计收与水利设施项目的申报及维修工作统筹规划，合理制定经济可行的使用方案，真正做到取之于水、用之于水，充分发挥水利工程的效益。

4. 签订供水合同提高水费收取率

探索实施供水单位和用水农户之间签订供水合同，约定双方的权利和义务，避免纠纷。合同内容可以约定好供水时间、供水价格、供水量等要素信息，实行先交钱后放水制度，在公开透明的方式下完成交易，做到等价交换。此种模式可避免用水户拖欠水费现象，提高水费收取率，用水户也可以避免不必要的沟通交流，享受优质服务。

5. 加强水费政策宣传引导

普通群众对农业水费征收的重要性认识不足，对农业水费政策及水费征收的目的和意义缺乏认识。应通过面对面沟通、网络宣传等方式，认真讲解农业水费政策，引导广大干部群众正确认知农业水费政策、农业水费征收的目的及意义，保障水费的正常征收。

第三节　优化设计农业水价精准补贴的核心要素

完整的农业水价精准补贴政策框架包含补贴政策设计原则、补贴主体、补贴对象确认、补贴标准确定和补贴流程设计等内容（见图8-8）。

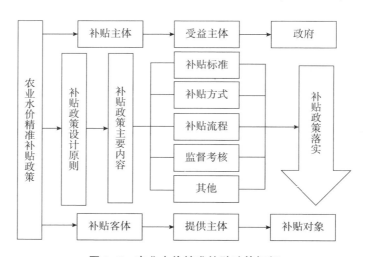

图8-8　农业水价精准补贴政策框架

资料来源：笔者整理。

农业水价精准补贴的原则在前面已有论述，包含节约用水原则、价补统筹原则、精准高效原则和因地制宜原则。农业水价精准补贴的主体是政府。在实践操作中，农业水价精准补贴的核心要素是补贴对象的确认、补贴标准的确定和补贴流程的设计，也就是给谁补、补多少和怎么补等要素。

一、合理确定动态调整农业水价精准补贴对象

补贴对象的精准性和指向性及对补贴对象的限制性规定，是农业水价精准补贴与传统农业水价补贴的本质区别。

(一)补贴对象的一般性确定

《国务院办公厅关于推进农业水价综合改革的意见》(国办发〔2016〕2号)规定，农业水价精准补贴的补贴对象由各地自行确定，重点补贴种粮农民定额内用水。为促进节约用水、保障国家粮食安全和维护农田水利工程良性运行，实践操作中的农业水价精准补贴主要对定额内用水进行补贴，其对象主要分为以下几种情况：①为促进节约用水，保障粮食安全，补贴采取节水工程技术措施、调整农业种植结构、加强田间管理、节水效果明显、种植主要粮食作物的用水户，通常包括规模化农场、种粮大户、农业专业合作社、农业龙头企业和农户等；②为促进农业节水、推进农业水价综合改革和提升小型农田水利设施管护水平，补贴采取节水工程技术措施、加强田间管理、节水效果明显、积极推进农业水价综合改革、保障小型农田水利设施良好运行的农业用水合作组织或行政村；③为保障灌区灌溉设施的正常良性运行维护，补贴灌区管理单位；④为吸引社会资本参与农业灌溉工程建设，补贴从事农业灌溉的社会资本投资主体。农业水价精准补贴的对象不同，其节水激励和操作要求也有所差别，具体总结如表 8-3所示。

财政补贴灌区水管组织运行维护费用的补贴模式属于农业水价"暗补"模式，该模式下农业执行水价较低；以财政直接补贴农户，补贴对象和水费承担主体均为农户自身，该模式下的农业执行水价较高。"暗补"属于价格补贴，"明补"属于收入补贴。由于我国农业水价长期低位运行，骤然提高农业水价并推行农业水价明补的方式可能会引起用水户的反感。因此，

现阶段宜实行存在数量限制的暗补，即明补和暗补相结合的方式，规定一个用水定额，在定额内水价低廉，超过用水定额便执行完全成本水价。

表8-3 不同农业水价精准补贴对象的对比分析

补贴对象	激励效果	计量设施要求
直接补贴种粮农户	终端水价提价幅度大，对农户的节水激励直接	农户田间计量要求高，操作成本高
补贴农业用水合作组织或行政村	终端水价提价幅度较大，对农户的节水激励比较直接	末级渠系计量要求高，实际可行性较高
补贴灌区管理组织	终端水价提价幅度不大，对农户的节水激励不明显	好操作、易管理
补贴从事农业灌溉的社会资本投资主体	吸引社会资本参与农业灌溉工程建设，对农户的节水激励不明显	好操作、易管理

资料来源：笔者整理。

农业水价精准补贴的对象受量水设施布置现状的影响，目前，一些地方的农业水价精准补贴政策制定中存在未结合计量设施布设的问题，造成政策难以落地。我国很多灌区农业灌溉用水无法准确计量到户，只能实现计量到村或农民用水者协会，从而无法判定各农户是否在定额内用水，对农户的农业水价补贴只能先通过补贴农民用水者协会，之后农民用水者协会再制定具体办法将补贴发放给农户。未来，应在完善农业用水计量设施的基础上，借鉴中央财政实施的涉农"四项补贴"政策，将对组织的补贴完善为直接对个体农户实施补贴，特别需要注重推行对节水灌溉的农户进行直接补贴，补贴的主要参考因素包括灌溉面积、亩均灌溉节约水量、农户的亩均节水投入等，不断提高节水激励性，提升补贴政策的精准性和指向性。

（二）补贴对象的限制性规定

并非对符合农业水价精准补贴对象一般性规定的主体都要实施农业水价精准补贴，为促进节水、稳步推进农业水价综合改革、促进用水组织和用水个体规范用水、保障农业水费收缴率，应在符合农业水价精准补贴对

象一般性规定的基础上，对其进一步做出符合补贴条件的限制性规定或不
宜进行补贴的规定。例如，规定新型经营组织必须为依法设立；农民用水
合作组织必须在工商部门或民政部门注册且管理制度健全。可以规定不宜
给予补贴的情形：农业水价调整未达到要求的、农业用水超出灌溉定额的、
用水总量超水权的、用水台账不健全的、组织管理不规范的、水费缴纳不
足额的等。为充分发挥社区信誉机制和道德约束的作用，针对目前农业水
价精准补贴是针对农业用水合作组织和村集体的整体制度，而非直接针对
每个用水户，政府为发挥农业水价精准补贴的最大效用，可以和用水合作
组织或村集体约定，如果出现一户不及时缴纳水费或超定额用水等不遵守
约定的行为，政府将视其为制度没有实施，不再兑现精准补贴资金。如果
因为某个用水户的不规范行为导致大多数用水户利益受损失，在熟人社会
和社会资本密集的乡村，不遵守规范的个体在道德上要承受很大的压力，
这样有助于保证制度的整体实行。①

(三) 动态调整农业水价精准补贴对象

农业水价精准补贴对象并非一经确定便固定不变，各地应以年度为周
期，结合用水定额变化、水权总量变化、节水变化、种植结构变化、运行
维护成本变化、水价调整(现行水价、核定水价和执行水价情况)、水费缴
纳、用水规范程度、农田水利设施管护水平变化和量水设施变化等实际情
况，动态调整农业水价精准补贴对象。

二、科学确定农业水价精准补贴标准

农业水价精准补贴标准是农业水价精准补贴政策研究的核心问题和难
点问题。合理的补贴标准是农业水价精准补贴政策科学性与有效性的体现，
同时也是保障其可持续实施的关键。《国务院办公厅关于推进农业水价综合
改革的意见》(国办发〔2016〕2号)规定，农业水价精准补贴标准根据定额内
用水成本与运行维护成本的差额确定，各地在具体操作中参考国家政策规
定制定了补贴标准：①按照定额内用水成本与农业水价运行维护成本的差

① 常宝军，郭安强，鲁关立，等. 农业用水精准补贴机制的激励、约束作用探析：以一提一补制度为例[J]. 中国农村水利水电，2020(9)：62-65.

额给予一定比例的补贴；②按照农田水利运行维护成本与改革前终端水价的差额给予一定比例的补贴；③按照农田水利工程运行管理成本的一定比例给予补贴；④按照社会资本投资主体工程建设费用的一定比例给予补贴。

农业水价精准补贴是伴随农业水价综合改革实施的补贴政策，目前各地的农业水价精准补贴标准多为固定标准，未充分考虑农业水价综合改革前实际水价（现行水价 P_X）、改革时物价部门核定的用水成本（核定水价 P_H）和改革后实际水价（执行水价 P_Z）之间的相对关系所造成的补贴标准的变化。[①] 农业水价精准补贴标准的制定应结合农业水价综合改革，将精准补贴与改革后实际水价（执行水价）、改革时物价部门核定的用水成本（核定水价）和改革前实际水价（现行水价），动态确定补贴标准。具体情况如表 8-4 所示。

表 8-4 农业水价精准补贴标准动态确定情况

判定条件	补贴对象	补贴标准	确定依据
若 $P_Z = P_H \leq P_X$	不进行补贴	—	—
若 $P_Z < P_H \leq P_X$	农民用水者协会或灌区水管组织	$(P_H - P_Z)$	定额内用水成本与运行维护成本的差额部分补贴农民用水者协会或灌区水管组织
若 $P_Z = P_H > P_X$	粮食作物种植农户	$(P_Z - P_X)$	定额内用水的提价部分补贴种粮农户
若 $P_Z \leq P_X < P_H$	农民用水者协会或灌区水管组织	$(P_H - P_Z)$	定额内用水成本与运行维护成本的差额部分补贴农民用水者协会或灌区水管组织
若 $P_X < P_Z < P_H$	粮食作物种植农户	$(P_Z - P_X)$	定额内用水的提价部分补贴种粮农户
	农民用水者协会或灌区水管组织	$(P_H - P_Z)$	定额内用水成本与运行维护成本的差额部分补贴农民用水者协会或灌区水管组织

资料来源：笔者整理。

---

① 潘少斌，刘路广，吴瑕，等. 农业水价综合改革奖补机制研究：以引丹灌区李楼镇为例[J]. 节水灌溉，2020(12)：37-40+45.

按照农业水价综合改革总体上不增加农户用水负担和保障灌区水利设施良性运行维护的原则，定额内用水的提价部分按改革后执行水价与现行水价的差额确定补贴标准并补贴给用水农户，若改革后执行水价低于或等于现行水价则不予补贴；定额内用水成本与运行维护成本的差额部分按照核定水价与改革后执行水价的差额确定补贴标准并补贴农民用水者协会，若改革后执行水价大于等于核定水价则不予补贴。

在农业水价精准补贴政策实施中，有些地区，或由于量水设施短缺，或为了易于操作，规定农业水价精准补贴标准按照农田水利工程运行管理成本的一定比例确定，用这种方式确定补贴标准，虽然比较简单，但无法准确反映用水成本与运行维护成本的实际差额，无法实现补贴的精准性和指向性。有些地区，为吸引民间资本投资建设农田水利设施，发挥政府补贴的引导和挤入效应，按照社会资本投资主体工程建设费用的一定比例给予补贴，这种方式实质上属于农业水价"暗补"，农户只承担(工程建设费用-政府补贴)部分，政府补贴部分客观上起到了普惠性降低农业水价的作用，同样无法实现补贴的精准性和指向性。

三、优化设计农业水价精准补贴流程

农业用水精准补贴应按照申请、审核、公示、批准、兑付的程序实施，并逐步规范其执行程序。

(1)申请。由符合农业水价精准补贴政策补贴的农村基层用水组织或用水户(可以采用以农民用水合作组织为核算单位的形式进行申请)、农业灌溉的社会资本投资主体及小型农田水利设施和计量设施管护主体等向乡镇人民政府水利站提出申请并附加相关证明材料。

(2)审核。乡镇人民政府水利站对申请者提交的申请材料进行审核并进行实地勘验核查，保证资料的真实性。

(3)公示。乡镇人民政府水利站对符合农业水价精准补贴的主体进行公示，包括补贴金额、种植类型和面积及灌溉水量的基本信息。

(4)批准。县级水行政主管部门对公示无异议的主体进行补贴同意批准。

(5)兑付。将核准的农业水价精准补贴金额按时足额发放至补贴对象。具体情况如图8-9所示。

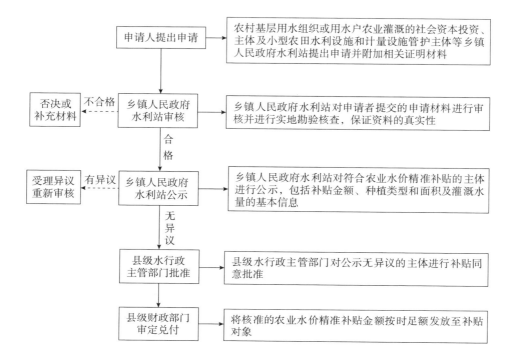

图 8-9　农业水价精准补贴流程

资料来源：笔者整理。

第四节　完善农业水价精准补贴保障条件

农业水价精准补贴的保障条件主要包括用水计量保障、资金保障和监督考核保障等。这些保障条件是农业水价精准补贴由构想向实践落地的重要因素。

一、强化农业灌溉用水计量手段建设

农业灌溉用水计量手段是落实灌溉用水总量控制和定额管理制度，构建农业水价精准补贴的前提和保障。只有实现对农业灌溉用水的准确计量，才能区分定额内用水和超定额用水，才能实施超定额累进加价制度，才能对定额内用水实施精准补贴制度并准确测算农业水价精准补贴额度。针对目前我国农业灌溉用水计量设施建设滞后，管理技术手段相对落后，运行维护举步维艰，难以满足灌溉用水管理的新要求和国家挂进农业水价综合改革深入开展的现实需要。为促进农业灌溉用水计量的科学化和精细化，健全农业水价形成机制，保障农业水价精准补贴扎实推进，促进节约用水，各地应强化农业灌溉用水计量手段建设，补齐计量设施短板，健全计量设施管护机制。

应明确规定农业灌溉用水必须同步建设供水计量设施，在建工程中尚未配备供水计量设备的，争取完工前实现计量设施配套到位；已建工程尚未配备供水计量设备的，要因地制宜地在规定时间内完成配套革新。积极补齐计量设施短板，以计量设施新建、改建、扩建为抓手，配合现代信息技术的应用，引进远程闸门控制系统、闸门测控一体化设备、磁致伸缩水位记录仪、一体化超声波水位仪、管道测流仪、远程雷达监控系统、远程视频监控系统、斗口电磁阀等设备，对灌区量水设施进行新建和更新改造，提高计量精准度，增加水量透明度，提升灌区灌溉用水计量水平，实现"流量透明、水量公开、计量精准"的目标。逐渐下沉和细化计量单元，大中型灌区骨干工程实现斗口及以下计量供水；小型灌区和末级渠系根据管理需要不断细化计量单元；井灌区实现计量到井。建设村级用水管理平台，逐步实现农业用水总量控制到户、用水终端计量到户。小水源灌区可采用"以亩折水""以时折水"等计量方式。井灌区可采取"以电定水、水电双控"等计量方式。聚焦"智慧灌区"建设，全面推行"互联网+水务管理"，加强闸门测控一体化、一体化超声波水位仪、磁致伸缩水位记录仪等多种计量设施实时在线监测技术、设备的应用和智能手机 App 终端业务应用软件的开发，使灌区农田灌溉用水实现实时在线监测，农户只要打开手机，就可以随时随地查询实时水量，实现用水明白，水账清楚。目前，我国灌区计量设施需建数量多，投资成本和管护高，需要多方筹集落实建设和管护资金，同时要明确各方管护责任，确保计量设施能够持续发挥效益。

二、多渠道内生化落实农业水价精准补贴资金

《国务院办公厅关于推进农业水价综合改革的意见》（国办发〔2016〕2

号)要求,要多渠道筹集精准补贴资金,即现有的农业水价补贴来源为"多方筹集",但目前的实际情况是没有形成制度化、规范化和稳定可靠的精准补贴资金来源。在试点期、试点范围内可以集中筹集部分资金进行农业水价精准补贴,如果全面推开,则补贴资金难以为继。其根本原因是农业水价精准补贴全面推开后所需资金数量大,另外的原因是农业水价精准补贴资金内生化程度低,主要依靠财政拨款,没有内生化于农业水价综合改革进程之中。

为保障农业水价精准补贴资金足额到位,提升农业水价精准补贴资金的内生化程度,应做好如下工作:①积极争取财政专项资金,统筹各级财政安排的农田水利工程设施维修养护补助资金、农业灌排工程运行管理费、水资源费和有关农业奖补资金等作为精准补贴的资金来源。②通过农业水权转让收益对用水户的定额内用水进行补贴,从而实现农业水价精准补贴的内生化。利益相关者利益相容是中国农业水价改革政策设计的基本方向和目标,"农业水价改革收益内生化"是实现农业水价改革利益相关者利益相容目标的重要手段,其核心含义是将水资源收益从农业水价改革的"局外"转向"局内",最终形成一个良性循环,利用农业水价改革收益支持农业水价改革。[1] 进行水权确权并开展水权交易是落实"节水优先、空间均衡、系统治理、两手发力"治水方略的重要市场手段,是促进水资源节约利用的重要激励机制。2000 年以来,我国在水权交易实践探索和制度构建方面不断加大推进力度,取得了一定成效和经验,多模式水权交易格局初步形成,水权交易平台建设取得重大进展,水权交易方面的制度建设成效显著。工农业之间的水权交易是我国水权交易的重要形式,宁夏回族自治区和内蒙古自治区等地开展的水权置换,就是典型的工农业水权交易,其基本思路是工业企业投资农业节水置换农业水权。例如,内蒙古自治区开展的跨盟市水权交易中,巴彦淖尔市通过节水工程建设,将灌区节约的 1.2 亿立方米水资源有偿转让给鄂尔多斯市的工业企业。[2] 农业用水收益与工业用水收益存在巨大差异,将农业节水如果转换为工业用水,能够产生水权转换收益。这种收益应该由水资源所有者(国家)和农业节水者共享,一部分用于水资

① 蔡威熙,周玉玺,胡继连.农业水价改革的利益相容政策研究:基于山东省的案例分析[J].农业经济问题,2020(10):32-39.

② 石玉波,张彬.我国水权交易的探索与实践[J].中国水利,2018(19):4-6.

源所有者保护和开发水资源，另一部分可用于农业水价精准补贴和节水奖励。③明确将超定额累进加价水费分成收入、经济作物水价提价收入和地下水提价分成收入等作为农业水价精准补贴资金的来源。我国农业水价改革的重要任务之一就是健全农业水价形成机制，提高农业水价至水利工程运行维护成本，有条件的地区提高至完全成本水平；积极推行分类水价，区分不同的农业种植结构、作物类型、供水来源、缺水程度，实行分类水价；以定额内用水量作为基准，逐步推进分档水价，推行超定额累进加价政策，合理确定阶梯和加价幅度。通过农业水价形成机制改革，和过去低水价政策相比，提高了农业水价，增加了供水方收益，可以通过农业供水方让利方式，主要是将超定额累进加价水费分成收入、经济作物水价提价收入和地下水提价分成收入等作为给予农业用水方的补贴资金，实现农业水价改革的利益相容。④尝试将农业水价补贴纳入农资综合补贴范围，在粮食风险基金下进行专户管理。我国农业水价补贴重点是对种粮农户定额内用水进行补贴，其本质是政府分担农户粮食种植部分成本，属于粮食生产性环节的补贴，理论上属于粮食补贴范畴。因此，可以尝试将农业水价精准补贴纳入农资综合补贴范畴，在粮食风险基金下进行专户管理，其资金来源由中央财政和地方财政按一定比例组成。⑤认真细化测算农业水价精准补贴资金的规模，建议明确一定的水利发展基金用于农业水价精准补贴。

三、建立和完善农业水价精准补贴绩效考核制度

农业水价精准补贴是农业水价综合改革的重要组成部分，从农业水价综合改革协调推进和农业水价精准补贴要素的角度构建农业水价精准补贴考核办法，有助于农业水价精准补贴考核体系的形成和细化目标的落实。根据农业水价综合改革目标任务、农业水价精准补贴系统构成及农业水价精准补贴试点实践情况来看，参考崔延松等①的研究成果，尝试从农业水价精准补贴前置要素、核心要素、保障要素和绩效要素等角度构建农业水价绩效考核制度。

农业水价精准补贴的前置要素主要包括定额控制、成本核算、水价机

---

① 崔延松，时晓，崔鹏.基于要素系统的农业水价综合改革绩效考核方法探讨[J].水利发展研究，2018，18（4）：27-29+56.

制和水费征收等四个要素。《国务院办公厅关于推进农业水价综合改革的意见》（国办发〔2016〕2号）规定，在完善农业水价形成的基础上实行农业水价精准补贴制度，农业水价精准补贴重点补贴种粮农民定额内用水，补贴标准依据定额内用水成本与运行维护成本的差额确定。一些地区的农业水价精准补贴在实践中规定，未按时足额缴纳水费的不实施农业水价精准补贴。由此可见，定额控制决定了农业水价精准对象和金额的确定，成本核算、水价水平和制定程序决定着精准补贴的规模和补贴资金的来源，水费征收能够反映水价补本能力，是衡量小型灌溉工程是否实现良性运行的保障性定量指标，与农业水价精准补贴形成适应关系。

农业水价精准补贴的核心要素包括补贴对象、补贴标准和补贴流程三个要素，主要涉及补贴对象识别是否规范精准、补贴标准确定是否科学、补贴流程是否公开透明等，是农业水价精准补贴的核心。

农业水价精准补贴的保障要素包括计量手段、补贴资金、产权改革、水管组织、组织领导和宣传引导等六个要素。计量手段的实施支撑定额考核和精准补贴，要求计量的精准度达到标准、计量的可信度得到用水户的认同。农业水价精准补贴资金来源要稳定且可持续，因此要求从多渠道落实农业水价精准补贴资金。产权改革是指小型农田水利设施产权制度改革，通常做法是实施使用权与所有权的分离改革，通过颁发产权证书的形式附设管护责任，该要素支持农业水价精准补贴中水管组织和长效管护作用的发挥。水管组织的建立影响着农田水利设施长效管护责任的落实，建立农民用水合作组织是完善水管组织的主要手段，也是农业水价精准补贴的要求。农业水价精准补贴是一种以制度建设为导入方式的体制改革，综合性强、涉及面广，加强农业水价精准补贴组织领导，在农业水价综合改革框架内按行政级次推动，形成行政合力，是农业水价精准补贴的先导力量和保障条件。宣传引导包括强化政策宣传，提高政策知晓率；强化效益宣传，提高群众参与度；强化科技宣传，提升农民节水能力，为农业水价精准补贴协调推进提供宣传舆论保障。

农业水价精准补贴的绩效要素包括改革面积、节水成效、水费负担、长效管护等要素。改革面积是评价农业水价精准补贴推进进度和改革规模的定量指标，一般按年度计划完成情况和累计完成情况进行考核。节水成效反映农业水价精准补贴的节水水平，是农业水价精准补贴促进农业节水的定量考核指标。水费负担反映在农业水价综合改革中实施农业水价精准补贴的目的和初衷，是农业水价精准补贴绩效考核的重要指标。长效管护是保障灌区小型水利设施正常良性运行的前提条件，是农田水利设施可持续运行的保障，是实施农业水价精准补贴的重要目的。

农业水价精准补贴绩效考核可以借鉴《关于扎实推进农业水价综合改革的通知》（发改价格〔2017〕1080号）中明确的绩效评价方法与程序进行考核。评价等次依据"标准分制"等次划分方法进行确定，标准分＝实际得分÷区域内最高分×100，在绩效评价表中给出了赋分权重和相关标准。具体情况如表8-5所示。

表8-5　农业水价精准补贴绩效考核要素情况

前置要素及赋分		核心要素及赋分		保障要素及赋分		绩效要素及赋分	
要素名称	赋分	要素名称	赋分	要素名称	赋分	要素名称	赋分
定额控制		补贴对象		计量手段		改革面积	
成本核算		补贴标准		补贴资金		节水成效	
水价机制		补贴流程		产权改革		水费负担	
水费征收				水管组织		长效管护	
				组织领导			
				宣传引导			

资料来源：笔者整理。

所有要素的赋分合计为100分，评价赋分要兼顾科学性和合理性，具体每一项要素的赋分要充分征求专家学者、政府职能部门、供水主体和用水主体的意见，并在充分调研的基础上确定。评价考核方式可以采取部门考核、专家评判、第三方问卷、实地测评等方式进行。

农业水价精准补贴绩效考核要因地制宜，不能一刀切，要满足以下适应关系：一是农业水价精准补贴绩效考核政策与地区经济社会发展水平相适应；二是农业水价精准补贴绩效考核政策要与地区节水目标和水资源条件相适应；三是农业水价精准补贴绩效考核政策要与地区水价现状和计量条件相适应。农业水价精准补贴的实施主体是县级，对于省区市管县地区，应由省区市组织考核，立足省际区域差别分析，实施"一省一策"组织考核。考核结果作为兑现农业水价精准补贴的依据。